Bernd-Lutz Lange
Mauer, Jeans und Prager Frühling

atb aufbau taschenbuch

BERND-LUTZ LANGE, geboren 1944 in Ebersbach/Sa., wuchs in Zwickau auf. Nach einer Gärtner- und Buchhändlerlehre studierte er an der Fachschule für Buchhandel in Leipzig. 1966 war er Gründungsmitglied des Kabaretts »academixer«, von 1988 bis 2004 trat er im Duo mit Gunter Böhnke auf, seitdem arbeitet er vorwiegend mit der Sängerin und Kabarettistin Katrin Weber. Von Bernd-Lutz Lange liegt inzwischen rund ein Dutzend Bücher vor. Im Aufbau Verlag sind außerdem »Dämmerschoppen«, »Magermilch und lange Strümpfe«, »Ratloser Übergang«, »Davidstern und Weihnachtsbaum«, »Das Leben ist ein Purzelbaum« sowie Bernd-Lutz Lange/Tom Pauls »Nischd wie hin. Unsere sächsischen Lieblingsorte« lieferbar.

Als Hörbücher sind erschienen »Mauer, Jeans und Prager Frühling«, »Ratloser Übergang«, »Das Leben ist ein Purzelbaum« und »Zeitensprünge«

»Haste schon gehört, die bauen 'ne Mauer!« Ungläubig reagiert Bernd-Lutz Lange, als ihm die Nachricht am 13. August 1961 mitgeteilt wird. Doch die Mauer blieb, und die Menschen konnten sich ihrer allenfalls mit Humor erwehren. Mit viel Wärme und ohne Nostalgie erzählt Lange vom Ostalltag in jenen Jahren und von Hoffnungen, die der Prager Frühling weckte. Plötzlich fühlt man sich zurückversetzt in die 60er, als die Hits der Beatles und der Stones begeisterten, als Ernst Bloch und Hans Mayer in Leipzig lehrten, als sich im legendären Café Corso Künstler, Wissenschaftler und Studenten trafen und als das 11. Plenum die gesamte Kinoproduktion eines Jahres vom Spielplan verbannte.

Bernd-Lutz Lange

Mauer, Jeans und Prager Frühling

aufbau taschenbuch

Mit 46 Abbildungen

ISBN 978-3-7466-2268-2

Aufbau Taschenbuch ist eine Marke der Aufbau Verlag GmbH & Co. KG

6. Auflage 2015

© Aufbau Verlag GmbH & Co. KG, Berlin
Die Erstausgabe erschien 2003 bei Gustav Kiepenheuer, Leipzig
Gustav Kiepenheuer ist eine Marke der Aufbau Verlag GmbH & Co. KG
Umschlaggestaltung gold, Anke Fesel und Kai Dieterich
unter Verwendung eines Fotos vom Café Corso (1968)
Foto des Autors von Helfried Strauß (2002)
Druck und Binden CPI Books GmbH, Leck, Germany
Printed in Germany

www.aufbau-verlag.de

Für Sascha, Friedrich und Levi

Vorwort

Wie »Magermilch und lange Strümpfe« soll auch dieses Buch Erinnerungen wachrufen, Erinnerungen an eine stürmische Zeit, die sechziger Jahre.

Hatte so mancher aus meiner Generation zuvor noch Freunde und Verwandte im Westen Deutschlands besuchen und in den Fünfzigern das galoppierende Wirtschaftswunder bestaunen können: am 13. August 1961 war damit Schluß. Nach dem Bau der Mauer saßen wir in der Falle; ein ganzes Land hatte Stubenarrest bekommen.

Für wenige Wochen im Jahr durften wir zwar in der ČSSR, Polen und Ungarn etwas Freizügigkeit tanken, in den restlichen Monaten mußten wir uns jedoch im Land einrichten. Aber Gleichgesinnte finden überall und unter allen Umständen zueinander. Wir trafen uns in der Nische; dort wurde gespottet, gelacht, gesungen und getanzt. Die Party- und Fetenkultur in der DDR ist ein handfester Beleg dafür, daß junge Leute in Sachsen und Thüringen trotz Mauer, Stacheldraht und Bespitzelung genauso ausgelassen feierten wie ihre Altersgenossen in Bayern oder Hessen. Manchmal vielleicht sogar noch etwas ungestümer.

Wer nach der Mauer im Osten Deutschlands Beruhigung erwartet und gehofft hatte, daß die Partei hinter den geschlossenen Grenzen liberaler regieren würde, sah sich getäuscht. Es kam zu schweren Repressalien in Kunst und Kultur, die Wehrpflicht wurde eingeführt.

Die es im Land nicht aushielten, die Flucht wagten, riskierten Gefängnisstrafen oder gar ihr Leben. Bis zur Möglichkeit, einen Ausreiseantrag zu stellen, sollten noch viele Jahre vergehen.

Weil er unerreichbar geworden war, verklärte sich der Westen von Jahr zu Jahr mehr. Wir jungen Leute hatten erst mal nur einen handfesten materiellen Wunsch: Jeans. Dazu gesellten sich Bücher und Schallplatten, die im Osten nicht zu haben waren. Obwohl wir in völlig verschiedenen Gesellschaftsordnungen aufwuchsen, teilten die Jugendlichen aus Ost und West die Liebe zur Musik der Beatles und der Rolling Stones, zu den Liedern von Joan Baez und Bob Dylan, Simon und Garfunkel, und wie sie alle hießen.

Die sechziger Jahre brachten im Westen starke Protestbewegungen gegen den Vietnamkrieg hervor, gegen das Establishment, die fehlende Aufarbeitung der Nazi-Vergangenheit.

Auch uns beschäftigte der Krieg, den die USA in Südostasien führten, und wir hofften auf sein schnelles Ende.

Interessiert verfolgten wir den Eichmann-Prozeß oder die Proteste gegen Globke und Konsorten, Altnazis allesamt, die es in der BRD schon wieder zu Regierungsämtern gebracht hatten. Gegen unser »Establishment« konnten wir zwar nicht auf die Straße gehen, aber viele der jungen Ostdeutschen waren zuversichtlich, schauten in jenen sechziger Jahren vor allem nach Prag. Die Reformen in der ČSSR ließen uns auf Veränderungen im gesamten Ostblock hoffen.

Ich war siebzehn, als der Stacheldraht in Berlin ausgerollt wurde. In einem Schlager heißt es »Mit siebzehn hat man noch Träume«. Auch ich hatte welche. Bis so mancher meiner Träume wahr wurde, gingen Jahrzehnte ins Land.

Die Mauer

Es gibt bekanntlich Situationen im Leben, die man nie vergißt. Bestimmte Bilder, verbunden mit gravierenden Ereignissen, prägen sich ein und sind jederzeit abrufbar, wenn in Gesprächen jene Ereignisse berührt werden.

Mir steht ein Erlebnis, das ich als 17jähriger hatte, noch immer vor Augen. An einem Sonntagvormittag im August 1961 klingelte es an meiner Wohnungstür. Obwohl ich damals noch zu den fleißigen Kirchgängern zählte und im gemischten Chor in der nahe gelegenen Methodistenkirche als Tenor sang, war ich an jenem Sonntag zu Hause geblieben, hatte »bis in die Puppen« geschlafen. Als ich noch etwas verschlafen öffnete, stand ein Freund in der damals üblichen feineren Sonntagskleidung vor mir und sagte statt grüß dich!: »Hast du's schon gehört?«

»Was?«
»Die bauen eine Mauer.«
»Wer?«
»Die DDR.«
»Die DDR?«
»Ja.«
Ich sah meinen Freund verwundert an und kapierte überhaupt nichts.
»Wo?«
»In Berlin.«
»In Berlin?« fragte ich, als hätte ich den Namen der Hauptstadt unserer Deutschen Demokratischen Republik noch nie gehört. »Komm erst mal rein.«
»Die machen die Grenze dicht.«
»Die Grenze?!«
»Ja.«
Nun dämmerte es bei mir. Die Grenze nach Westberlin.

Diese Stadt war der Stachel im sozialistischen Fleisch, der Hort des Bösen, die Frontstadt, obwohl an dieser Front glücklicherweise noch nie geschossen worden war. Das sollte sich erst nach und nach ändern. In Westberlin, so sagte die Partei, wurden DDR-Bürger mit westlicher Kultur verseucht, dort gab es Wechselstuben mit Schwindelkursen. Dort wurde überhaupt prinzipiell geschwindelt. Man hatte dafür extra den RIAS geschaffen, den Rundfunk im amerikanischen Sektor. Von dort schwangen sich die RIAS-Enten in die Ätherwellen, und mit diesem Äther wurden schwankende Bürger, nicht gefestigte Menschen hier im Land betäubt. Meine Freunde und ich sahen die Situation mit dem RIAS natürlich ganz anders. Ein paar Jahre zuvor hatte uns »der Onkel Tobias vom Rias« noch begeistert, inzwischen waren es die »Schlager der Woche«, die wir nie verpaßten, wenn uns im Radio ein störungsfreier Empfang beschieden war.

»Wie machen sie denn die Grenze dicht?«

»Mit Betonblöcken und Stacheldraht.«

»Wo haben die denn so viel Stacheldraht her?«

Mein Freund zuckte die Achseln, grinste und meinte: »Vielleicht aus dem Westen?«

Wir lachten und hatten keine Ahnung, wie nahe dieser Scherz der Wahrheit kam.

Eine Mauer aus Betonblöcken? – Ich konnte es noch immer nicht fassen. Hatte ich doch vor nicht allzu langer Zeit irgendwo bei Bekannten im Fernsehen – oder war es im »Augenzeugen« gewesen – Walter Ulbricht gesehen, wie er in einer Pressekonferenz gegen Gerüchte Stellung nahm: »Die Bauarbeiter unserer Hauptstadt beschäftigen sich hauptsächlich mit Wohnungsbau, und ihre Arbeitskraft wird dafür voll eingesetzt. Niemand hat die Absicht, eine Mauer zu errichten!«

Und nun diese Nachricht!

War das nicht blamabel für Ulbricht, so in die Welt hinaus gelogen zu haben! Störte es die vielen Genossen der SED denn gar nicht, daß ihr Erster Sekretär als Lügner dastand?!

Am 13. August wurde die Mauer errichtet, mit Splittbetonplatten und Hohlblocksteinen, die ursprünglich für den sozialistischen Häuserbau gedacht waren. Daraus entstand nun dieses sozialistische Ungetüm ...

Die Lage hatte sich in den Monaten vorher zugespitzt. Allein während der Weihnachtsfeiertage 1960 waren 3000 Menschen aus dem Osten geflüchtet. Über die Osterfeiertage des Jahres '61 waren es 5200. Die DDR geriet immer mehr unter Druck. Aber eine Mauer – das hätte niemand geglaubt. Viele meinten, es wäre technisch völlig unmöglich, Berlin zu trennen, die U-Bahn, die S-Bahn, die Schifffahrt, die Leitungen für Strom, Gas, die Kanalisation ...

Täglich überschritten rund 500000 Menschen die Sektorengrenzen. Und es gab 53000 Grenzgänger, so nannte man jene Leute, die im Westen arbeiteten und im Osten wohnten, quasi privilegierte Leute. Wenn sie nur einen Teil des Lohnes in Ost-Mark umtauschten, waren sie nahezu wohlhabend.

Ich selbst hatte Westberlin noch nie gesehen, aber ältere Bekannte fuhren meist einmal im Jahr dorthin, tauschten in den Wechselstuben, kauften sich eine schicke Klamotte in der »HO Gesundbrunnen«. Und gingen vor allem ins Kino!

Von 1949 bis zum 13. August 1961 hatten 2,7 Millionen Menschen die DDR verlassen. Ein großer Teil des Bürgertums war in den Westen gegangen. Geblieben waren oft Menschen, die von ihrer Heimat nicht lassen konnten oder von einer Reform träumten.

Uns wurde in der Schule immer wieder erzählt, daß der Westen an seinen Widersprüchen kaputtgehen wird. Es wäre nicht mehr lange hin. Und trotzdem wollten so viele hinüber in diesen sterbenden Kapitalismus, denn – wie es ein Witz beschrieb: Es wäre »ein schöner Tod«!

Und nun wurde also tatsächlich eine Mauer gebaut ... Am nächsten Tag standen in Schulen Thälmann-Pioniere neben der Büste des Arbeiterführers Wache – mit einem Luftgewehr.

Wir hatten natürlich an jenem Sonntag noch keine Ahnung, was die Grenzsicherung für uns bedeutete, daß wir nun für viele Jahrzehnte vom größeren Teil der Welt abgeschnitten sein würden. Es war uns lediglich etwas mulmig, weil wir ahnten, daß sich die politische Lage dadurch zuspitzen könnte. Und manche sagten auch unverblümt und zornig: »Die mauern uns ein!« oder »Nun ist alles zu Ende!«.

Aus kindlichem Stubenarrest war Landesarrest für ein ganzes Volk geworden.

Natürlich gab es auch Menschen, die meinten, daß es nach dem Mauerbau aufwärtsgehen würde, wenn so viele im Osten ausgebildete Facharbeiter und Wissenschaftler hierbleiben und die DDR-Wirtschaft mit voranbringen würden. Nicht wenige hofften auf Stabilisierung.

An jenem Sonntag im August verbreitete sich allerdings erst einmal die Angst, daß die Lage eskalieren könnte. Kampfgruppen standen am Brandenburger Tor. Die Deutsche Volkspolizei und die Nationale Volksarmee hatten den sowjetischen Sektor abgeriegelt und blockierten alle Wege, die nach Westberlin führten. Sowjetische und amerikanische Panzer hatten die Rohre aufeinander gerichtet. Für den Verkehr nach Westen blieb nur der Bahnhof Friedrichstraße geöffnet.

Die Grenze zwischen Warschauer Pakt und NATO ging nun mitten durch Berlin.

Die Menschen in Ost und West standen fassungslos an der Demarkationslinie und weinten. In jenem Jahr feierte ein Schlager hüben wie drüben Triumphe: Heidi Brühl sang »Wir wollen niemals auseinandergehn, wir wollen immer zueinanderstehn ...«. Die Liebesschnulze bekam durch die aktuelle Politik eine ganz besondere Bedeutung. Viele Westberliner und Westdeutsche forderten ein militärisches Eingreifen. Aber die Westmächte lehnten ab. Das wäre der Beginn eines dritten Weltkriegs gewesen. Und die frisch errichteten Häuser in der Stalinallee wären sechzehn Jahre nach Kriegsende schon wieder Ruinen geworden.

Wie haben wir am 14. August 1961 in meiner Gärtnerei, in der ich lernte, über die »Maßnahmen zur Grenzsicherung« gesprochen? Bei uns war niemand in der Partei, also werden wir offen geredet haben. Ich weiß noch, daß viele Ostdeutsche von diesen Maßnahmen sehr unangenehm überrascht wurden, weil sie für jene Tage ihre Flucht geplant hatten. Man erzählte über solche Leute:

Die hatten schon alles weggegeben!

Die hatten *nischt* mehr!

Die schliefen zu Hause nur noch auf Luftmatratzen.

Die haben sich bei ihren Verwandten erst mal bißl Geschirr geholt.

Ich entsinne mich lebhaft an ein Gespräch mit einem Lehrer in der Berufsschule. Der Begriff »Antifaschistischer Schutzwall« für die Mauer war ja besonders dreist. Deshalb stellte ich mich dumm und fragte, wie denn diese Formulierung zustande käme. Das hieße doch, in Westberlin herrsche der Faschismus ...?

Nun ja ... also ... so direkt ... aber ... es gebe eben Revanchisten ... die die Ergebnisse der Geschichte nicht akzeptierten ...

Und die sind alle in Westberlin?

Ja ... nein ... Berlin wäre eben die Frontstadt ...

Aber wieso zeigen die ganzen Sperren nach Osten, wenn es um die westdeutschen Revanchisten gehe?

Nun ... es gibt ja auch ... Provokateure aus dem Osten ... Grenzverletzer ... aufgehetzt aus dem Westen ... deshalb dient der Schutzwall in jeder Beziehung dem Frieden ...

Spätestens seit der Erfindung des Flugzeugs ist doch mit einer Mauer kein Krieg mehr zu verhindern ...

Da konnte der langsam ins Schwitzen gekommene, durchaus freundliche Berufsschullehrer nur mit mir hoffen, daß solch eine Zuspitzung der Lage vorher am Verhandlungstisch gelöst werden würde.

Eins stand jedenfalls fest: aus der von mir immer mal wieder geplanten Reise ins geheimnisumwitterte Westberlin würde nichts mehr werden. Nichts da mit den erträumten »Westfilmen«, worunter wir jungen Burschen vor allem kernige Cowboy- und Musikfilme verstanden. Nichts da mit Kaugummi und Comics, die wir damals noch Bilderhefte nannten, oder einem Bummel über den sagenumwobenen Ku'damm, von dem immer in den höchsten Tönen geschwärmt wurde.

Und wie war ich enttäuscht, als ich die Prachtstraße dreißig Jahre später endlich sah! Viele schnell hochgezogene, nichtssagende Fünfziger-Jahre-Bauten neben noblen, erhalten gebliebenen Jahrhundertwende-Gebäuden. Dieses Westberlin unterschied sich an vielen Stellen überhaupt nicht von der Tristesse der Hauptstadt der DDR, und ich fragte mich – eine Forderung von »Experten« bedenkend –, wann man denn nun beginnen würde, auch in Westberlin verschiedene Neubauten abzureißen …

Wurzelsepp

1960 hatte ich die Schule beendet. Nach dem letzten Schultag feierte ich mit Freunden tagsüber in unserer Wohnung. Wir trugen alle weiße Hemden – das war damals das Zeichen für einen besonderen Tag, bei Feiern einfach obligatorisch. Ich »hottete« auf unserem Klavier herum, der Klotz-Jürgen mit verspiegelter Sonnenbrille drosch auf eine Pauke mit zwei daran befestigten Becken ein, und mit uns grölten Benny, Joe und Uwe ein paar Schlager. Die Musik schallte durch die geöffneten Fenster auf die Leipziger Straße, meine Mutter hatte Bedenken, ob nicht, durch den Lärm angelockt, ein »Schutzmann« kommen könnte. Es kam aber keiner, und wir stellten irgendwann erschöpft das Gejohle ein. Die Schule war also – heiß ersehnt – für immer vorbei, und wir glaubten damals, wir hätten etwas zu feiern. Wir wußten noch nicht, daß wir nie wieder so viel Zeit im Leben haben würden wie in diesen vergangenen zehn Jahren! Kurzsichtig dachten wir nur daran, daß es nun endlich keine Schularbeiten mehr gibt und Schluß ist mit der ganzen Streberei. Dabei hätte uns doch klar sein müssen, daß die auf uns zukommende Lehrzeit kein Honiglecken werden würde.

Als ich 1960 die Zehn-Klassen-Schule beendete, dirigierte Vater Staat die männlichen Lehrlinge in die Industrie oder Landwirtschaft. Berufe wie Buchhändler oder Dekorateur, für die ich mich interessierte, blieben weiblichen Lehrlingen vorbehalten. So durfte ich nicht in die Buchhandlung Marx zu Christoph Freitag und auch nicht ins Konsum-Kaufhaus in die Hauptstraße. Eins stand für mich fest: in die Produktion würde ich nicht gehen. Der polytechnische Unterricht im VEB Sachsenring hatte mir gereicht.

Die Tristesse der zugigen Werkhallen, der Lärm der Stanzen und Drehbänke, der Geruch nach Öl waren nicht meine Welt. Einmal hatten wir am Band bei der Fertigung des »Trabbis« vier Stunden mit einem Elektrogerät irgendwelche Muttern anziehen müssen. Ich war mir wie Charlie Chaplin in »Modern times« vorgekommen.

In den Ferien hatte ich einmal in Zwickau in der Gärtnerei Adler gearbeitet. Natur und Ruhe statt Werkstatt und Maschinenlärm – das hatte mir gefallen. Also warum nicht Gärtner? Natürlich hatten die Erwachsenen uns Jugendlichen immer schon mal scherzhaft gedroht: »Na, wartet nur, wenn die Lehre beginnt! Da pfeift's aus'm andern Loch! Da wern'se euch die Hammelbeene langziehn!«

Ich landete also als »Stift« in der Stadtgärtnerei an der Crimmitschauer Straße, die an den Friedhof grenzte. Und ich merkte sehr schnell, daß das schulische Leben gegenüber der Lehrzeit der »reine Lenz« gewesen war.

Im ersten Lehrjahr verdiente ich 40 Mark. Ich weiß nicht mehr, wieviel ich davon meiner Mutter »Kostgeld« gab, denn unsere finanzielle Situation war seit dem Tod meines Vaters mehr als bescheiden. Es reichte jedenfalls noch dazu, immer mal in das an der Ecke gelegene Café Hildebrandt zu gehen. So nannten es meine Eltern. Offiziell hieß es inzwischen Café Einheit, aber so sagte kein Mensch, abgesehen davon, daß die ja nun schon geraume Zeit verspielt und überhaupt nicht mehr in Sicht war. Der Volksmund nannte das Kaffeehaus nur »Leichencafé« oder – abgekürzt – »Leica«, weil sich dort nach Beerdigungen die schwarz gekleideten Trauergäste zur Feier versammelten. Entweder feucht-fröhlich oder feucht-traurig ... je nachdem. Ob jemand dort die verlorene Einheit Deutschlands beweint hat, ist nicht überliefert.

An der Kuchentheke vom »Hildebrandt« holte ich mir meist ein Stück Mohnkuchen – seinerzeit mein Lieblingskuchen. Schon damals behauptete man, Mohn mache dumm, aber so schlimm kann die Wirkung nicht sein, denn sonst wäre dieses Buch wegen eines späten Mohnverzehrschadens nicht geschrieben worden.

Nach der Wende wurde aus dem Kaffeehaus ein französisches Restaurant, jetzt residiert dort ein Grieche, und wenn das Buch erscheint, kann die Nationalität schon wieder gewechselt haben. Bisher sind die wunderschönen Artdéco-Glasfenster des alten Cafés noch zu bewundern, aber für den Erhalt gibt es in diesen schnellen Umbau-Zeiten leider auch keine Gewähr.

Nachdem ich Gärtnerlehrling geworden war, tauchte in meinem Freundeskreis für mich die Bezeichnung »Wurzelsepp« auf. Ich glaube, den Spitznamen habe ich meinem Freund Joe zu verdanken. Nicht, daß mich der Name geärgert hätte, aber von einem Abiturienten so angesprochen zu werden, wurmte einen Werktätigen doch etwas. Das legte sich sofort, als derselbe Joe ein Jahr später wegen Studienproblemen bei mir auftauchte: alle Abiturienten sollten erst einmal einen Beruf erlernen. Joe saß da, druckste herum und ließ schließlich die Katze aus dem Sack ... Wie das denn so wäre ... Gärtner ... Ich grinste ein wenig, und bald radelten wir gemeinsam in die Stadtgärtnerei. Dank meines Vorlaufs konnte ich nun schon mit gärtnerischem Wissen brillieren.

Etliche Jahre war ich in der Vergangenheit mit denselben Schülern zusammengewesen, mit der Lehre traten auf einen Schlag eine ganze Reihe neuer Leute in mein Leben. Da war erst einmal mein Lehrmeister Ernst Küttler, ein frommer Mann im besten Sinne, trotzdem ließen ihn die Genossen vom VEB Park- und Gartenanlagen der Stadt Zwickau in Ruhe.

Ein Satz von ihm ist mir aus der Anfangszeit meiner Lehre in Erinnerung geblieben: »Na, Lutz, dir müssen wir auch noch mal das Laufen lernen!« Das sagte er lächelnd, und da war garantiert etwas dran, wer weiß, wie wir 16jährigen damals durch die Gegend schlurften.

Was den prophezeiten »anderen Ton« anbelangte, so war der vom Meister stets moderat, nie laut, aber dabei durchaus nicht ohne Strenge. Es war das rechte Maß, die rechte Mischung.

Ernst Küttler war immer gerecht, lächelte gern, Frauen haben ihn bestimmt als charmant in Erinnerung. Respekt hatten wir vor ihm allemal. Wenn der Meister auftauchte, wurde die Schwatzpause sofort abgebrochen. Keiner, der nicht sofort weitergearbeitet hätte, wenn er sich näherte. Für mich als vaterlosen Halbstarken war er in jener Zeit besonders wichtig.

An einem heißen Sommertag gab es von ihm auch mal – nach besonders guter Arbeit – eine Flasche Bier mit dem berühmten Schnappverschluß. In einem kühlen Raum, seinem Büro, hatte der Meister einen kleinen Vorrat unter dem Schreibtisch deponiert.

Für meine Generation gilt: wir sind von Männern erzogen worden, die allesamt im Krieg waren; diese Jahre haben sie, meinen Lehrmeister wie auch meine Lehrer in der Schule, auf besondere Weise geprägt. Ernst Küttler war als junger Unteroffizier im Jagdgeschwader Bölkow. Als ihn dann der Mangel an Flugzeugen, an Benzin, letztlich an allem, vom Himmel auf die Erde versetzte, erhielt er kurz vorm Ende von einem russischen Scharfschützen einen Halsdurchschuß. Die beiden Narben waren deutlich zu sehen. Und er hat seinem Gott gedankt, daß ihn dieser Schuß vor weiterem Fronteinsatz bewahrte. Allerdings: sein linker Arm war gelähmt und baumelte wie ein nutzloses Anhängsel am Körper. So kam Ernst Küttler in Gefangenschaft, den gelähmten Arm in Gips. Als sowjetischer Kriegsgefangener betrat er jenes Lager, das wenige Tage zuvor noch das Teuflischste gewesen war, was sich Menschen bis dahin ausgedacht hatten: Auschwitz. Und er sah die Ruinen der gesprengten Gaskammern. Während er davon erzählte, verströmten Tagetes ihren intensiven Geruch, und von den Glasscheiben tropfte Kondenswasser auf das Blatt eines Philodendrons, das wie zur Bestätigung nickte. In dieser Gewächshauswelt, in der es so betörend duftete, erschienen uns die Erzählungen besonders unwirklich.

Als Ernst Küttler schließlich wieder nach Hause kam, riet man ihm, sich den Arm amputieren zu lassen, weil er ihn doch nur behindere. Sein Schwiegervater, ein Physiotherapeut, war dagegen und behandelte den Arm über lange Zeit mit Massagen. Eines Tages spürte Ernst Küttler ein Kribbeln in den Fingern, bald konnte er den Arm bewegen und dankte wieder aus vollem Herzen seinem Gott. Mit meinem Lehrmeister Ernst Küttler war ich zwei Jahre zusammen. Ich möchte nie die Zeit der oft harten, körperlichen Arbeit missen. Das positive Vorurteil vieler Menschen: Ach, Gärtner, herrlich! Die schönen Blumen! Und immer an der frischen Luft, bestätigte sich im Alltag allerdings nicht. Erst einmal ist Erde erwiesenermaßen schwer! Und die mußten wir ja unentwegt durch die Gegend karren.

Dann hat Erde im Winter den Nachteil, daß sie gefriert!

Selbst bei 12 Grad minus kommen Sie mit der Spitzhacke ganz schön ins Schwitzen, bis Sie so viel losgeschlagen haben, daß Sie eine Schubkarre damit füllen können.

Die Saatkisten, die wir für unsere Arbeit benutzten, waren meist vom volkseigenen Fischhandel übernommen. Sie rochen nach Hering und Makrele, und in der Gärtnerei kam dadurch etwas Ostseestimmung auf. In die Kisten wurde zunächst ein altes »Neues Deutschland« gelegt, damit die Muttererde unseres Vaterlandes nicht durch die Ritzen rieselte. So diente das zentrale Parteiorgan letztendlich noch einem guten Zweck.

Gern arbeitete ich mit der Kunz-Ingrid zusammen. Sie war etwa mein Jahrgang. Die Haare am Hinterkopf zu einer »Nirle« gedreht, doch stietzten immer welche heraus. Sie war schlank, stets fröhlich, und es machte Freude, sie am Morgen zu sehen. Ingrid wirkte durch ihren Gang selbst in den unerotischen Arbeitshosen und Gummistiefeln reizend. Sie stammte aus Wilkau-Haßlau, also aus jener legendären sprachlichen Gegend, wo die Hasen Hosen und die Hosen Husen haßen. Wenn sie am Samstag – wir arbeiteten damals noch bis mittags – die Gewächshäuser wischte und den Scheuereimer suchte, dann lautete die Frage in ihrem Dialekt: »Wuh iss'n dorr Scheierahmer?«

Im Warmhaus stand ein uralter eingewurzelter Gummibaum. Meister Küttler bestieg ihn einmal im Jahr und säbelte mit einer Säge Äste ab. Er erntete quasi die neuen Gummibäume. Die Äste wurden nachgeschnitten, die Blätter gefaltet und ein Schnipsgummi drumgemacht. Sozusagen Gummi zu Gummi. Dadurch brauchten sie nicht so viel Platz. Dann wurden die Stecklinge in den Sand gesteckt und bildeten Wurzeln. Ich selbst bekenne, daß ich Gummibäume nicht leiden kann, auch wenn mein Freund Tom Pauls ein viel bejubeltes Lied über den Gummibaum singt. Mir sind die glänzenden glatten Blätter irgendwie zu künstlich. Manchmal brachte eine Frau vor dem Urlaub ihren Gummibaum zu uns (Männer hielten es wahrscheinlich für unter ihrer Würde, solch eine Zimmerpflanze durch die Gegend zu schleppen!). Wenn sie ihn dann wieder abholte, schwärmte sie von der guten gärtnerischen Pflege. Die hatte allein darin bestanden, daß wir beim Gießen mit dem Schlauch ab und an auch den Gummibaum von Frau Meyer oder Müller mit dem von Hand regulierten Wasserstrahl benetzten. Aber im Gewächshaus war's eben wärmer als im Wohnzimmer! So fühlte sich der Gummibaum wie zu Hause – und wuchs schneller!

In jenem Gewächshaus, in dem der große Gummibaum wurzelte, gab es ein sogenanntes Vermehrungsbeet. Ein besonders schöner Name. Normalerweise findet bekanntlich die Vermehrung im Bett statt. Ein Stück Sandbeet war für jene Stecklinge vorgesehen, die fäuleanfällig waren, wie zum Beispiel die von Chrysanthemen. Auch Steckhölzer kamen ins Vermehrungsbeet mit Sand und Torfmull. Die Liguster-Hölzer erinnerten dann an Bleistifte, die man am Strand der Ostsee in den Sand gesteckt hatte.

So wurde das Vorhandene immer wieder vermehrt. Das wunderbare Perpetuum mobile des Gärtners.

Heute haben es Gärtner gar nicht gern, wenn Leute wissen, daß man die Pelargonien oder das Margeritenbäumchen im Herbst nicht entsorgen muß, sondern daß man mit ihnen über viele Jahre leben kann. Nun wünschen sich die Gärtner Menschen, die nicht ahnen, daß vieles »immer wieder kommt«. Alles wegwerfen und im nächsten Jahr neu kaufen – das ist in dieser Gesellschaft überlebenswichtig!

Die lateinischen Namen der Pflanzen faszinierten mich: Canna indica ... Cyclamen persicum giganteum ... Callistephus chinensis. In den Bezeichnungen klangen ferne Länder nach.

Aus solchen Träumereien wurde man sehr schnell gerissen, wenn es um das Ausfahren der Dekorationspflanzen ging. Mit einem klapprigen Framo. Eine besonders ungeliebte Arbeit. Davor drückte sich, wer konnte. Ein triftiger Grund war die Schlepperei, denn man mußte die Lorbeerbäume in den großen schweren Kübeln meist irgendwelche Treppen »hochasten«. Sowohl im »Schwanenschloß« als auch im Schlachthof, dessen Saal besonders verhaßt war, weil er sich unterm Dach befand. Verschärfend kam dazu, daß wir den Dekorationspflanzen-Mann alle nicht leiden konnten. Wenn jemand zum Mittun gesucht wurde, versteckten wir uns am Topfschuppen oder gingen anderswo in Deckung. Dieser B. war ein muffliger Mensch, der kein privates Wort über die Lippen brachte, keinen Satz zum Tag, zu einem Geschehen, nichts.

Launischer als das Wetter im Bermudadreieck.

Nie machte man ihm etwas recht. Er war immer am Stänkern und maulte in seinem superlangsamen Sächsisch: »Na ... looooos ... loof ... ma ... bißl ... schneller ...« Und während man schleppte, dekorierte er, Zigarre im Mund, am Bühnenrand die grüne Schmuckkante: einen Asparagus, einen Chlorophytum, einen Asparagus, einen Chlorophytum ... wegen ihrer weißgrünen Farbe wurden sie nach wie vor »Sachsenband« genannt, obwohl es Sachsen längst nicht mehr gab.

Links und rechts wurde das Rednerpult, das mit dem entsprechenden Emblem der Partei oder der Gewerkschaft geschmückt war, von einem Lorbeerkübel flankiert. So konnte der Redner grün umrankt über die Erfolge beim weiteren Aufbau des Sozialismus palavern. Davor stand meist ein Blumenstrauß, und manch einer der gelangweilten Zuhörer hätte sich gewünscht, so einen Strauß kaufen zu können, denn Schnittblumen gehörten zu den Mangelwaren in der DDR. Reichlich und zur entsprechenden Jahreszeit verläßlich vorhanden waren nur die Blumen auf Wiese und Feld.

Noch schlimmer, als mit B. Dekorationspflanzen zu transportieren, war Mist fahren. Einmal hat es mich zusammen mit der Kunz-Ingrid ereilt. Am GST-Reitstützpunkt am Schwanenteich luden wir Mist auf das Pferdefuhrwerk vom Sieg-Erich und mußten dann hoch auf dem dunkelgelben Wagen durch die ganze Stadt fahren. Dem Sieg-Erich war das egal, der Ostpreuße war froh, mit einem Pferdegespann – wie zu Hause – die Straße entlangzuzotteln. Nicht egal war es uns zwei jungen Menschen von 17, 18 Jahren. Die reine Schande! Wir haben uns im Spaß die Gummijacken über den Kopf gezogen, damit uns niemand erkennen sollte.

Der Mist wurde immer Ende Januar, Anfang Februar geholt, wenn die Frühbeetkästen gepackt wurden. Etwa 20 Zentimeter Mist, dann 10 Zentimeter Erde. Die Cyclamen standen dort drin quasi auf warmen Füßen beziehungsweise Wurzeln. Das Positive bei dieser Arbeit war, daß man auch bei größter Kälte nie an die Füße fror!

Zu unserer Gärtnerei gehörte eine große Freilandfläche. Dort agierten in unverwüstlichen Holzpantoffeln die ebenfalls unverwüstlichen Gartenfrauen Emma und Klara. Beide waren sogenannte Umsiedler. Emma war eine gutmütige Frau, Klara neigte etwas zu Feldwebel-Manieren. Mit ihnen arbeitete Frau Sieg. Sie war mit ihrem Mann aus Ostpreußen nach Zwickau gekommen.

Wenn man durch ein hölzernes Gartentor das Freiland betrat, stieg ein kleiner Weg nach oben. Gleich am Anfang duftete es aus dem Rosenquartier. Links und rechts lagen Felder. Ein dörfliches Milieu mitten in der Stadt. Das benachbarte Stadtgut, wo der Sieg-Erich waltete, verstärkte noch diesen Eindruck.

Die schwersten Arbeiten habe ich in der angrenzenden Baumschule erlebt. Das Reich vom Windisch-Kurt, der bei Wind und Wetter seine Bäume, Bäumchen und Gehölze, nicht etwa »Büsche«, pflegte. Ich erinnere mich, wie wir eines Tages 10jährige Pappeln »ernteten«. Mit einem Rodespaten, an dessen Stiel ein verlängertes Metallblatt saß, hieben wir voller Schwung auf die Wurzeln ein. Der Spaten tanzte in der Luft, bis wir eine Kerbe hineingehackt und diese allmählich vertieft hatten. Schließlich war eine Wurzel nach der anderen mit einem knirschenden Geräusch durchtrennt, man spürte förmlich die Schmerzen des Baumes. Und der ächzte noch einmal mörderisch auf, wenn er aus seinem angestammten Reich gehievt wurde.

Der Windisch-Kurt hatte oft ein verschmitztes Lächeln im Gesicht, das nicht nur der Freude an der Natur geschuldet war, sondern zu Teilen dem kleinen Depot von Kräuterlikör, das er in seinem Holzhüttchen vorbeugend, zur inneren Anwendung gegen Wind und Wetter, angelegt hatte.

Gellerts Butterbirnen habe ich aus diesem Quartier in guter Erinnerung. Mit der Kunz-Ingrid räkelte ich mich in der Mittagspause im Gras, wir schauten in den blauen Himmel und aßen eine Birne zum Brot. Das waren jene Minuten, die der romantischen Seite des Gärtnerberufes besonders nahe kamen, die eine halbe Stunde Urlaubsgefühl vermittelten.

Auf dem Freiland blühten Tausende Stiefmütterchen, bauten wir diverse Kohlsorten an, blumigen und weißen und roten. Ich weiß noch, wie wir im November welchen mit klammen Händen geerntet haben. Fronarbeit. Und die Arbeitsfrauen liefen über das Feld, den ganzen Tag mit dem Kopf nach unten, und murrten nicht. Sie kannten nichts anderes.

Heute ist das Freiland längst verschwunden. Dort, wo wir mitten in der Natur in saftige Gellerts Butterbirnen bissen, steht ein Fabrikgebäude der Westermann Druck GmbH.

Als ich die Lehre beendet hatte, konnte ich leider nicht

in der Gärtnerei bleiben. Es gab keine Planstelle, und so mußte ich in einer Brigade für Freiflächengestaltung arbeiten. Keine blühenden Pflanzen mehr, die Romantik des Gewächshauses wurde von der harten Realität verdrängt. Es gab nur noch zwei Begriffe: die Schaufel und die Erde. Und die Erde mußte mit einer Schaufel an eine andere Stelle geschippt werden. Die stupideste Zeit meines Lebens. Die Schaufel bestimmte den ganzen Tag.

In meinem Arbeitsvertrag, ausgestellt auf einem Formular des VEB Vordruck-Leitverlages Spremberg, stand, daß ich in die Lohngruppe B 6 geraten war und einen Grundlohn von 1,71 Mark pro Stunde bekam. Dieser Lohn war eigentlich kein Grund für besonders fleißige Arbeit, aber wir nahmen das ohne Murren hin. Im Arbeitsvertrag wurde ausdrücklich darauf verwiesen, daß ich in einem volkseigenen Betrieb arbeitete. »Dieser Betrieb ist gesellschaftliches Eigentum und gehört allen Werktätigen.« – Vielleicht verdiente ich deshalb so wenig, weil mir ja auch noch ein Teil der Gärtnerei gehörte! »Die Arbeitsrechtsverhältnisse in diesem sozialistischen Betrieb sind daher Verhältnisse der kameradschaftlichen Zusammenarbeit und der sozialistischen gegenseitigen Hilfe der von Ausbeutung befreiten Werktätigen.«

Während also in den privaten Gärtnereien der DDR Mord und Totschlag herrschte, gab es im VEB Park- und Gartenanlagen der Stadt Zwickau »kameradschaftliche Zusammenarbeit«. Und was die Ausbeutung anbetraf, da fiel mir der damals gebräuchliche Witz ein: Im Kapitalismus wird der Mensch vom Menschen ausgebeutet. Im Sozialismus ist es umgekehrt.

Die Schinderei machte ich nicht lange mit, ich folgte meinem Freund Rudolf Kleinstück ins Gemüsekombinat der LPG »Sieg des Sozialismus« in Mosel bei Zwickau. Über die Zeit in der ruhmreichen Genossenschaft habe ich in meinem Band »Dämmerschoppen« geschrieben.

Wenn ich es mir heute überlege, so trug meine Erziehung daheim zur Ehrlichkeit wirklich Früchte bzw. keine, denn ich schwöre: ich habe in der LPG tatsächlich nicht eine einzige Gurke geklaut! Für die anderen Mitarbeiter würde ich in dieser Beziehung keine Hand ins Saatbeet legen, um es einmal etwas gärtnerisch auszudrücken. Ausgenommen mein Freund Rudi Kleinstück, den ich bei unserem nächsten Treffen dazu gleich einmal befragen werde.

Die Arbeit in der LPG war nicht gerade das, was mein Herz erfreute. 1963, in jenem Jahr, als Kennedy vor dem Schöneberger Rathaus 400 000 Menschen zurief: »Isch binn ein Börliner«, in jenem Jahr sagte ich, ich bin kein Gärtner mehr.

Und fing als buchhändlerische Hilfskraft in der Zwickauer Volksbuchhandlung Gutenberg an.

Volksbuchhandlung Gutenberg

Damals trugen private Buchhandlungen oft noch den Familiennamen des Besitzers, und so kam tatsächlich einmal eine Frau in den Laden und fragte: »Könnte ich mal Ihren Chef, den Herrn Gutenberg, sprechen?«

Verglichen mit der körperlich schweren Arbeit als Gärtner war für mich diese neue Tätigkeit der reine Lenz, Urlaub mit Büchern sozusagen. Ich arbeitete vermutlich dermaßen schnell, daß ich zu meiner Überraschung schon nach kurzer Zeit eine Prämie erhielt. Die Kolleginnen und Kollegen waren durch die Bank sehr nett. Bei den Kolleginnen gab es, im Gegensatz zur LPG, richtig hübsche junge Damen, die natürlich viel schöner anzusehen waren als jene in Wattejacken und Gummistiefel verpackten Frauen, an deren Alter ich mich gar nicht mehr erinnern kann oder das ich vermutlich durch die Verkleidung gar nicht richtig wahrgenommen hatte. Eine Kollegin, mit der ich mich gut verstand, zeichnete sich neben ihren Fachkenntnissen durch eine bedeutende Oberweite aus. Ihr unterstand das Fachbuchsortiment. Und so schlichen mitunter Männer an den Regalen mit Büchern zum Maschinenbau und zur Anatomie herum, nahmen auch mal einen Band in die Hand, blätterten abwesend darin, weil sie nur Augen für den Bau und die Anatomie jener Dame hatten. Manchmal flüchtete sie beim Betreten eines besonders aufdringlichen Typs gleich in die hinteren Räume: »Ach, der schon wieder!« Und bat mich: »Lutz, bedienst du mal bitte?!« Da hatte jener Typ natürlich einen »Zappen«, weil er etwas ganz anderes wollte, als mit mir über Fachbücher zu plaudern!

Unter dem erleuchteten Glasbild, das nach einem alten Stich vom Meister Gutenberg angefertigt worden war, befand sich unsere buchhändlerische Schatztruhe, die in

Zwickau »Mauke« genannt wurde. Im »Kleinen sächsischen Wörterbuch« ist der Begriff so erläutert: »... heimlicher Aufbewahrungsort, verstecktes Behältnis für einen Vorrat.« Das trifft es ganz genau, denn hier wurde der konspirative Bücher-Vorrat für gute Kunden angelegt. Die berühmte Bückware. Vor allem Lizenzausgaben. Gesucht waren aber damals auch die Märchen der Gebrüder Grimm, von Werner Klemke illustriert, Karikaturenbücher vom Eulenspiegel Verlag oder – Rarität in der prüden DDR – erotische Literatur von Zola bis Maupassant. »Liebe und Humor geht immer.« Diese alte Verlegerweisheit wurde in der DDR durch den Mangel besonders eindrucksvoll bestätigt. Die DDR-Kleingärtner wiederum kannten nur ein Buch, das sie fürs Leben gern besitzen wollten: »Rat für jeden Gartentag« aus dem Neumann-Verlag. Diese kleingärtnerische Kostbarkeit lag auch immer in der Mauke.

In den Regalen drückten sich noch so manche Titel vom 1. Bitterfelder Weg herum, den der Volksmund aus gutem Grund als »bitteren Feldweg« bezeichnete. Nicht wenige Bände erhielten nach Jahren neu gestaltete Schutzumschläge, um einen Verkaufsanreiz zu schaffen. Doch alle Müh' war umsonst! Die »Kumpel-greif-zur-Feder-Bücher« lagen wie Blei in den Regalen, mußten immer wieder entstaubt werden, endeten über kurz oder lang entweder in der Papiermühle oder im günstigsten Falle noch als ungelesenes Prämienbuch in einer Schrankwand. Der Mitteldeutsche Verlag und Tribüne führten in jenen Tagen die Hitliste der ungelesenen Bücher an.

Wolfgang Stiehler, damals 1. Sortimenter der Buchhandlung und Mitglied der Prüfungskommission, erzählte, wie man mir zur Facharbeiterprüfung in der Belletristik-Abteilung die Aufgabe stellte, ein Angebot für Auszeichnungen zusammenzustellen. Ich legte also diverse Bücher vor. Ein Mitglied der Kommission fragte mich, nach welchen Gesichtspunkten ich diese Literaturauswahl getroffen hätte. Meine Antwort lautete schlicht und einfach: »Weil wir davon so viel haben.«

Noch Fragen?

Viel diskutiert und freiwillig gelesen wurden in den sechziger Jahren »Der geteilte Himmel« von Christa Wolf, »Ole Bienkopp« von Erwin Strittmatter, »Beschreibung eines Sommers« von Karl-Heinz Jakobs, »Die Aula« von Hermann Kant und »Spur der Steine« von Erik Neutsch. Sehr geschätzt in intellektuellen Kreisen war »Levins Mühle« von Johannes Bobrowski.

In der Buchhandlung kam ich, im Gegensatz zur LPG, in Gesprächen mit unterschiedlichen Menschen zusammen. Unser Chef, kein Genosse, aber Mitglied der NDPD, war teils fröhlich, teils poltrig, nur am Wochenende zu Hause, irgendwo im Erzgebirge. Während der Arbeitswoche lag er im Bett unserer Buchhalterin. Jeder im Geschäft wußte das, aber die beiden hielten eisern auf Form, begrüßten sich jeden Morgen fröhlich im Büro, obwohl sie sich kurz vorher erst voneinander verabschiedet hatten. Sie siezten sich den lieben langen Tag. Er war ein Frauenverehrer par excellence, sie durften auch um einiges jünger sein.

Manchmal saß er mit unserem Fahrer Eberhard, einem fröhlichen und pfiffigen Mülsener, im Keller bei einer Flasche Wodka. Dort befand sich ein Tresorraum. Der wurde aber nur noch zur Lagerung alkoholischer Schätze benutzt. Mit den Jahren wurde unser Chef immer cholerischer, wenn ihm jemand widersprach. Von der Galerie tobte dann der nationaldemokratische erzgebirgische Poltergeist. In der Buchhandlung gab es ein Wiedersehen mit Christel, einer Oberschülerin, die in der Gärtnerei von mir polytechnisch gebildet worden war. Sie lachte gern und verkauft heute noch Bücher in Zwickau. Und lacht immer noch gern.

Da war der kumplige Einpacker Fred, der durch die Gegend hinkte und das Klebeband bei den Paketen prinzipiell mit der Zunge befeuchtete. Eines Tages vergriff er sich an der Portokasse, was ihm kein Mensch zugetraut hätte. Was wird das bei den niedrigen Briefmarkenpreisen für eine Summe gewesen sein? Und wir bekamen einen neuen Einpacker.

Außendienstmitarbeiter war ein intelligenter Mann mit randloser Brille und trockenem Humor. Als wir uns etwas länger kannten, erzählte er mir, daß er ein abgesetzter Staatsanwalt sei. Er hatte einige Vorträge gehalten, dafür Honorare in Empfang genommen und vergessen, sie anzugeben. So wanderte der Staatsanwalt des Volkes ins Gefängnis und landete anschließend beim Buchhandel des Volkes.

Als ich dann auch im Außendienst arbeitete, sogenannte Vertriebsmitarbeiter in den großen Betrieben besuchte, die im Auftrag des Volksbuchhandels dort Bücher verkauften, und als ich mich zum ersten Mal in meinem Leben traute, während der Arbeitszeit in einem Kaffeehaus zu sitzen, da habe ich dieses Stückchen Freiheit wahnsinnig genossen. So etwas hätte ich mir doch als Gärtner nie herausnehmen können! An jenem Tag, als ich dort einen Kaffee trank und dem Zigarettenrauch nachsah, fühlte ich mich meinem erträumten Künstlerleben schon einen ganz gehörigen Schritt nähergekommen.

Britt

In der Buchhandlung lernte ich Brigitte kennen, eine Praktikantin am Theater. Mit ihr kam etwas internationales Leben in mein provinzielles Dasein. Sie hatte Kontakte nach Frankreich und besaß eine für mich stattliche Sammlung französischer Platten. Da hörte ich die großen Chansonniers, lernte neue Sänger wie Richard Anthony kennen. In Erinnerung geblieben ist mir sein schönes »J' entends siffler le train«. Nur um dieses Lied wieder einmal hören zu können, kaufte ich mir 8 CDs mit französischen Schlagern und Chansons, und die Stimmung jenes Jahres stellte sich tatsächlich wieder ein.

Bei Britt, so riefen wir sie, sah ich auch das erste Mal echte Beatles-Platten! Die Beatles trafen, obwohl sie in völlig anderem Milieu lebten, das Lebensgefühl der jungen Leute in Zwickau, Bezirk Karl-Marx-Stadt, DDR, aufs Haar.

Was für eine Musik!

»She loves you, yeah, yeah, yeah ...« Walter Ulbricht hatte doch tatsächlich in einer Rede mit seiner für Sachsen leicht nachzuahmenden hohen Fistelstimme gesagt, daß wir dieses »Yeah, yeah, yeah nicht brauchen, ja?!«. Ulbricht beendete seine Sätze oft mit einem bestätigenden »Ja«.

Und mit der Behauptung lag er so weit daneben!

O yeah, wir brauchten es, wir brauchten »I want to hold your hand« und »A hard day's night« und »Let it be«. Wir brauchten diese Lieder so sehr – und einige drehten sich auf dem Plattenteller bei Britt. Durch sie tat sich für mich eine musikalische Welt auf. Vor mir liegen Fotos von einer Silvesterfete mit Zwickauer Freunden, zu der Britt ihre Platten mitgebracht hatte. Auf diesen Fotos sind neben unserer fröhlichen Truppe auch immer wieder alle Cover, die damals noch schlicht Schallplattenhüllen hießen, abgelichtet worden. Solche Platten, die waren schon ein Foto wert! Und unsere Clique hörte und tanzte selig nach der von uns so verehrten Musik.

Von Britt erfuhr ich, daß man in der DDR eine kommunistische Jugendzeitschrift aus Frankreich abonnieren könnte. Ich hatte keine Ahnung von Französisch, aber als ich das erste Mal »Nous les garçons et les filles« in den Händen hielt, war ich als 20jähriger natürlich von den Fotos begeistert: nun hingen die »Beatles« endlich auch über meinem Bett!

Mit Britt ging ich zu einer Lesung von Stefan Heym im Zwickauer Club der Intelligenz. Im Sturm und Drang der revolutionären Nachkriegszeit hatte man diesen Club in einer ehemaligen Bank eingerichtet. Raten Sie mal, wer nach der Wende wieder in diese Räume einzog?

Heym war den Oberen schon immer ein Dorn im Auge, in den sechziger Jahren wurde unentwegt gegen ihn gehetzt. Da zählte auch nicht, daß er als Jude in die Emigration hatte gehen müssen und als Angehöriger der amerikanischen Armee nach Deutschland zurückkam. In den fünfziger Jahren waren der Parteiführung sowieso alle Westemigranten verdächtig.

Heym stammte aus Chemnitz, und etwas sächsischer Slang war auch nicht zu überhören. Er las damals aus einem Manuskript mit dem Titel: »Der Tag X«. Ich fand die Proben ganz erstaunlich, denn schließlich ging es um den 17. Juni 1953. Ein Tabu-Thema. Das war auch der Grund, warum dieses Buch nie in der DDR erschien und viel später unter dem Titel »Fünf Tage im Juni« im Westen herauskam. Ich fand Heym sehr mutig und auch lässig, während der Lesung lag sein Hund unter dem Tisch. Und wäre einer gekommen, der seinem Herrn übelwollte, vielleicht hätte er nicht nur geknurrt ...

Die Ostsee

1962, mit 18 Jahren, sah ich zum ersten Mal die Ostsee!

Mit Hans-Jürgen Fliege (nicht zu verwechseln mit dem fast namensgleichen, nervenden Fernsehpfarrer, obwohl Hans-Jürgen auch problemlos Menschen »nerven« kann, denn er ist Zahnarzt!) verließ ich Zwickau auf seinem blauweißen Motorroller »Berlin«. In den Morgenstunden fuhren wir los – es war noch dunkel. »Zieh dir lange Unterhosen an«, hatte Hans-Jürgen geraten, »es wird saukalt auf dem Ding.«

Der Hinweis war berechtigt gewesen. Ich hätte nicht für möglich gehalten, wie kalt es mitten im Sommer sein kann. Nun rollten wir mit dem Roller Richtung Norden. Ich hatte kaum Erfahrungen mit motorisierten Zweirädern, denn nur einmal war ich mit meinem Bruder Martin von Zwickau nach Reichenbach gefahren, auf einem »Wiesel«.

Von Zwickau im Vorerzgebirge bis an die See – das ist ja nun wirklich der nächste Weg. Mit 80 Stundenkilometern tuckerten wir der Küste entgegen. Dank einer steifen Brise aus Südwest schaffte der Motorroller auch mal die magischen 90. Als wir Mecklenburg erreicht hatten, schien – wie man damals immer scherzhaft sagte – die Sonne in Strömen. Wir hielten in einem kleinen verschlafenen Ort, und zu unserem Glück waren im Dorfkonsum gerade Regenumhänge am Lager. In Zellophan verpackt, donnerten wir wenig später unserem Urlaubsglück entgegen.

Durch Vermittlung von Lutz Sporberth, einem Zwickauer Bekannten, hatte ich auf Hiddensee einen Ferienplatz bekommen. Das einzige Mal übrigens in meinem Leben, daß ich durch die Gewerkschaft solch einen Nutzen hatte.

Und dann gleich auf Hiddensee – ein Hauptgewinn!

Hans-Jürgen fuhr auf gut Glück mit. Er hoffte, wir würden die Wirtsleute, die jenes Zimmer an den FDGB vermieteten, überzeugen können, daß er seine Luftmatratze auch darin aufblasen dürfte.

Von Schaprode schipperten wir der Insel entgegen.

1962 war auf Hiddensee vieles noch im Vorkriegsstil. Da gab es nicht die späteren häßlichen Betonschwellen der Armee, auf denen die Jeeps fahren konnten, oder gar eine Kaufhalle – wie in Vitte. Wie hätte das seinerzeit ausgesehen: Gerhart Hauptmann auf der Insel mit dem Einkaufskörbchen in der Schlange. Hauptmanns Haus besichtigten wir dann auch, es war zum Museum umgestaltet. Ob der Schriftsteller, der im Alter Goethe immer mehr ähnelte, ob der also jemals beim Abendbrot daran gedacht hatte, daß einmal Urlauber durch seine Zimmer schlendern würden?

Künstler haben sich – schon immer – gern auf Hiddensee niedergelassen. Asta Nielsen besaß auf der Insel ein Domizil, und Gret Palucca sahen wir bald vor ihrem Haus auf der Wiese mit Ballettmädchen aus der Dresdner Schule. Vor dem Krieg war sie gern in Kampen auf Sylt gewesen. Ich sah ein Foto, wie sie dort am Strand aus lauter Lebensfreude tanzte. Nun hatte sie also, im geteilten Deutschland, auf dieser Ostseeinsel ihr Feriendomizil.

Lutz, unser Zwickauer Bekannter, begrüßte uns, und Hans-Jürgen durfte tatsächlich in dem schmalen Zimmer auf seiner Luftmatratze kampieren. Natürlich »schwarz«, wie man damals solche illegalen Sachen nannte.

Unvergeßlich ist mir der erste Eindruck von der Insel. Ich hatte das Gefühl, tiefer zu atmen. Diese Weite, diese Ruhe, dieser Riesenhimmel mit den Postkartenwolken, der Geruch des Meeres, die reetgedeckten weißen Häuser ... so viel Weiß hatte ich noch nie gesehen. Ich kam aus der grauschwarzen Bergarbeiterstadt Zwickau – die Helligkeit blendete mich regelrecht.

Autos gab es nicht, an einen Traktor glaube ich mich zu erinnern, und die Hebamme hatte wohl ein Moped. Einzige Lärmquelle waren die Möwen, dazu gesellte sich das beruhigende Plätschern der Wellen.

Wir saßen am Strand, ich spürte zum ersten Mal den weichen Sand, sah aufs Meer hinaus, genoß diesen Blick zu einem unverstellten Horizont. Wir wohnten in Neuendorf, einer Ansiedlung ohne Straßen, alle Wege führten über Wiesen.

Die nächsten Abende verbrachten wir in der »Stranddistel« oder im Hotel »Am Meer« des Herrn Franz Freese. Ja, und dann gingen wir tanzen. Die Palucca war zwar nicht mit ihren reizenden Ballett-Mädchen gekommen, aber J. war genauso hübsch und grazil. Warum ich sie »Patty« nannte, weiß ich nicht mehr, wohl weil Englisch damals sehr in Mode war.

Sie hatte blonde kurze Haare, große Augen, einen schönen Mund und natürlich glatte braune Haut. Wir saßen abends im Strandkorb, nur das sanfte Plätschern des Wassers war zu hören. Und diese Sanftheit der Umgebung übertrug sich auf uns. Ich hatte das Gefühl, die Sterne kämen immer näher, Ja, es schien sogar, sie spiegelten sich in Pattys Augen ... oder täuscht mich da meine Erinnerung? Immerhin ist das alles 40 Jahre her! Aber nein, da blitzte, funkelte wirklich etwas, Ehrenwort!

Sie war die erste Leipzigerin, die ich in meinem Leben kennenlernte, und ich ahnte damals nicht, daß die Messestadt einmal meine Heimat werden würde.

Wir eroberten die Insel, wanderten zum Dornbusch, nördlich von Kloster, besahen uns den Leuchtturm, die Steilküste. Irgendwann standen wir auch am Grab des 1946 verstorbenen Dichters und Nobelpreisträgers.

Alle Ortsnamen, alle Begriffe, die mit der Insel zusammenhingen, hatten eine gewisse Romantik. Drei Tage vor meiner Abreise überfiel Patty und mich das Inselweh. Alles strahlte in einem besonderen Licht und ließ uns melancholisch werden. Es war so bittersüß, daß der Abschied nahte; und das Heimweh nach Hiddensee, nach dieser Stimmung, die wir erlebt hatten, war schon da, als wir noch gar nicht weg waren.

Dann kam das große Winken von der Fähre, und der Inseltraum blieb zurück, entfernte sich mit jedem Meter, den das Schiff zurücklegte. Die Fähre war noch aus der guten alten Zeit, die Sitze ledergepolstert, und die hölzernen Haltestangen steckten in blankgeputzten Messingringen. Ich fuhr von Stralsund mit dem Zug allein nach Zwickau zurück.

J. lernte später einen Westdeutschen kennen, der sie mehrmals in Leipzig besuchte. Eines Tages reiste sie mit einem falschen Paß wieder in Richtung Norden, um mit einer Fähre nicht nach Hiddensee, sondern nach Skandinavien und von dort in die Bundesrepublik zu gelangen. Als sie das Schiff betreten wollte, wurde sie verhaftet. Vermutlich war ein Schatten die ganze Zeit mitgereist, um die DDR-Bürgerin in flagranti zu überführen. Die sensible J. erzählte sich in der Einzelhaft Märchen, um nicht verrückt zu werden. Ihr künftiger Mann war Rechtsanwalt, setzte alle Hebel in Bewegung, und eines Tages wurde ihr persönliches Märchen wahr, und sie durfte ausreisen.

Fast 40 Jahre später traf ich sie zufällig in Leipzig in jener Straße, in der ihre Mutter noch wohnte. Als ich J. mit ihr kommen sah, wußte ich sofort, daß sie es sein mußte. Ich begrüßte zunächst ihre Mutter und wechselte danach ein paar Sätze mit ihr.

Sie wunderte sich: »Woher kennen Sie denn meine Mutter?«

»Ich kenne auch dich.«

Jetzt wunderte sie sich noch mehr.

»Wir waren einmal zusammen auf Hiddensee.«

Einen Tag später saßen wir im Café Maître und schwatzten über alte und neue Zeiten. Irgendwann versuchte ich mir das Funkeln in ihren Augen von damals vorzustellen. Ich vermochte es nicht mehr. Zu lange her ... Es funkelte nur noch der Wein im Glas.

Meine Bands

Musik machten in meiner Kindheit prinzipiell »Orchester« oder »Kapellen«. Erst mit der Beat-Musik erschienen auch im Osten »Bands«.

Meine erste Truppe, in der ich »Schlagzeug« spielte – es bestand aus einer »Charleston-Maschine«, einem Becken und einer kleinen Trommel –, hieß The Playboys.

Dabei waren wir jungen Burschen alles andere als das, eher noch »verspielte Jungs«. Zwar konnte ich ein wenig auf dem Klavier herumklimpern, aber in dieser Band gab es schon zwei Klavierspieler, und ich nehme an, daß die besser waren. So sagten die Jungs: »Du mußt ans Schlagzeug.«

Es war Anfang der sechziger Jahre, und englische Namen wurden auch im Osten immer beliebter. Die Funktionäre sahen diese Entwicklung mit großem Unwillen und gingen bald vehement dagegen vor. Zeitweise wurden sogar englische Wörter in bekannten Schlagern ausgetauscht. So hieß es in einem beliebten Lied im Original: »Wenn, wenn du sagst, wenn du sagst, okay ...« Der DDR-Sänger im Funk mußte für »okay« dann »olé« singen. Und aus »allright« wurde »Komm heut«. Absolut lächerlich.

Zur Playboy-Besetzung gehörten neben den zwei Klavierspielern, die sich abwechselten oder auch mal vierhändig spielten, und dem Schlagzeug zwei Gitarren. Damals trugen wir noch keine langen Haare. Alle ordentlich frisiert, weiße Hemden, dunkler schmaler Schlips. Ich glaube, Strickschlipse waren sehr in Mode.

Aus Michael war inzwischen »Mike« geworden. Mit ihm hatte ich ein paar Jahre zuvor nach dem Kindergottesdienst Spielzeugsoldaten aus dem Tausendjährigen Reich gegen Mickey-Mouse-Hefte getauscht. Und nun sangen wir gemeinsam unsere Hits, natürlich ohne ein Mikrofon zu besitzen.

Unser Techniker hieß Josef Schmidt, stammte aus Ungarn und wurde von allen nur Stalin genannt. Warum? Vielleicht sah er ihm irgendwie ähnlich, obwohl er sich keinen Bart stehen ließ. Mit Bart wäre er ihm vielleicht zum Verwechseln ähnlich gewesen ...

Bei unserem einzigen Auftritt, den wir hatten, im Sportlerheim »Am Biel«, es gibt heute noch Zeugen, die sich an unseren rauschenden Erfolg erinnern, haben wir das Schlagzeug mit dem Bus nach Zwickau-Planitz transportiert. Unsere Band-Fahne hatte der Vater eines Musikers gebastelt.

Zu den Tonarten pflegten wir ein etwas schlichtes Verhältnis. Alle Titel spielten wir in C- oder F-Dur. Liedzeilen schwirren mir noch durch den Kopf: »Alles vorbei, Tom Dooley, noch vor dem Morgengrauen ...« oder »... der Löwe schläft heut nacht« oder »Wenn ich am Wochenende tanzen geh ...«. Das ist ein Zitat aus dem damals so beliebten »Tiger-Rock«, wo es im Refrain immer hieß: »So wie ein Tiger, ho-ö-hö«, ein Laut, der etwas an den Wüstenkönig erinnern sollte. Sogar auf eine Eigenkomposition konnten wir verweisen, den »Playboy-Twist«. Leider hat dieser Erfolgstitel den Weg aus unserem Zwickauer Wohnzimmer-Probenraum hinaus in die deutschen Hitparaden nicht angetreten.

Alle waren damals heiß auf Musik. Unser »Manager«, ja auch den hatten wir schon, verschaffte uns einen zweiten Auftritt. Niemand kannte uns, aber The Playboys wurden sofort engagiert – bei solch einem Namen!

Wir sollten in einem Tanzsaal namens »Erlenwald« in Vielau bei Zwickau auftreten. Die Annonce stand schon in der Zeitung. Es spielen The Playboys, aber dann kamen bei einigen Bedenken, auch ein väterlicher Rat, doch nicht ohne jegliche Genehmigung einfach loszuspielen – und mit so einem Namen ...

Wir bekamen auch technische Bedenken – ohne Mikrofon in einem großen Saal! So war nichts mit »So wie ein Tiger, ho-ö-hö«, wir zogen unsere Zusage eher hasenherzig wieder zurück. Wegen technischer Schwierigkeiten, Krankheit oder so.

Etwa 40 Jahre später trat ich in jenem Haus auf, übrigens mit meinem Kollegen Gunter Böhnke und unserem Rainer-Vothel-Trio. So bügelte ich das seinerzeit abgesagte Gastspiel mit jahrzehntelanger Verspätung wieder aus ...

Danach spielte ich in der Kfz-Band. Kein umwerfender Name, einverstanden, aber er kam zustande, weil die Musiker an der Zwickauer Kraftfahrzeug-Ingenieurschule studierten. Ich spielte Klavier, sang und wurde von einer richtig guten Band abgeworben, der Club-Band. Hier war ich nur noch Sänger. Vor mir war Barbara Kellerbauer mit den Musikern aufgetreten, die sich in der DDR anschließend ein großes Publikum ersungen hat.

Nun stand plötzlich mein Name auf einem Plakat. Daneben war ein Streifen aufgeklebt: »Jetzt mit elektrischen Gitarren!« Wir wollten unbedingt in Beatles-Besetzung spielen, hatten aber neben Rock 'n' Roll und Schlagern auch Oldtime-Jazz im Repertoire. Unsere Erkennungsmelodie, die effektvoll ertönte, wenn der Vorhang aufgezogen wurde, stammte aus dem Westfernsehen: die Titelmusik der Krimiserie »Stahlnetz«. Nach der Pause ritt der »Geisterreiter« über die Bühne – ein damals beliebter Orchestertitel.

Das war im Jahre 1964; wir spielten oft im Kreiskulturhaus Ernst Thälmann in Wilkau-Haßlau bei Zwickau. Der Kulturhauschef hatte es damals nicht einfach, denn er sollte tatsächlich die jungen Leute am Auseinandertanzen hindern! Wieso die DDR geschädigt wurde, wenn man sich nicht in Tanzstundenhaltung über das Parkett bewegte, sondern ab und an mit einem knappen Meter Abstand voneinander, das blieb ein Geheimnis der Funktionäre. Wie so manch andere Entscheidung auch.

Vielleicht war für das Politbüro der Verzicht auf Führung des Partners schon der erste Schritt zur Anarchie? Die Zusammengehörigkeit mußte gestärkt werden, denn schließlich war ein Tanzpaar das kleinste Kollektiv!

Ich sang viele Titel in »englisch«.

Warum die Anführungszeichen?

Es war gar keins, ich imitierte die Sprache, keiner hörte richtig hin, es klang halt so, und die Massen tobten beim »Jailhouse Rock« von Elvis. Manchmal hatte ich Bammel, wenn viele Studenten im Saal waren. Zum Beispiel vor Hunderten Gästen bei einem Weihnachtsball der berühmten Tanzstunden-Müllern in der »Neuen Welt« zu Zwickau, an dem meine Mutter, die dort arbeitete, zum ersten Mal ihren Sohn auf einer großen Bühne bewundern konnte. Und ich meinte zu meinen Band-Kumpels: »Mensch, die kriegen das doch mit!« Die Truppe beruhigte mich: »Ach wo. Das merkt niemand.« Und sie hatten recht.

In der »Club-Band« besaßen wir schon eine eigene »Lichtschau«. Am Bühnenrand standen selbstgebaute Lichtkästen. Einer bediente hinter der Bühne die Schalter, unsere Sombreros leuchteten bei »Sag mir quando, sag mir wann ...?« oder »Hast du alles vergessen, was du einst besessen. Amieeeeegou, eijeijeieijeijeieijeijei ... das ist längst vorbei« abwechselnd rot-blau, rot-blau, rot-blau ... Sehr effektvoll!

Wir besaßen ein grünes Kondensatormikrofon, vor dem sich manchmal drei bis vier Leute singend drängelten.

Die erste Orgel, die der Lein-Peter spielte, wäre heute ein technisches Denkmal. An den Holzkasten wurden vier Beine geschraubt. Und schon stand die »Harmona« auf der Bühne! Sie war ein typisches Improvisierobjekt, wie es nur die DDR hervorbrachte. Die sozialistischen Deutschen waren Weltmeister in diesen Dingen. Die Tastatur stammte von einem Akkordeon (Hersteller war eine Privatfirma aus Zwota), die Bässe wurden erstmalig auch durch Klaviertasten erzeugt. Die Zungen der Tastatur wurden durch ein Gebläse in Bewegung versetzt, das stammte vielleicht von einem Staubsaugermotor – wundern würde mich das nicht! Man konnte schon Klangfarben durch ein mechanisches Kippregister einstellen.

Die Orgel war natürlich viel zu leise, eher für ein Wohnzimmer gedacht. Bei einem Solo mußte dann vom Sänger unser einziges Mikrofon davorgehalten werden.

In unserer Gage schlug sich der Besitz der »Harmona« jedoch nicht nieder. Wir spielten und sangen am Abend für 20 Mark pro Kopf. Der Rest floß in den Instrumentenfonds. Unsere Band war damals für schlappe 280 bis 300 Mark zu haben. Uns ging es wirklich nicht um Geld, sondern wir hatten einfach nur Lust, Musik zu machen. Das lief alles ohne Sex und Saufereien ab.

Die Kulturpolitik erlaubte unserem Repertoire vierzig Prozent Westtitel, sechzig Prozent der abendlichen Musik mußten DDR-Produktionen sein. Auch hier wurde wieder improvisiert, will sagen, die AWA-Listen, auf denen alle gespielten Titel fein säuberlich aufgeführt werden mußten, stimmten nie mit den tatsächlich gespielten überein. So tauchten auf dem Papier Schlager auf, die zu interpretieren wir uns geschämt hätten. Der besondere Effekt dieser Strategie war, daß dadurch – einmalig auf der Welt! – Komponisten und Textdichter Tantiemen für nicht gespielte Musik erhielten!

Ein auf diese Weise reich Gewordener müßte der Band eigentlich noch nachträglich mal einen ausgeben!

Mein Nachfolger-Sänger in der »Club-Band« war ein Student aus Afrika, tiefschwarz. Er hörte auf den schönen Namen Emmanuel Harebatho Temoschengo Musa, aber wurde von allen nur Emma genannt. Der sang dann richtiges Englisch!

Jeans

Wir nannten sie Anfang der sechziger Jahre noch Niet- oder Nietenhose. Der englische Begriff bürgerte sich erst viel später ein. Diese Hosen waren ein Durchbruch: gemeinsame Beinkleider für Jugendliche beiderlei Geschlechts. Die jungen Mädchen verabschiedeten sich mehr und mehr von den Röcken. Brigitte Reimann schreibt in ihren Tagebüchern: »Jedenfalls ist mir eine Nietenhose lieber als alle eleganten Röcke der Welt.« Und sie notierte auch, daß ein Abteilungsleiter beim Deutschen Fernsehfunk von ihr verlangte, diverse Passagen in einem Szenarium zu ändern: »... die blödeste: ein Wort wie ›Niethose‹ streichen.«

Vor allem in den Schulen waren Jeans damals verpönt. Beim Fahnenappell hieß es dann mitunter: »Zwei Meter vortreten!« Und der Delinquent erhielt einen Verweis wegen des Tragens von Jeans.

Ein Bekannter betrat auch einmal mit einer Nietenhose bekleidet das Schulgebäude. Zufälligerweise kam ihm gerade der Direktor entgegen, der stutzte kurz und fuhr ihn dann an: »Wenn Sie morgen diese Hose wieder anhaben, dann brauchen Sie gar nicht zum Unterricht zu kommen!« Daraufhin erbat sich der Vater einen Termin beim Direktor und fragte ihn, ob es in seiner Schule auf den Kopf oder auf die Hose eines Schülers ankäme.

Manche Eltern hatten Angst um das Fortkommen ihres Kindes und verboten deshalb, solche Hosen anzuziehen. Ein Bekannter von mir hatte deshalb seine Jeans, ein abgelegtes Exemplar, das ihm ein Freund mit reichlichen Westbeziehungen geschenkt hatte, in einem Karton im Keller deponiert. Dort hat er sich dann vor und nach der Schule unbemerkt umgezogen.

Mein Freund Guido hatte eines Tages echte Levi's von einem Freund »abgegaubelt«. Die Mitschüler musterten ihn neidvoll.

»Oh, echte Levi's!«

»Der Lehrer hatte auch geguckt, als ich damit ankam, aber zunächst nichts gesagt. Dann hieß es: Brüssow, komm mal mit! Ich mußte ins Direktorenzimmer. Dort saß der stellvertretende Direktor und meinte, was ich mir einbilden würde, mit solchen Hosen in die Schule zu kommen. Da hab ich gesagt, was soll denn das, die Hosen sind doch sauber.« So naiv dachte Guido, dabei waren sie bekanntlich ideologisch nicht sauber.

Ich versuchte in einem Gespräch, einen Lehrer damit zu ködern, daß es sich doch um Arbeitshosen des amerikanischen Proletariats handeln würde. Allein – meine Strategie wurde durchschaut, meine Argumente wurden abgeschmettert. Es sei einer sozialistischen Persönlichkeit unwürdig, für den Kapitalismus Reklame zu laufen – noch dazu mit einem Levi's-Schild am Hosenbund! »Ihr seid doch keine Cowboys!«

Als besonders schlimme, verschärfte Form der Anzugsordnung galten Jeans und FDJ-Hemd! Völlig unmöglich! Ein Sakrileg, Blasphemie. Das Blauhemd mit dem am Ärmel aufgenähten Emblem der aufgehenden Sonne, getragen von der »Kampfreserve der Partei«, kombiniert mit diesem imperialistischen Textilerzeugnis – das ging gleich gar nicht.

An den Türen von Tanzsälen hingen mitunter Schilder: »Nieten in Niethosen unerwünscht.« Und selbst 1968 im liberalen Ungarn zeigte der Einlaßzerberus vor einem Tanzlokal an der Donau unverblümt auf meine Jeans und verwehrte mir den Eintritt mit seinem Urteil: »Hosse nix gut!«

Noch strenger verfuhr man im stalinistischen Bulgarien. Günter Kunert erlebte das Anfang der sechziger Jahre am Strand von Warna und schrieb in seinem Buch »Erwachsenenspiele«, was er dort erfahren hatte: »Die Miliz ist berechtigt, ohne Gerichtsurteil Personen in Straflager zu sperren. Beispielsweise Mädchen mit einer Pferdeschwanzfrisur sowie Jeansträgerinnen.«

Wir fanden Jeans jedenfalls herrlich, aber in der DDR gab es damals keine. In Ermangelung von Westbeziehungen kauften sich junge Leute im Berufsbekleidungsgeschäft blaue Arbeitshosen, schneiderten notfalls selbst oder sie ließen sich enge Röhren nähen. Arbeiteten die Eltern in einem sozialistischen Betrieb, hatte man vielleicht sogar das Glück, daß einem noch die Nieten in den Stoff gestanzt wurden und damit die Imitation komplett war. Als ich irgendwann meine ersten Jeans hatte – eine verloren geglaubte Patentante verhalf mir zu meinem Glück –, da waren Freude und Stolz jedenfalls groß.

Echte Jeans!

Aus dem Westen!

Es war zwar nur Stoff, aber was für welcher. Er roch exotisch, und das Blau leuchtete wie aus dem fernen Morgenland.

Als Student kombinierte ich sie mit den abgestaubten Klamotten meines Großvaters Richard. So zum Beispiel mit seinem schweren schwarzen Wintermantel mit Samtkragen und sogar mit einem Original-Gehrock. Das erschien mir immer noch modischer als die betulichen Textilerzeugnisse der volkseigenen Industrie.

Die sechziger Jahre waren ein unablässiger Kampf gegen die westlichen Einflüsse, die Partei glaubte damit Boden zu gewinnen, den sie doch täglich verlor. Obwohl durch die geschlossenen Grenzen nach 1961 für die Staatsdiener vieles einfacher wurde. Es dauerte noch Jahre, bis die Führung auf den Trichter mit »sonnidee« kam, sich bei der Jugend auch klamottenmäßig anbiederte und plötzlich einen Beschluß für »Jugendmode« faßte. Und nun sogar in der DDR die Jeans-Produktion begann. Die sogenannten »Jumo«-Erzeugnisse wurden von Jugendlichen aber meist nur belächelt. Ja, und eines Tages gab es dann sogar in den Intershops der DDR überall die gefürchteten blauen Stoffröhren des Klassenfeindes zu kaufen ...

Noch ein anderes Bekleidungsstück war den Funktionären von Anfang an unsympathisch. Was nach Kriegsende die Nylons für die Frauen waren, jene geliebten Nahtstrümpfe, das waren für uns in jungen Jahren die Nylonmäntel. Meist in Schwarz, Dunkelbraun und Dunkelblau. Wir nannten sie »Natoplanen« und waren scharf auf diese Rascheldinger, die man bequem zusammenknüllen konnte. Zu jedem dieser federleichten Mäntelchen gehörte eine Mütze aus dem gleichen Material. Die setzten wir aber kaum auf, da sie den Kopf eher verschandelten.

Unbeliebt bei den Hütern der sozialistischen Prinzipien waren auch die grünen Kutten aus dem Westen, die Parkas, die damals vor allem von den revoltierenden 68er-Studenten in der Bundesrepublik getragen wurden. Mißtrauisch beobachteten deshalb die Ordnungshüter Ostler in diesem grünen Tuch. Es könnte ja sein, daß der Bazillus »Renitenz« im Stoff steckt!

Es kam oft vor, daß die Träger aufgefordert wurden, das kleine, etikettengroße schwarzrotgoldene Fähnchen abzutrennen. Denn darin fehlte schließlich das DDR-Emblem!

Musik an der Ecke

Mein Freund Guido ist in der Riemannstraße aufgewachsen. Mit seinen Freunden traf er sich am Abend an der Ecke zur Karl-Liebknecht-Straße. Mindestens ein Kofferradio war immer dabei.

»Die Plastedinger – wie die geklungen haben! Das war furchtbar!« Aber man brauchte dadurch nicht auf die geliebte Musik zu verzichten. Ein »Stern-Party« lag im Arm. »Der kam zweehundertfuffzich Mark! Das war das hohe C in der DDR. Wenn du natürlich einen Stern 4 hattest – mit Holzgehäuse, dann warst du der absolute King! Von Radio Luxemburg oder RIAS hörten wir gemeinsam die Hitparaden. Wir liebten vor allem die Stones, die Beatles. Besonders gut zu empfangen waren die Sendungen vom Deutschen Soldatensender oder dem Deutschen Freiheitssender 904.«

Beide Sender betrieb die DDR, und man versuchte erfolglos, den Hörern einzureden, daß es Westsender wären.

Der Soldatensender sollte die Bundeswehr-Kameraden beeinflussen. Beim »Freiheitssender« sagte man sinngemäß, dies wäre der einzige Sender der Bundesrepublik, der nicht unter Regierungskontrolle stehe. Das war nicht mal gelogen, denn jeder wußte, daß der Sendemast in Burg bei Magdeburg stand, produziert wurde in einem Ostberliner Funkhaus. Der Freiheitssender sendete seit 1956, seit dem Verbot der KPD in der Bundesrepublik, auf Mittelwelle. Geködert wurden die Hörer mit Musik. Im Süden der DDR war der Sender sauber zu empfangen. Vermutlich brauchte man die Schallplatten mit den neuesten Hits nicht mal im Westen einzukaufen, denn an der Grenze und aus Paketen wurden täglich zahlreiche beschlagnahmt.

So ist Guido damals also oft nach dem Abendbrot »an de

Ägge gegang'«, und die Westmusik schepperte aus dem Plastegehäuse des Kofferradios. Fünf bis zehn Mann trafen sich dort bei Foto-Seyboth. Solche Ansammlungen waren natürlich immer ein Dorn im Auge der Ordnungshüter. »Wenn ein Toni-Wagen vorbeirollte, hielt der sofort an, fuhr auch manchmal demonstrativ auf den Bürgersteig, und die Genossen kontrollierten die Ausweise. Dann kam der bekannte Hinweis: »Macht die Musik leiser!« Und wenn wir dann so weit zurückdrehten, daß man kaum noch etwas hörte, sagten die trotzdem: »Musik leiser!« Dabei hatten wir natürlich immer schnell die Sender verstellt, wenn die Typen auftauchten.«

Guido hampelte mit seiner Truppe herum und sprach über den Beat-Club vom letzten Samstag ... von *der* Musiksendung im Fernsehen schlechthin!

Das Westfernsehen weckte so manchen Traum. In jenem Beat-Club sahen die jungen DDR-Bürger herrlich verrückte Klamotten. Meinen Freund, Jungfacharbeiter in einem sozialistischen Betrieb, begeisterten damals besonders die Stiefel von den Lords.

So ein Paar mit hohem Absatz wollte er auch unbedingt besitzen! Ein unmöglicher Wunsch mit Blick auf die volkseigene Schuhindustrie. Was machte nun so ein Fan ohne Westbeziehung?

Er entwickelte sein DDR-Improvisationstalent, durchstöberte die Damenabteilung in den HO-Läden! Und siehe da, für 68 Mark erwarb er ein Paar Damen-Stiefel, die er kurzerhand zu lordmäßigen Beatstiefeln erklärte. Er hielt sich für den Größten und sagt noch heute mit strahlenden Augen: »Das hat gefetzt!«

West-Antennen

»Blitz kontra NATO-Sender« hieß Ende August 1961 die FDJ-Aktion gegen den Empfang westlicher Fernseh- und Rundfunksender in der DDR. Nur ganz treue Genossen übten sich im Verzicht, die Mehrheit verfolgte selbstverständlich den »Schwarzen Kanal«. In die Wohnungen, in denen Ost-Augen Westfernsehen sahen und Ost-Ohren Westsender hörten, in die sollte nun quasi der Blitz einschlagen. Aus einer Zeitung jener Tage:

»Preisfrage: Was ist ein Ochsenkopf?

1. Ein Berg im Fichtelgebirge, auf dem die Bonner Ultras einen Fernsehsender zur Hetze gegen die DDR errichtet haben, oder

2. eine Antenne zum Empfang des Westfernsehens, wie sie noch einige vom Westdrall Infizierte auf dem Dach haben, oder

3. die volkstümliche Bezeichnung für jemand, der immer noch nicht kapiert hat, daß der ›Schwarze Kanal‹ einen Ochsen aus ihm macht? Antwort: Nicht nur eine, sondern alle drei Erklärungen treffen zu.«

Hunderttausende DDR-Bürger hatten jene Antenne auf dem Dach. In zwei Varianten: zum einen den »Ochsenkopf«, die vertikale Version mit drei Aluminium-Stäben, die über einen Meter fünfzig lang waren und mit denen jener Berg im Fichtelgebirge angepeilt wurde. Der Empfang war sehr wetterabhängig. Bei den berühmten Überreichweiten sah man plötzlich schemenhaft »den Italiener« oder »den Tschechen«. Peilten die West-Fernsehfreunde den Brocken an, brauchten sie eine Antenne, die aus horizontalen Stäben bestand, eine Art Rechen war dann auf dem Mast installiert.

Praktische Leute bauten sich die Westantenne selbst,

kauften sich, so vorhanden im Heimwerker-Laden, die entsprechenden Aluteile; die Konstruktionszeichnungen gingen von Hand zu Hand. Weniger Geschickte ließen sich eine Antenne bauen. Da gab es auf dem schwarzen Markt diverse Handwerker, bei denen man solch Werk nebst dem etwa vier Meter hohen Mast zur Befestigung in Auftrag geben konnte. Und in manchem VEB verschwand auch Material, wurde dem weiteren Aufbau des Sozialismus entzogen. Kein Mensch nannte so etwas Diebstahl, das Material wurde lediglich »organisiert« oder »abgezweigt«.

Jeder aufmerksame Spaziergänger konnte also beim Blick nach oben feststellen, wie viele Familien eines Hauses ideologisch nicht auf der Linie lagen.

Bei der Ausrichtung der Antenne, die jener der Partei genau entgegenstand, mußte Präzisionsarbeit geleistet werden. Waren genügend Menschen zur Hand, lief die Sache meist so ab: Einer saß am Apparat und vermeldete die Bildqualität zu einem, der am Fenster stand. Dieser gab den Bildkommentar schon etwas lauter an jemanden weiter, der unten auf der gegenüberliegenden Straßenseite wartete und schließlich die Fakten zum Dach rief. Dort ging der kräftigste Mann ans Werk, der in entsprechender Feinarbeit den Mast drehte, bis der »Frühschoppen« mit Höfer oder »Was bin ich?« mit Robert Lembke endlich in annehmbarer Qualität genossen werden konnten.

Ungünstige Empfangslagen gab es, außer im Dresdner Raum, dem berühmten »Tal der Ahnungslosen«, auch anderswo in der DDR, zum Beispiel an der Ostsee. Sätze wie »Ich seh das Erste mit viel Gries!« kann ein junger Mensch heute gar nicht mehr entschlüsseln. Dabei meinte der Sprecher doch nur, daß Störungen die Bildqualität beeinträchtigten; es schien, als rieselten unentwegt Schneeflocken über den Schirm. In Gegenden, in denen das Westfernsehen nicht empfangen werden konnte, schauten sich die Leute tatsächlich Karl-Eduard von Schnitzlers »Schwarzen Kanal« an, weil darin Ausschnitte von westdeutschen Fernsehsendungen gezeigt wurden.

Als die Zahl der sogenannten Republikflüchtigen, also jener Menschen, die unentwegt vom Westen »abgeworben« wurden, dramatisch zunahm, sah die SED die Bundesrepublik immer mehr als feindliche Macht an. Um sich eine Vorstellung zu machen, wie damals der Westen von der DDR-Spitze gesehen wurde, ein Beispiel aus Meyers Lexikon: »Fortschrittliche Kräfte in West-D. kämpfen unter Führung der illegal arbeitenden KPD und mit Unterstützung der DDR gegen die klerikal-militaristische Herrschaft und für die Schaffung einer parlamentarisch-demokratischen Ordnung in West-D.« Westliche Einflüsse mußten also aus Sicht der SED-Funktionäre unterbunden werden.

Als die Mauer stand, konnte man energischer mit der DDR-Bevölkerung umgehen und den Westantennen zu Leibe rücken. So stieg Ende August 1961 in Städten und Gemeinden die FDJ auf die Dächer, nicht etwa, um die desolaten Flächen zu flicken, sondern um den Klassenfeind nicht mehr ins Wohnzimmer zu lassen. Im Blauhemd stürmten FDJ-Radikale die Höhen der Unkultur, sägten oder rissen die Antennen ab, beschädigten dabei die mühsam instand gehaltenen Dächer. Es soll auch zu einigen Rangeleien gekommen sein. Ich hörte von einem Mann, der gar androhte, seine Antenne zum Schutz unter Strom zu setzen ...

In Zwickau gab es einen bekannten Augenarzt, Dr. Zetzsche, der noch als Rentner praktizierte. Auch auf das Dach seines Hauses in Weißenborn kletterten die sächsischen Kulturrevolutionäre. Der Doktor rief im Rathaus an und sagte in schlichten Worten, daß man seine Fernsehantenne abgerissen hätte, und wenn diese nicht unverzüglich am alten Platze montiert würde, bliebe am nächsten Tag seine Praxis geschlossen.

So schnell wurde in der DDR noch nie eine West-Antenne installiert.

Vorsichtige, ängstliche oder aus Berufsgründen gehemmte DDR-Bürger versuchten halbherzige Varianten und verbargen die Antenne nun unter dem Dach. Dies schmälerte aber die Empfangsqualität.

Zwar hatten die Funktionäre mit ihrem Willen zur Abschottung keinen Erfolg, doch bis zu den genehmigten Gemeinschaftsantennen für Ost- und Westempfang war es noch ein weiter Weg; und wenn man eine Mauer gegen Radio- und Fernsehwellen hätte bauen können, die Partei hätte sie hochgezogen!

Das Abitur

Wie viele, die aus christlichen Vorbehalten nicht an der Jugendweihe teilgenommen hatten und denen deshalb in jenen Jahren die Oberschule zumeist verschlossen blieb, nutzte auch ich die Chance, mein Abitur an der Abendoberschule abzulegen. Ich besuchte den Unterricht in der Zwickauer Käthe-Kollwitz-Schule. Dort residierte am Abend die Volkshochschule »Martin Andersen Nexö«. Als ich 1962 mit dem 11. Schuljahr begann, war gerade die Zeit des sogenannten »Produktionsaufgebotes« angebrochen. Eigentlich erläßt ja das Gericht ein Aufgebot, also eine Aufforderung zur Meldung an die Nachlaßgläubiger. Zweifelten die Schöpfer der Kampagne vielleicht am Fortbestand des Landes? Sie haben das Eigentor gar nicht wahrgenommen. Auch war es, wie wir alle wissen, längst noch nicht das letzte Aufgebot des Landes; um den Nachlaß der DDR würfelte 38 Jahre später so manche treue Hand ... Für uns bedeutete die ausgerufene Kampagne, daß der vormittägliche Sonnabend-Unterricht (an diesem Wochentag wurde ja im Land noch gearbeitet, und wir wären dann freigestellt worden) gestrichen war. Wir hatten folglich an drei Abenden in der Woche jeweils fünf Stunden Unterricht. Bei der körperlich oft anstrengenden Gärtnerarbeit war das mitunter ganz schön hart. Lähmende Müdigkeit umfing mich in mancher Stunde, und Cosinus oder Sinus an der Wandtafel verschwammen zu weißen Krakeln. Nun hatte ich im Fach Mathematik sowieso größte Probleme. Man hätte mir auch die Tafel mit chinesischen Schriftzeichen vollmalen können – mein Verständnis wäre auf einem ähnlichen Pegel gewesen.

Kurioserweise hieß unser Mathelehrer Fröhlich. Was er bot, war für mich alles andere als heiter! Man erzählte, daß er eigentlich Schauspieler hatte werden wollen. Das war bei seinem vehementen Vortrag durchaus glaubhaft. Erich Gebhardt, unser bester Schüler, folgte Fröhlichs mathematischen Monologen als einziger mit höchstem Genuß. Was Wunder, denn er war auch der einzige, der ihn verstand. Erich war sozusagen Mitakteur im mathematischen Drama. Wenn Fröhlich seine merkwürdigen Hieroglyphen auf den Schiefer malte, theatralisch ein paar Schritte von der Tafel zurückwich, um sein Werk zu betrachten, mit den Armen ruderte, seine Konzeption in Frage stellte, nach Zustimmung heischte, ob wohl dieser Ansatz zum Ziel führen würde, dann schielte er letztendlich immer zu Gebhardt, denn nur von dem kam eine akustische Reaktion, gab es Zustimmung oder eine Ergänzung. Wir anderen blieben textlose Statisten in diesem Zimmertheater.

Einmal träumte mir, Mathe wäre verboten worden und alle Lehrer seien verhaftet. Glücklich wachte ich an diesem Morgen auf. Abends gab es in der Schule eine Arbeit zurück.

»Lange: 5!«

Ich war nahe daran aufzugeben, wollte tatsächlich wegen Mathe die Schule schmeißen. Da sagte Fröhlich in einer Rauchpause vor der Tür zu mir: »Lange! Machen Sie keinen Unsinn, Sie ziehn wir schon durch!«

Am Tag des schriftlichen Abiturs hatte ich zu allem Unglück verschlafen. Ja, in der Jugend besaß man noch Nerven! Ich stürmte auf den letzten Drücker zu meinem mathematischen Schafott. Der Henker teilte gerade unschuldigen Blickes die Todesurteile aus. Durch die Verspätung hatte ich mich der letzten Chance beraubt: alle hinteren, einigermaßen abgucksicheren Plätze waren besetzt. Ich mußte mich in die erste Reihe begeben.

Harmlos lag der kleine Zettel mit den Aufgaben auf meiner Bank. Ich blickte auf das schäbige Stückchen holzhaltiges Papier, sah, daß die Sätze in deutscher Sprache formuliert waren, erkannte die Fragesätze an jenem gebogenen Zeichen mit dem Punkt darunter und stellte fest, daß meine Ahnungen mich nicht getrogen hatten: Ich hatte gewußt, daß ich nichts wußte!

Ich hätte getrost weiterschlafen können!

Ich bastelte kindisch an einer Extremwertaufgabe herum, ließ es nach kurzem Bemühen sein, sah in die Runde und bemerkte neidisch, daß es im hinteren Parkett zum freimütigen Austausch von Lösungsansätzen kam. Hinter mir saß mein Schulkamerad Volker Salomo. Er stärkte mich mit einem Becher Kaffee aus seiner Thermosflasche. Das war die einzig bemerkenswerte Tätigkeit in meiner Mathe-Prüfung. Zu Volker gewandt, sagte ich halblaut: »Ich gehe jetzt nach Hause.«

»Das kannst du doch nicht machen!«

»Ich kann mit den Aufgaben nichts anfangen. Was soll ich hier noch rumsitzen?!«

Nach genau zwanzig Minuten legte ich mein Blatt auf das Pult, Fröhlich schüttelte den Kopf und murmelte etwas Unverständliches. Ich verließ das Zimmer und genoß Schritt für Schritt diesen für mich nun freien Tag!

Nach Stunden kam Volker zu mir und sagte, ich hätte unbedingt bleiben sollen, man hätte sich noch gegenseitig unheimlich viel geholfen. Er war voller Zuversicht, hatte dann allerdings auch nur eine Vier. Ich bekam zwar eine Fünf, hatte aber durch mein zeitiges Gehen viel Freizeit genossen. Meine Vorzensur lautete Vier, also entschied die mündliche Prüfung über Sein oder Nichtsein.

Nun packte mich über Nacht doch ein Rest von Ehrgeiz. Ich bimste wie verrückt, damit die zwei Jahre nicht umsonst gewesen waren. Mit ungutem Gefühl betrat ich das Klassenzimmer, doch das Wunder geschah: eine Drei!

Ich hatte etwas entwickelt, was ich zwar nicht verstand, aber wenigstens einigermaßen richtig wiedergeben konnte. Ich hatte eine mathematische Rolle einfach auswendig gelernt.

Fröhlich freute sich: »Na, sehen Sie, Lange! Es geht doch!«

Zu den ungeliebten Fächern zählte auch Physik. Über

»Mons«, den legendären Lehrer, der bei uns Physik gab, habe ich schon ausführlich in »Magermilch und lange Strümpfe« geschrieben. Folgendes sei hier nachgetragen: Eines Tages sagte jemand vor Schulbeginn in der mäßig besetzten Klasse: »Wißt ihr eigentlich, daß wir jetzt eine Physikarbeit schreiben?«

Volker Salomo sagt zu mir: »Hast du das gehört?«

»Ja, ich packe doch schon wieder ein!«

Wir praktizierten Masse mal Beschleunigung und konnten zum Klingeln gerade noch aus dem Zimmer sausen, sahen »Mons« schon die Treppe hochkommen, versteckten uns in einer Ecke. Als er vorbei war, gingen wir in die geliebte »Kornblume«, ein damals gut bürgerliches, urgemütliches Lokal in der Walther-Rathenau-Straße.

Am nächsten Schultag erfuhren wir, daß wir nicht die einzigen waren, die das Klassenzimmer fluchtartig verlassen hatten. Da zu wenig Schüler für eine Arbeit in den Bänken geblieben waren, verschob »Mons« die Leistungskontrolle auf die nächste Stunde! Alle Mühe war umsonst gewesen!

Ein triftiger Grund, die Schule am Abend vorzeitig zu verlassen, war auch die Ausstrahlung einer Krimi-Serie im West-Fernsehen. Ich eilte durch die menschenleeren Straßen, um den Beginn nicht zu verpassen; weil wir zu Hause keinen Fernsehapparat besaßen, flitzte ich zu meinem Freund Rudi in die Johannisstraße. Den Krimi-Mehrteiler »Das Halstuch« von Francis Durbridge konnten wir kaum erwarten. Zwei Reihen mit je vier Stühlen standen schon bereit. Echtes Heimkino. Dieser englische Autor war quasi der neue Edgar Wallace. 30 Millionen Bundesbürger saßen gebannt vor der Mattscheibe ... und fast die ganze DDR. Die Straßen waren wie leergefegt, Veranstaltungen wurden verlegt, weil man um den Besuch fürchtete. Dem bekannten Kabarettisten Wolfgang Neuss war das Suchtverhalten von Millionen Deutschen ein Dorn im Auge, es nervte ihn, und er gab in einem Inserat unter seinem bekannten Pseudonym Genosse Münchhausen im »Abend« bekannt, daß

Dieter Borsche der Mörder sei. Neuss empfahl der Bevölkerung, doch lieber wieder einmal ins Kino zu gehen.

Der eigentlich vom Volk geliebte Kabarettist hatte nun das Volk gegen sich. Er wurde am Telefon beschimpft, ein Anrufer drohte sogar: »Das nächste Opfer sind Sie!«

Dazu kam es zum Glück nicht. Er konnte noch einige Jahre auf die Pauke hauen, »Neuss Deutschland« und »Neuss Testament« veröffentlichen. Unvergeßlich ist er für mich in »Wir Wunderkinder«, der besten heiter-satirischen Verarbeitung der Nazi-Zeit plus folgender Nichtaufarbeitung dieser Periode in der Bundesrepublik. Unvergeßlich auch im »Spukschloß im Spessart«, beides Kurt-Hoffmann-Filme.

In meine Oberschulzeit fiel die Ermordung Kennedys im November 1963. Wir erfuhren es an einem Schultag, konnten es kaum fassen. Ein Schock für alle. Kennedy war auch im Osten sehr beliebt gewesen. Mit ihm verbanden sich viele Hoffnungen. Er hatte unseren Respekt, weil er sich für die Gleichstellung der Schwarzen in den USA einsetzte. Und wir hatten alle gehofft, daß er die Entspannung zwischen beiden deutschen Staaten befördern würde. Endlich gab es Passierscheine für die Westberliner, und durch die Mauer getrennte Familien konnten sich wenigstens auf diese Weise einmal wiedersehen.

Was beschäftigte uns sonst noch in der Abendoberschule?

Immer wieder hörten wir von »Gesetzmäßigkeiten«. Im Marxismus-Leninismus war bekanntlich alles gesetzmäßig. Auch das Entstehen der sozialistischen Staaten. Da hatte ich große Zweifel. Ich fragte den Lehrer, ob Hitler auch gesetzmäßig gewesen wäre? Denn ohne Hitler und die Nazis hätte es doch wohl keinen Zweiten Weltkrieg gegeben, und ohne den Angriff auf Rußland wäre die Rote Armee auch nicht nach Berlin gekommen, und es wären keine sozialistischen Länder entstanden.

Der Lehrer verhaspelte sich und erklärte weitschweifig, daß die Zeit für revolutionäre Umbrüche auch ohne Hitler gekommen wäre ... und erzählte wieder etwas von den Gesetzmäßigkeiten ...

»Widersprüche« gab es damals reichlich. Am schlimmsten waren die »antagonistischen« – die existierten massenhaft in den kapitalistischen Staaten, die sie natürlich allesamt nie würden lösen können. Der größte Widerspruch jedoch war der zwischen Kapitalismus und Sozialismus. Unlösbar!

Irgendwie hatte der Lehrer auch recht. Einer von beiden mußte schließlich weichen. Allerdings hatte mein Lehrer den anderen gemeint.

Immer wieder wurde uns gesagt, daß der Widerspruch im Sozialismus eine Triebkraft ist, also etwas, das ihn voranbringt. Im Alltag war davon jedoch nichts zu bemerken, denn man vermied tunlichst, in den Medien oder in der Öffentlichkeit von Widersprüchen zu reden. Sie waren im Sozialismus also nur theoretisch bzw. heimlich eine Triebkraft, praktisch sah man sie überhaupt nicht gern. Die bevorzugte Lösungsvariante der Partei für Widersprüche war das Verschweigen. Sie zu thematisieren – das blieb bis zum Ende der DDR weitestgehend den Schriftstellern und Künstlern vorbehalten. Wenn auch nicht alle Werke die ostdeutsche Öffentlichkeit erreichten.

Als wir nach zwei Jahren eifriger Büffelei das Abiturzeugnis erhielten, staunte ich schon, daß alle Schüler die Prüfungen bestanden hatten. Zur Feier im Haus der Deutsch-Sowjetischen Freundschaft hatte einer eine Tafel gebastelt. Nach dem damals in den Betrieben verbreiteten Motto »Unsere Besten« waren darauf die fünf mit den meisten Fehlstunden aufgelistet. Der Spitzenreiter hatte es in zwei Jahren tatsächlich auf über zweihundert gebracht! Und trotzdem das Abi bestanden – ein Genie!

Erstaunlich, daß man nie wieder von ihm gehört hat.

Tanzen

In jungen Jahren tanzte ich für mein Leben gern. Es war der einzige Sport, den ich wöchentlich betrieb. Ohne je eine Tanzstunde besucht zu haben. Das Gefühl für Rhythmus war mir geschenkt und die entsprechende Kondition vorhanden. Sie war bei Rock 'n' Roll und Twist auch nötig. Ich entsinne mich an wildes »Herumgehotte« in einem Tanzsaal, wie durch schräge Sprünge allmählich das Schuhwerk Schaden nahm und sich ein Absatz dreimal löste, aber immer wieder mit einem kräftigen Tritt an seine Stelle »geschlagen« wurde.

Freitags ging es in Zwickau ins »Ringcafé«. Dort spielte das Orchester »Charly«. Dieses schöne Tanzcafé und Restaurant aus den dreißiger Jahren hat die HO später umgebaut und mit sicherem Instinkt kaputtrenoviert.

In die holzgetäfelte Wand an der Treppe, die in den ersten Stock führte, war auf halber Höhe ein Aquarium eingelassen, eine Mode, die lange vor dem Krieg in deutschen Gaststätten sehr verbreitet gewesen war. Auch mein Lieblingscafé Fiedler und das Theater-Café hatten solch ein in die Wand eingelassenes Fischglas.

Die jungen Damen kamen damals noch mit einem Netz zum Tanz. Aber nicht, um Fische aus dem Aquarium zu fangen, sondern um darin – oder in einem Beutel – ihre »Hochhaggschen« zu transportieren. Für Nichtsachsen sei erklärt, daß sich hinter diesem Wort Stöckelschuhe verbergen. Sie waren für den mitunter langen Anmarsch kein bequemes Schuhwerk.

Die beliebtesten Tänze waren damals Rock 'n' Roll und Cha-Cha-Cha und – wie zu jeder Zeit – die berühmten Schmusetitel.

Dann kam der Twist. Er wurde in einem New Yorker

Nachtclub geboren, eine Mischung aus Hawai-Hula und einem afrikanischen Ritualtanz. Bei den Sittenwächtern der DDR war es Nichtliebe auf den ersten Blick. Als sie die Tanzenden sahen, stellten sich ihnen die ideologischen Nackenhaare auf. Im Vierviertaltakt drehten, wanden, schlingerten und verrenkten wir uns und gingen dabei in die Knie. Der absolute Hit war »Let's twist again« von Chubby Checker.

Das »Neue Deutschland« nahm zur Beurteilung dieses Tanzes sogar auf Friedrich Engels Bezug und sprach von »der Umkehr des Prozesses der Menschwerdung des Affen«.

Mein Gott, haben die immer alles schrecklich ernst genommen!

Klubhäuser mit ihrem Massenbetrieb schätzte ich weniger. Ich mochte es gern etwas individueller. So war ich in meiner Heimatstadt Zwickau nicht in der »Linde«, in der »Grubenlampe«, im »Sachsenring« oder im »Mohr«, der eigentlich »Amorsaal« hieß. In diesen Sälen gab es immer mal eine ordentliche »Globberei«, und das war gar nicht mein Ding.

Verrufen war das »Penzler«, vor dem Krieg eine der feinsten Adressen, ein gutbürgerliches Lokal, von dem meine Mutter noch schwärmte. Nun war es zum Inbegriff der neuen Kulturlosigkeit geworden, für die manche – allerdings tunlichst nicht in der Öffentlichkeit – den Begriff »Russifizierung« verwendeten.

Im »Penzler« sorgte die massive Nutzung durch die »Wismuter« dafür, daß es in jenen Wild-Ost-Zeiten nach dem Krieg zur Revolverdiele verkam. Wie in der Gaststätte Zum Römer konnte man hier auf Talons speisen. 1957 wurde es dann »Bergarbeiter-Casino«. So mancher Abend endete mit Auseinandersetzungen zwischen Bergleuten und »Wismutern«, denn da stießen Menschen mit Disziplin, Tradition und Berufsehre oftmals auf Abenteurer. Die »Wismuter« waren eine bunt zusammengewürfelte Truppe, nicht wenige ähnelten Desperados aus Wild-West-Goldwäscherzeiten. NVA-Angehörige durften die Tanzgaststätte nicht betreten, damit sie nicht in schlechte Gesellschaft gerieten, Entlassene des Strafvollzugs ebenfalls nicht, damit sie solche Bekanntschaften nicht wieder auffrischten.

Ebenfalls verschrien war das legendäre »Muldenschloß«, rechts der Mulde nach der Pölbitzer Brücke, im Volksmund »Schlößchen« oder »Muldendampfer« genannt. Dort, so wurde immer wieder gemunkelt, wären Damen gegen entsprechendes Entgelt zu Willen.

Günter Behnert, Autor von kuriosen Geschichten aus dem Zwickauer Bergwerksleben, erzählte mir, wie das Vergnügen im »Muldenschloß« ablief: »Außer montags und mittwochs war täglich Tanz, eine Art Disco mit Musik vom Plattenteller. Das Besondere an diesem Tanzvergnügen war, daß es am Abend nur 3 Touren Herrenwahl gab, bei allen anderen hatten die Damen das Sagen bzw. ergriffen sie vehement die Initiative.«

Das hätte doch die damals schon vorhandenen Feministinnen im Westen hoch erfreuen müssen! Frau nahm sich den Mann, den Frau wollte.

»Es waren alle Jahrgänge an Damen vorhanden, einige traten allerdings nicht sehr damenhaft in Erscheinung und machten ohne viel Federlesen die Männer an. Zu Beginn des Tanzabends war jeder Tisch mit ein, zwei Frauen besetzt; und die Plätze waren auf Wochen reserviert. Einige Frauen erschienen damals auch mit einem Beschützer, der jedoch als Zuhälter fungierte. Sollte einem Mann die Dame nicht gefallen haben, die ihn zum Tanz aufforderte, so wäre ihm zu raten gewesen, dies mannhaft zu überspielen. Tanzverweigerung konnte gefährlich werden. Das traf die Ehre des Zuhälters. Nach Einbruch der Dunkelheit, also etwa ab 22 Uhr, kam es an der Wiesendammschräge der Mulde zur Pärchenlagerung.« Nur soviel: Picknick wurde dort nicht gemacht.

Mir waren all diese Gepflogenheiten unbekannt. Ich reihte mich noch in das Heer der ordentlichen Tänzer ein, die an den Stuhl der unbekannten Auserwählten traten und dort höflich fragten: »Darf ich bitten?« Auch »Gestatten

Sie?« war mitten im Sozialismus als bürgerliches Überbleibsel an der Tagesordnung.

Die Ritterlichkeit ging sogar so weit, daß man nach der Bejahung den Stuhl der Dame, während sie aufstand, zurückzog, damit ihr die Bewegung des Hinterrückens erspart blieb. Diese Kavaliersgeste wiederholte sich in umgekehrter Richtung nach dem Tanz. Wenn ich eine Frau erspäht hatte, die aber, wie zu bemerken, nicht nur mir gefiel, setzte ich eine ganz spezielle Taktik ein. Näherte sich die Tanzpause für mein Gefühl dem Ende, beobachtete ich mit Argusaugen die Musiker. Sobald einer nach seiner Gitarre griff, lief ich los, so daß ich beim ersten Ton, wenn die Tänzer aufsprangen, schon am Stuhl der Vielumschwärmten stand.

Ich fand Tanzen wunderbar, aufregend geradezu, denn wo noch konnte man, ohne Ärgernis zu erregen, eine wildfremde Frau anfassen! Hätte man auf der Straße den Arm um eine gelegt, hätte sie Zetermordio geschrien, aber so ... Bei Schmusetiteln konnte man sich sogar aneinanderschmiegen, und ein erster, sanft erwiderter Händedruck ließ auf eine Fortsetzung hoffen.

Kam man sich im Gespräch während des Tanzes näher (die jüngeren Leser werden sich das nicht vorstellen können, aber die Lautstärke der Musik ließ ein Gespräch tatsächlich noch zu!) und entwickelte sich der Wunsch, dieses fröhliche Kind im Minirock auch beim nächsten Tanz im Arm zu halten, dann nutzte ich, aus Sicherheitsgründen, sehr gern die Möglichkeit des »Vorengagierens«. Was war das?

Ganz einfach. Man fragte die Dame: »Darf ich Sie vorengagieren?« Sagte sie ja, dann konnte man sich entspannt mit Freunden dem Gespräch hingeben, seine »Jubilar«, »Karat« oder »Inka« rauchen, bei Beginn des nächsten Tanzes lässig zum Tisch schlendern und dabei beobachten, wie sie schon drei, vier stürmische Herren mit dem Satz »Ich bin vorengagiert!« abgeschmettert hatte. Natürlich war die mündliche Zusage kein Vertrag im Sinne eines Gesetzes, den man hätte einklagen können. Es war durchaus möglich, daß die Angebetete einen der Heranstürmenden dem »Vorengagierer« vorzog und unser Mann unter hämischen Blicken der Kumpels an seinen Tisch zurückschlich. Das war allerdings äußerst unfair, und die Dame riskierte einen gewissen Rufmord.

»Darf ich Sie an die Bar einladen?« war der nächste tastende Versuch, sich etwas näher an die Frau heranzuwagen. Wer die Dame an die Bar kriegte, der brachte sie auch meistens nach Hause. Ich selbst war kein Freund von Mixgetränken, obwohl sie sehr in Mode waren. So zum Beispiel Bloody Mary, Nikolaschka und White Lady – das klang alles nach großer weiter Welt im Glas ... Auch Prärie-Oyster wurde seinerzeit am Tresen oft bestellt – heute wäre es ein sogenanntes Kultgetränk. Schon die Zutaten ließen mich den Kopf schütteln: Tomatensaft und Wodka. Auf den Tomatensaft wurde ein Eigelb plaziert, meist mit Pfeffer und Salz und einem Schuß Worcestersauce. Das war quasi der Auster-Ersatz, den man gourmethaft schlürfte. Was das mit der Prärie zu tun hatte, entzieht sich meiner Kenntnis, denn ich habe noch nicht gehört, daß Cowboys Tomatensaft mit Wodka getrunken hätten. Manche Genießer verrührten auch alles zu einer Tomaten-Ei-Wodka-Pampe und kamen sich dabei irgendwie »chefig« vor. Das eigenartige Gesöff soll angeblich auch erfolgreich bei Kater gewirkt haben.

Überhaupt waren Flips und Fizz' in den Sechzigern sehr modern. Und das Herrengedeck! Ausgerechnet in der DDR, wo doch die Herren abgeschafft waren! Die Kombination von einer Flasche German Pils und einer kleinen Flasche Rotkäppchen-Sekt (der Leipziger Grafiker und Cartoonist Rainer Schade schwört, daß dieses alkoholische Gedeck 7 Mark gekostet habe!), den man schluckweise in den Gerstensaft schüttete, sollte eigentlich nur zweierlei erreichen:

1. daß der Umsatz gesteigert wurde und
2. daß vor allem in jenem Lokal nicht so viel Bier getrunken wurde, denn es gab Gaststätten, in denen man nur

über diesen Umweg zu einer Flasche Pils kam. Mit Frau oder Freundin wurde dann geteilt – SIE den Sekt, ER das Bier.

Auch an einer Bar war dies die einzige Chance, ein Bier zu ergattern.

Ich selbst habe meine Frau 1966 nach einem wilden Tanz mit dem Satz: »Jetzt haben wir uns aber einen Drink verdient!« (Sie bemerken schon meine etwas weltmännisch saloppere Art!) an die Bar eingeladen und damit für den Rest des Abends und schließlich daraus folgend auch für den Rest des Lebens in Beschlag genommen. Das war im Leipziger »club 80b« in der Käthe-Kollwitz-Straße. Dort hatte die Fachschule für Gastronomie im Erdgeschoß und in den Kellerräumen anheimelnd gemütliche Räume gestaltet. Ich sah meine – ohne es damals zu ahnen – Zukünftige zur Tanzfläche schreiten. Zunächst nur von hinten, die Beine und ihr Gang gefielen mir. Nach der Tanzrunde habe ich sofort ausspioniert, wo mein blonder Schwarm saß. Von vorn gefiel sie mir erst recht. An jenem Oktobertag hatte ich mit anderen Studenten an einer damals in Mode gekommenen Veranstaltung Jazz und Lyrik teilgenommen. Als ich damit angeben wollte, stellte sich heraus, daß Stefanie die Lesung gar nicht beachtet hatte. Später gingen wir noch in die Nachttanzbar Toscana. Nicht im Traum hätte ich damals mit diesem Namen eine Landschaft in Verbindung gebracht. Es mußten noch dreißig Jahre vergehen, bis ich leibhaftig in der Toscana stand.

Neigte sich der Tanzabend dem Ende zu, war das »Nach-Hause-Bringen« der Herzensdame eine Selbstverständlichkeit. Aber es barg natürlich auch gewisse Risiken. Der schlaue Tänzer brachte nach »Sind Sie öfters hier?«, »Die Musik ist wirklich gut, was?!«, »Was machen Sie beruflich?« das Gespräch schon mal auf *die* Frage: »In welcher Ecke (oder Gegend) wohnen Sie denn?«

So konnte man in meiner Heimatstadt Zwickau beizeiten die Notbremse ziehen, falls sich herausstellte, daß die Dame eines der reichlich vorhandenen umliegenden

Dörfer bewohnte. Die nächtlichen Verkehrsverbindungen waren selbstverständlich miserabel, und so hätten nach heftigem Tanz- und Alkoholgenuß noch kilometerlange Wanderungen anstehen können. Meinen Freund Rudi hat es einmal erwischt.

Mitten im kalten Winter.

Nach einer fröhlichen Faschingsveranstaltung im »Astoria« ließen seine pekuniären Verhältnisse noch die Hinfahrt mit einem Taxi zu. Nachdem er sich in aller Form von seiner Herzensdame verabschiedet hatte, folgte der Fußweg zurück.

Bei minus 15 Grad!

Etwa 12 Kilometer von Schlunzig in die Zwickauer Johannisstraße. Am Fuß natürlich keine warmen Wanderschuhe, sondern spitze modische »Salatstecher«. Sein Gesicht, eben noch fröhlich lachend, gefror zur Maske. Nach vollbrachtem Fußweg hätte ihm sofort das Abzeichen für Wandern und Touristik unter Polarbedingungen an die Brust geheftet werden müssen.

Ja, wir waren wohl die letzten wahren Kavaliere!

Und das alles vielleicht für etwas Knutscherei …

Damals galt noch: »Nicht beim ersten Mal ins Heu!« Es gab zwar schon »lose« Mädels und Jungs, aber auch viele junge Frauen und junge Männer, zumal in kirchlichen Kreisen, die sich dafür Zeit ließen. Eins war jedenfalls – ob sie's nun miteinander trieben oder nicht – in unserer Generation sehr verbreitet: keine bzw. wenig Ahnung von sexuellen Dingen! Es dauerte Jahre, bis der legendäre DDR-Sexual-Knüller »Mann und Frau intim« von Siegfried Schnabel erschien.

Manche Frau, mancher Mann aus meiner Generation staunte noch später, als die Oma für das Enkelkind die erste BRAVO eingeschmuggelt hatte: Was es da so alles gab …

Der »King of Jazz«

Jazz war bei den Kulturfunktionären in der DDR lange Zeit überhaupt nicht beliebt. Zwar war es vielfach die Musik der unterdrückten farbigen Bevölkerung in den USA, aber trotzdem war es eben amerikanische Musik, und man versuchte die westliche Kultur auf allen Fronten einzudämmen. Noch schlimmer war in den Augen der Kulturaufpasser die Vorstellung, daß es in der DDR auch Jazzclubs geben könnte. Das wäre schon wieder so ein Hort der Konterrevolution gewesen. Was in Prag, Warschau oder Budapest als selbstverständlich galt, wurde zwischen Rostock und Dresden unterdrückt. Deshalb war es eine Sensation, als Louis Armstrong bei seiner ersten Tournee durch einige Länder hinter dem »Eisernen Vorhang« auch in die DDR kam. In der Messehalle 3 gab er am 23. und 24. März 1965 insgesamt vier Konzerte. Bis zu diesem Zeitpunkt existierte in der DDR nicht eine einzige Schallplatte von ihm. Und nun standen Louis »Satchmo« Armstrong and his All Stars leibhaftig in Leipzig auf der Bühne!

Die begeisterten Massen jubelten und jubelten, brachten ihm stehend Ovationen. Und ich mittendrin in diesem Musikfest! Nach meiner Erinnerung zahlte ich 25 Mark für die Karte, damals für mich eine unglaubliche Summe. Und »Satchmo« sang »When it's sleepy time down south« und »Mack the Knife«, »Blueberry Hill« und natürlich auch »Hello Dolly« und all die anderen Lieder, die ihn längst weltberühmt gemacht hatten.

Nur wer damals in diesem Land lebte, kann sich vorstellen, was Satchmos Auftritt für die Zuschauer in Berlin, Leipzig, Magdeburg, Schwerin und Erfurt bedeutet hat. Jubel und Gänsehaut. Der »King of Jazz« kam zu den Eingemauerten und brachte uns ein Stück weite Welt, ein Stück Freiheit mit.

Ich war fasziniert an diesem 23. März, von seiner Musik, von der Fröhlichkeit der Band und auch der Lässigkeit. Und man sah deutlich, daß Louis Armstrong zwar der »King« war, aber ihn auf der Bühne nie herauskehrte, sondern immer dafür sorgte, daß seine Musiker genauso im Vordergrund standen. Teamarbeit eben, Akzeptanz und Anerkennung für jede Leistung. Und »Satchmo« strahlte und schwitzte und betupfte sich mit seinem berühmten weißen Tuch Lippen und Stirn. Karl-Heinz Drechsel, der Jazz-Fachmann der DDR, der die Band begleitete, berichtete später, daß dieses Konzert durch ein Tauschgeschäft zustande kam. Devisenmangel war bekanntlich die stabilste Größe in unserem Land. So wurde hochwertige Optik von Zeiss Jena gegen »Mack the knife« getauscht.

In jenen Jahren hatte der Rassismus in den USA noch eine ganz andere Dimension, und unser Jubel war letztlich auch ein Stück Solidarität mit den Farbigen. Drei Jahre später, im April 1968, wurde die Galionsfigur des Kampfes gegen den Rassismus, der farbige Bürgerrechtler Martin Luther King, erschossen. Im Juni des gleichen Jahres wurde Robert Kennedy, ebenfalls ein Vorkämpfer für die Bürgerrechtsgesetzgebung, ermordet. Und fünf Jahre zuvor war bekanntlich sein Bruder John F. Kennedy, Präsident der USA, der ebenfalls ganz entschieden gegen die Rassendiskriminierung auftrat, den Folgen eines Attentates erlegen. All diese Ereignisse in den sechziger Jahren prägten unser Bild von einem Amerika, in dem auf der einen Seite starke reaktionäre Kräfte wirkten, andererseits eine große Protestbewegung gegen die Rassenunterschiede existierte.

Ich wohnte in jenen Tagen des Armstrong-Konzerts bei meiner Tante Hilde in der Nürnberger Straße und besuchte die ehrwürdige Buchhändler-Lehranstalt in Leipzig. Am Tag nach dem Konzert bummelte ich Richtung Innenstadt. Ich kam am Hotel Deutschland vorbei und sah plötzlich zwei Musiker der »All Stars« im Foyer stehen. Ich betrat die

Hotelhalle; in dem Moment öffnete sich die Fahrstuhltür und der »King of Jazz« verließ strahlend den Lift. Mit seinem Tüchel in der Hand. Ein Manager verteilte sofort an die heranstürmenden Leute Autogramme. Blitzschnell waren sie ausgegeben. Während ich dort stand, ein wenig enttäuscht, daß es nicht für mich mit gereicht hatte, winkte mich eine Hotelangestellte an den Tresen. »Hier«, meinte sie, »nehmen Sie schnell!« Sie drückte mir eine große Ansichtskarte vom Hotel in die Hand. Ich bedankte mich und reihte mich in die Schlange der Fans ein. Geduldig und strahlend gab Satchmo Autogramme. Dann lachte er mich an: »What's your name?«

»Lutz.«

Er sagte, ich solle ihm den Namen buchstabieren, und dann schrieb er auf die Karte »For Lutz from Louis Armstrong«.

Ich bedankte mich herzlich, und nun strahlte ich. Am Tag darauf, als ich sein Autogramm in der Lehrgangsklasse herumzeigte, da war ich der »King«.

Berlin

1965 lernte ich im Zug eine Berlinerin kennen. Heute würde man schreiben »Sachse meets Preußin«. Damals lernte man sich einfach kennen.

Sie störte sich nicht an meinem Dialekt und sprach hochdeutsch mit »Balina« Einschlag. Wir merkten schnell, daß wir dieselben Träume träumten. Wir wollten für unser Leben gern vom Parkett auf die Bühne. Jeder hat es auf seine Weise geschafft. Monika spielt Theater, und in Abständen sehen wir uns heute noch, immerhin nach inzwischen 38 Jahren!

Damals arbeitete sie in einer für mich exotischen Stätte: in der »MÖWE«. Sie war Bibliothekarin. Als ich das erste Mal in Berlin war und im Hof dieses Hauses stand, zeigte sie nach oben und sagte: »Die S-Bahn da fährt in den Westen. Die ist gleich drüben.« So nah und so fern. Ich konnte das kaum fassen. Das unerreichbare DRÜBEN bekam in unserer Vorstellung einen paradiesischen Glanz. Auf anderen S-Bahn-Strecken sah ich, daß die Mauer eine Kleingartenanlage teilte. Dieselben Apfelsorten, Blumen, aber Welten dazwischen. Nur den Vögeln war das alles Wurscht. Sie pickten mal eine Ost-, mal eine Westraupe und flogen, wohin es ihnen gefiel.

Durch Monika erfüllte sich für mich ein Jugendtraum: einen ganzen Abend lang in *den* Künstlerclub der DDR gehen können – in die »Möwe«. Ich sah Leute, die ich nur aus dem Kino oder dem Theater kannte: Stefan Lisewski, Arno Wycznewski, Benno Besson. Oder Rolf Ludwig. Damals war nicht daran zu denken, daß ich mit ihm einst freundschaftlich verbunden sein würde …

Es dämmerte bereits, als ich mit Monika in seliger Stimmung zum Bahnhof Friedrichstraße bummelte. Sie nahm eine der ersten S-Bahnen nach Hause, und ich kam mir sehr weltmännisch vor, als ich das Hotel Minerva in einer kleinen Seitenstraße ansteuerte.

Minerva, entnahm ich später dem Lexikon, ist nicht etwa die Göttin der Heilquellen, sondern der Weisheit. So weise war ich nicht, sonst hätte ich nicht nachschlagen müssen. Und, so erfuhr ich weiter, sie diente als Schutzgöttin Roms und des Handwerks.

Aber scheinbar nur des italienischen. Das Handwerk der DDR, das war im Land nicht zu übersehen, hatte schon längst keine Schutzgöttin mehr.

Ich drückte also auf die Nachtglocke des Hotels, die in meinem Fall quasi eine Morgenglocke war, da schon ein paar Vögel in der noch stillen Stadt zu hören waren. Es war das erste Mal, daß ich in der DDR in einem Hotel übernachtete. Der Mann an der Rezeption gab mir aber keinen Schlüssel, sondern sagte: »Passen Se uff, et is so, unsa Hotel is ja ausjebucht, und ick hab mir jedacht, wo Se doch Student sint un et ooch nich so ha'm, is et Ihn janz recht. So'n Äjypta brauchte janz dringend und unbedingt een Bette, un da bei Ihn doch eens frei is, ha' ickn bei Ihnen reinjeleecht. Is doch jut, wa?! Zahln Se bloß de Hälfte!«

Ich gönnte dem Mann das Trinkgeld, das er sich dadurch vermutlich verdient hatte, und als junger Mensch ist man ja bekanntlich noch variabel, kann aus dem Hut improvisieren, obwohl – ein bißchen war ich schon über diese unkonventionelle Lösung des Bettenproblems erstaunt.

Und das mitten in der DDR!

Aber ich war voller Eindrücke, wir hatten dem »Stierblut« oder »Cabernet« kräftig zugesprochen, und so stellte ich mich schnell auf die neue Situation ein. Ich war inzwischen rechtschaffen müde und wollte endlich eine Weile pennen.

»Aba Se brauchen keine Sorje haben. Er is wat Besseres. Nich so'n Kameltreiba!«

Ich versicherte dem Mann, daß mich kein Ägypter in meinem Zimmer stören würde. In jenen Jahren blühte ja bekanntlich die Freundschaft zwischen dem Land am Nil und der DDR und auch mancher Witz darüber. So gab es den: Der Führer des ägyptischen Volkes, Gamel Abdel Nasser, ist zu Besuch in unserem Land. Die begeisterten Werktätigen rufen im Sprechchor: »Nasser, Ulbricht! Nasser, Ulbricht!« Ein Funktionär macht die Leute darauf aufmerksam, wie denn das klingen würde: Nasser Ulbricht! Sie mögen doch etwas anderes rufen. Daraufhin nehmen sie die Vornamen und rufen: »Gamel, Walter! Gamel, Walter!«

Ich stieg also in das entsprechende Stockwerk, drückte vorsichtig die Klinke des Zimmers herunter, aber ... nichts! Verschlossen! Ich klopfte an. Wieder nichts. Nun pochte ich stärker an die Tür ... auf der anderen Seite rührte sich nichts. Der Ägypter schlief wie der tote Ramses in seinem Pyramidengrab.

Was tun?

Also zurück ins Erdgeschoß. Zum Nachtportier.

»Ich komm nicht rein. Die Tür ist abgeschlossen!«

»Wat?! Ick hab ihm doch ausdrücklich jesacht, er soll nich abschließen! Mensch, immer diesen Ärjer mit de Kameltreiba!«

Nun war der Fremde plötzlich doch einer.

Der Nachtportier stiefelte voller Zorn mit mir die Treppen hoch. Oben donnerte er mit der Faust und dem Fuß gegen die Tür. Da wäre auch Ramses erwacht. Nun hörte man aus dem Zimmer unverständliche Worte, die Tür öffnete sich unter mehrmaligem: »Excuse me, excuse me!«

»Ick hab Ihn doch ausdrücklich jesacht, daß de Tüa aba offen bleiben muß!«

Der Ägypter im langen weißen Nachtgewand machte einige verlegene Handbewegungen, und der Portier entließ mich trotz der frühen Stunde mit »Jute Nacht«. Als ich mich nach meiner Schlafgelegenheit umschaute, sah ich: da standen – Ehebetten!

Der Ägypter sagte weitere schnelle Sätze in englisch, die ich in Anbetracht meiner mangelhaften Kenntnis der Sprache und meiner Müdigkeit jedoch nicht entschlüsseln konnte. Der Mann vom Nil kroch wieder unter die Decke. Ich zog meinen Schlafanzug an, putzte mir noch die Zähne mit Elkadent oder Rot-Weiß vom VEB Elbe-Chemie Dresden. Dann ließ auch ich mich auf meinem Lager nieder, und wir unterhielten uns noch ein wenig. Ich begriff, daß er etwas mit Astronomie zu tun haben mußte, denn er erzählte von »stars« und »heaven« und war im Planetarium zu Jena gewesen. An diesem nun schon längst angebrochenen Tag wollte er von Westberlin aus wieder nach Kairo fliegen. Das alles war Welten von mir entfernt. Da schläft einer im Osten, um vom Westen dann in den Nahen Osten zu fliegen.

Schließlich löschten wir das Licht, rutschten aus der sitzenden Haltung in die Waagerechte und hatten wohl beide das Gefühl, daß keiner dem anderen ein Leid antun würde; in diesem Allah- und Gottvertrauen schlummerten wir ein. Vielleicht hat er vom Sternenhimmel geträumt und ich, daß ich mit Möwe-Stars beim Bier sitze.

Plötzlich träumte ich jedenfalls, daß jemand an die Tür klopfte. Sehr energisch, vehement geradezu. Ich wachte auf, das Klopfen war auch in der Realität da.

»Mein Ägypter« schoß aus dem Bett hoch, öffnete die Tür. Es stellte sich heraus, daß er verschlafen hatte und ein Freund oder Kollege, der sich mir, freundlich lächelnd, mit seinem arabischen Namen vorstellte, ihn abholte. Hurtig wie der Wüstenwind kleidete mein Bettgenosse sich an, die beiden winkten mir fröhlich zu, und ich fiel bald wieder in meinen verdienten Schlummer. Das glaubt mir kein Mensch, dachte ich noch, daß ich mit einem wildfremden Mann in Ostberlin in Ehebetten geschlafen habe ...

Im Hotel Minerva habe ich nie wieder gewohnt ... obwohl, vielleicht habe ich da auch etwas verpaßt. Vielleicht hätte mir der Nachtportier, als er sah, wie gut ich mich solch einer überraschenden Situation anpassen kann, beim nächsten Mal sogar eine Ägypterin ins Bett gelegt ...?

Student

Das Wort hatte für mich etwas Besonderes. Student – weg von zu Hause, ein völlig neuer Lebensabschnitt beginnt. Ein Stück Freiheit. Das eigentliche Erwachsenwerden. Man kann in der Freizeit machen, was man will, lernt in einer anderen Stadt unentwegt interessante Menschen kennen. Neue Freunde und Freundinnen. Und dann das Abenteuer, sich eine unbekannte Stadt zu erschließen. Und, nun ja, nebenher studiert man ein bißchen.

Leben in der Messestadt Leipzig. Neben Berlin war das der einzige Ort in der DDR, der etwas weltstädtisches Flair besaß. Nirgendwo in einer Großstadt gab es zum Beispiel so viele Lichtreklamen, obwohl sie mitunter in ihrer Werbung für volkseigene Produkte unfreiwillig komisch wirkten. So leuchtete dem aufmerksamen Spaziergänger von einem Dach am »Chausseehaus« entgegen: »Sitzmöbel aus Waldheim ...« Jeder wußte, daß sich in Waldheim ein berüchtigter DDR-Knast befand, in dem auch viele politische Häftlinge einsaßen.

Eigentlich beabsichtigte ich, in Leipzig Germanistik zu studieren. Aber ich hätte danach nur Lehrer werden können, und das wollte ich in der DDR auf keinen Fall. So erkundigte ich mich nach den Bedingungen für das Studienfach Theaterwissenschaft. Ich erfuhr, daß ich alle Chancen für eine Immatrikulation hätte. Warum? Nicht etwa Theatererfahrungen zählten, die ich ja sowieso nicht gehabt hätte, denn mein Fuß hatte noch kein einziges jener Bretter berührt, die angeblich die Welt bedeuten sollten. Nein, der Grund war – daß ich in einer LPG gearbeitet hatte!

Jüngere Leser werden sich kaum erklären können, wieso das Leben auf dem Acker für die Ackerei am Theater von Belang sein soll. Aber in Zeiten des »Bitterfelder Weges«

öffnete einem das Tun in einer LPG Tür und Tor. Die Verantwortlichen glaubten, daß, wer mit den Bauern Seite an Seite an der Ernteschlacht teilgenommen hatte, gegen konterrevolutionäre oder nihilistisch-kritische Denkweisen gefeit war.

Weil mir die Auswahlkriterien der Theaterhochschule nicht ganz geheuer waren, informierte ich mich an der Universität, was sich hinter dem Begriff Kulturwissenschaft verbarg. Auch hier erzählte man mir so viel von Marxismus-Leninismus und marxistischer Ästhetik, daß ich mich von dem Gedanken an solch ein Studium schnell verabschiedete.

Ich bewarb mich an der Fachschule für Buchhändler, hoffte auf schöne drei Jahre und – hatte mich nicht getäuscht.

Als ich im Herbst '65 nach Leipzig kam, war in der DDR übrigens seit einiger Zeit wieder die Butter rationiert. Nicht auf Marken, sondern gegen Nennung einer Nummer erhielt jeder seine Ration. Das lief folgendermaßen ab: Eine Frau nannte »De Zweeunsächzsch«. Daraufhin fuhr die Verkäuferin mit einem Bleistift eine Liste entlang und beschied: »Nee, das duhd mir leid, Frau Schneider, Ihre Budder hammse diese Woche schon wägg, eene Gondensmilch gennse noch kriechn!«

Mir ist meine Nummer entfallen, aber ich kenne Leute, die heute noch ihre Zahl abrufbereit haben. In jenen Tagen witzelte der Volksmund im landauf, landab bekannten Tonfall des sächsischen Staats- und Parteichefs: »Wenn unsere Feinde behaubdn, wir häddn geine Buddr, so is das wieder eine dieser diebischen Häzdzdierahdn aus Wesddeuschland, ja?! Nadürlich haben wir Buddr, ja!? Wir haben nur im Momend kein Babier, um sie einzuwiggln!«

Die schönste Butternummer-Geschichte erzählte mir der Zahnarzt Dr. Peter Kind. Er war 1962 Grenzsoldat und wachte für den Frieden in Berlin-Adlershof. Die Grenze war damals noch nicht so befestigt wie in späteren Jahren. Irgend jemand hatte einen spanischen Reiter nicht ordnungsgemäß geschlossen, und plötzlich tauchte mitten im Grenzgebiet ein Radfahrer auf.

»Ich bin früher immer hier langgefahren.«

Der Mann wurde gefilzt. In seiner mitgeführten Tasche entdeckten die Grenzschützer ein interessantes Sortiment unterschiedlichster Dinge: einen Laubenschlüssel, eine Zahnbürste, einen Teebeutel, seine Butternummer(!) und in Zeitungspapier eingewickelt 20000 Ost-Mark.

»Ich wohne in 'ner Laube, und da nehme ich das Geld immer mit.« Der Mann wollte offensichtlich gar nicht nach dem Westen, war von schlichtem Gemüt, und der Offizier meinte, daß sie ihn zur Polizei bringen sollten. Dann flüsterte er, unhörbar für den Laubenpieper, seinen Genossen zu: »Oder ihr schmeißt ihn in den Teltow-Kanal, teilt euch das Geld und gebt mir die Butternummer.«

Ich begann also mein Studium an der Fachschule für Buchhändler. In Leutzsch, in der Rathenaustraße. Im gleichen Gebäude residierte die Fachschule für Bibliothekare. Die Villa hatte ehemals einem bekannten Leipziger Pelzhändler gehört, darum hieß das Haus bei älteren Leipzigern noch immer die Thorer-Villa. Als ich viel später – in den achtziger Jahren – zum ersten Mal mit dem Zug in den Westen rollte, las ich vor Frankfurt den Namen an einem Fabrikgebäude. Wie die Familie Thorer hatten sich die meisten Leipziger Pelzhändler nach dem Krieg in der Mainmetropole angesiedelt.

Die Villa in der Rathenaustraße ließ versunkene Pracht ahnen. Ich erinnere mich an gedrechselte Treppengeländer und Bleiglasfenster. Unsere Klasse benutzte allerdings die ehemalige Dienstbotentreppe. Der hochherrschaftliche Teil blieb den Bibliothekaren vorbehalten. Der Garten, der das Haus umgab, war parkähnlich angelegt. Sogar ein steinerner Brunnen bröckelte vor sich hin. Wie oft auf solchen Grundstücken war der schlechte Geschmack der neuen Machthaber nicht zu übersehen. Hier in Gestalt einer Baracke, die man barbarisch ins Gelände gesetzt hatte und die für Unterrichtszwecke benötigt wurde.

Hochherrschaftliche Villa und kasernenähnliche Baracke – das war der Spannungsbogen, der sich an vielen Orten der DDR erleben ließ. Die Lehrer waren, wie schon in meiner heimischen Zwickauer Schule, von unterschiedlicher Güte. Fritz Dorn machte einen interessanten Literaturunterricht, und Rolf Piech war ein kritischer Geist, der wohl unter den treuen Genossen im Kollegium immer mal aneckte. Er erzählte begeistert von der politischen Geographie unserer Welt und ärgerte sich, wenn die Mädels dabei unter der Bank strickten oder häkelten und nicht wußten, was auf unserem Erdball gerade geschah. Er freute sich sichtbar, daß er mit mir einen politisch interessierten jungen Menschen vor sich hatte.

Wenn es wärmer wurde, hielten wir uns in den Pausen gern im Garten auf, und die beiden, von uns sehr gemochten Lehrer »Madame« Jäckel (Französisch und Englisch) und Herr Franck (Kunstwissenschaft) lustwandelten, im eifrigen Gespräch vertieft, über die Wege, als hätten sie schon immer in diese Gründerzeit-Villa gehört. Hellmut Franck gab einige Zeit später ein Buch über Jugendstil-Exlibris heraus, was diesen Eindruck unterstrich. Erinnerlich ist mir auch ein Gastvortrag von Rolf Recknagel. Er beschäftigte sich leidenschaftlich mit Forschungen zu dem geheimnisumwitterten B. Traven. Ohne vor Ort recherchieren zu können, trug er Fakten zusammen und veröffentlichte eine Biographie über den Autor, die in mehreren Auflagen gedruckt wurde.

Der größere Teil meiner Klasse bestand aus Studentinnen, wir waren nur drei Studenten. Alle wohnten wir zur Untermiete, meist bei einer Wirtin, weil bekanntlich viele Frauen ihre Männer überleben. In einem Krieg erst recht. Nur mein Freund Peter »Pepe« Laube hatte einen Wirt. Ich war der einzige, der sich mit Fromund »Fritze« Hoy ein Zimmer teilen mußte, und kann mir bis heute nicht erklären, warum ich das so hinnahm, warum ich in den drei Jahren nicht versuchte, mir ein eigenes Zimmer zu besorgen? »Man« hatte für mich so entschieden, und ich begehrte nicht dagegen auf, obwohl ich natürlich auch lieber alleine gewohnt hätte. Allerdings kann ich mich kaum erinnern, am Tag länger als eine Stunde dort gewesen zu sein – vom Schlafen einmal abgesehen. Ich war fast nur »in der Stadt«. Das Zimmer war in den Ausmaßen mehr als bescheiden und eigentlich wirklich nur einem Menschen zuzumuten. Trotzdem war Platz für zwei Betten, einen Tisch, zwei Stühle. Kam Besuch, setzte sich einer von uns auf sein Bett.

Den Ofen heizte winters Frau Müller, unsere Wirtin. Ich bezahlte im Monat 28 Mark, drei Mark für die Bettwäsche. Eine funzlige Glühbirne, ich schätze 25 Watt, war abendlichem Arbeiten nicht förderlich. Man hätte sich nur die Augen verdorben, also ließ ich es lieber gleich sein. Ich kann mich auch kaum erinnern, jemals zu Hause gearbeitet zu haben. Schließlich hießen die gestellten Aufgaben doch Schularbeiten, deshalb erledigten wir das meiste bereits in der Schule während des Unterrichts.

Damenbesuch war aus zweierlei Gründen nicht drin. Einmal wegen Frau Müller und zum anderen wegen Herrn Hoy. So tauchte nur ab und an mein Freund Pepe auf, der in der Nähe wohnte. Wir improvisierten dann auch gleich mal bei Tage ein Fest. Natürlich immer mit entsprechendem Genuß von Bier, Wermut oder Aperitif. Und Schmalzfleisch aus der BRD. Auf den messingfarbenen Blechdosen klebte zwar kein Etikett, das über den Hersteller Auskunft gegeben hätte, aber es war längst durchgesickert, daß diese Dosen aus Beständen der Bundeswehr stammten. Sie wurden wohl jeweils kurz vor Ablauf des Verfallsdatums in die DDR geliefert: Kraft durch Kraftfleisch vom Klassenfeind.

Nur der Frieden, der durch das militärische Gleichgewicht der beiden verfeindeten Lager herrschte, brachte uns in den Genuß dieser Reserve für den Ernstfall.

Mein Zimmergenosse Fritze verfügte generell über ein gut sortiertes Konservenangebot. Wenn der Appetit Pepe und mich besonders quälte und Fritze gerade durch die Antiquariate der Stadt bummelte, haben wir ihm, und das kann er, nachdem die Verjährungsfrist längst abgelaufen ist, ruhig erfahren, auch mal eine Büchse ungarischer wohlschmeckender Gänseleberpastete geklaut.

Irgendwann bekamen wir einen Studientag. Also, uns ging es wirklich gut. Ich las ja sowieso in jeder freien Minute, und nun stand uns sogar ein ganzer Tag dafür zur Verfügung.

Pepe und ich durchstreiften gern die Museen, Galerien, saßen in der Bibliothek der Hochschule für Grafik und Buchkunst oder in der »DeeBee«, wie wir die Deutsche Bücherei nannten.

Pepe hatte 1959 das Abitur an der Arbeiter-und-Bauern-Fakultät ablegen wollen. Landwirtschaft sollte, Kunst wollte er studieren. Er ging für eine Zeit nach Westberlin, um eher zum Ziel zu kommen.

Sein Bruder nahm ihn auf, und Pepe arbeitete zunächst als Teppichpacker im KaDeWe. Ein schwerer Verkehrsunfall zog einen langen Krankenhausaufenthalt nach sich. Die Geschäftsleitung schickte ihm einen Präsentkorb und die Kündigung. Eine Lehrerin aus Ostberlin besuchte ihn, versprach Hilfe. Er glaubte ihr, kehrte in den Osten zurück. Dort mußte er sich aber erst einmal »bewähren« und arbeitete ein Jahr an einer Stanzmaschine im Dreischichtsystem. Inzwischen war die ABF aufgelöst worden. Die Mauer trennte ihn dann für immer von seinem Bruder. Pepe nahm eine Arbeit im Buchhandel am Alexanderplatz an.

Mein Freund wies mich auf viele Autoren hin, die ich bis dahin nicht gekannt hatte. Er besaß Dutzende »Westbücher«, brachte mir beispielsweise Camus, Sartre, Hemingway, Grass, Frisch und Dürrenmatt näher. Pepe las auch soziologische und philosophische Schriften, viele davon für einen Ostler unerreichbar, die mir teilweise, ich gestehe es, »zu hoch« waren. Aber er konnte sich da »hineinfitzen«. Bei ihm drehte sich alles um Kunst und Literatur. Materielle Dinge interessierten ihn nicht. Bei seinen Spaziergängen rettete er unentwegt Bücher aus dem Müll und gründete so seine »Containerbibliothek«.

Wenn es ihm im Unterricht langweilig wurde, und das war gar nicht so selten, zumal bei Fächern wie Planung, Leitung und Organisation im Verlag und Buchhandel oder Grundlagen der marxistisch-leninistischen Politischen Ökonomie ... da sah ich ihn mit dem Bleistift seine Linien ziehen. Manchmal ließ er eine Zeichnung an mich durchreichen. Und wenn ich mit ihm zusammensaß und auf der Gitarre klimperte, konnte selbst auf dem Einwickelpapier der HO, in der wir gerade für 1,88 Wurst gekauft hatten, ein Porträt entstehen.

An einem bitterkalten Wintertag stärkten wir uns einmal in einem Imbiß am Martin-Luther-Ring, gegenüber dem Neuen Rathaus. Das Haus gibt es nicht mehr. An jener Stelle grünt seit vielen Jahren eine Wiese. Es war wohl der Rest eines bombengeschädigten Gebäudes. Im Erdgeschoß befanden sich ein Zeitungsladen, ein Tabakgeschäft, eine Wartehalle für die Fahrgäste der Straßenbahn und ein Imbiß. Unvergeßlich, wie wir an diesem Vormittag den Imbiß betraten, wo uns wohlige Wärme empfing, die noch durch den Genuß einer heißen Brühe erhöht wurde. Wir schwatzten mit zwei in Wattejacken verpackten Arbeitern und tranken mit ihnen Korn. Der eine mochte uns besonders und erklärte uns ein Spiel mit Streichhölzern. Immer wieder betonte er, daß dieses Spiel in Leipzig nur sieben Leute kennen. Seine Miene drückte dabei aus, daß wir ab jetzt quasi zu einem Geheimbund gehörten.

»Nur sieben Leute!«

Wir wären Nummer acht und neun. Ich hatte es schon am nächsten Tag vergessen. Und heute, heute kennt das Spiel überhaupt kein Mensch mehr ... Aber wenigstens an den Flachbau am Ring wird sich dieser und jener erinnern.

Pepes Lieblingsausdruck, entweder auf unliebsame Zeitgenossen oder auf Blödeleien unter uns gemünzt, lautete: Vafatz dir inne Wälda!

Ins Sächsische könnte man das etwa übersetzen mit: Mache dich indn Wald nein! Dialektmäßig trennten uns Welten, aber trotzdem lagen wir auf einer Wellenlänge!

Einmal hatten wir kein Geld mehr, was bei uns wirklich selten vorkam, denn wir erhielten beide zum 160-Mark-Stipendium noch eine Zulage des Betriebes, der uns delegiert hatte, eben des Volksbuchhandels: 120 Mark!

So verfügten wir über 280 Mark der Deutschen Notenbank. Das war für Studenten ein kleines Vermögen. Trotzdem war irgendwann bei uns einmal jegliches Geld alle. Pepe und ich überlegten, wie wir zu ein paar Scheinen kommen könnten. Schließlich nahmen wir unsere Zweit-Wintermäntel und brachten sie in der Friedrich-Ludwig-Jahn-Allee zum Gebrauchtwarenhändler Lin Chang Pan. Allein, der Weg war umsonst, da wir die Mäntel nicht hatten reinigen lassen ... Da standen wir in der Mittagszeit mit unseren Paletots, die wir hatten versilbern wollen, und der Hunger nagte an unseren Eingeweiden. Auf zwei Mark belief sich meine ganze Barschaft. Wir gingen zum Brühl, zum »Wildschütz«. Dort packten wir die Mäntel auf einen Stuhl, ich holte für zwei Mark eine Schüssel Erbseneintopf und zwei Löffel, und allmählich besserte sich unsere Stimmung.

In den Sechzigern waren in Leipzig noch etliche Chinesen als Handelsleute tätig, die wohl vorwiegend in den zwanziger Jahren nach Deutschland gekommen waren. Am Ostplatz firmierte der Gebrauchtwarenladen Cheng. Es gab nach dem Krieg in der Messestadt sogar noch einen Chinesischen Verband der Kaufleute. Das Kaffeehaus Chekiang in der Karl-Liebknecht-Straße existierte in entsprechender Ausstattung bis Anfang der sechziger Jahre, ehe dann die HO das Café am Peterssteinweg daraus machte.

Während eines Praktikums im damaligen Karl-Marx-Stadt entdeckte ich sogar ein Café Peking. Ein Mao-Bild hing zu Zeiten an der Wand, als sich das Verhältnis der Sowjetunion – und damit auch das der DDR – zum Riesenreich des Ostens merklich abgekühlt hatte ... All das waren, wie auch einige griechische Pelzhändler in der Messestadt, letzte Zeugen internationalen Lebens, das es vor dem Krieg gegeben hatte.

Zurück zum Leben in der Fachschule. Eines Tages standen Container im Garten. Alle Studenten waren zu einem Subbotnik aufgefordert. Zerlesene und »veraltete« Literatur polterte in die Metallbehälter. Ein Dozent drückte mir mehrere dunkelblaue Bibliotheksbände, eine Werkausgabe von Georg Lukács, in die Hand. Ich habe diese Bücher sofort ins Gebüsch veruntreut und – als die Luft rein war – nach Hause mitgenommen. Später habe ich damit zwei Literaturwissenschaftlern eine große Freude machen können. Sie hatten ihren Kollegen gegenüber Vorlauf, denn die mußten warten, bis die Arbeiten des inzwischen rehabilitierten Lukács in der DDR wieder verlegt wurden.

Im April '68 fand ein sogenannter Volksentscheid über die erste »sozialistische Verfassung der DDR« statt. Wir Studenten sollten vorher die Leute informieren und agitieren. Wir bekamen bestimmte Häuser zugewiesen und zogen los. Ich ging mit Doris Schmidt. Auf der Treppe eines Hauses in der Georg-Schwarz-Straße kam mir die Erleuchtung: »Sag mal, die können doch nie nachprüfen, ob wir wirklich in den Wohnungen waren?«

»Nee, nachprüfen können die das nicht.«

Und schon saßen wir im Kaffeehaus.

Für den Tag des Entscheides verkündete ich die Zustimmungs-Prozentzahl. Ich habe mich um 0,5 Prozent verschätzt. Es gab nur 94,5 Prozent Ja-Stimmen.

1968 diskutierten wir natürlich auch mit unserem ML-Dozenten über die geplante Zerstörung der Universitätskirche. Ö., ein ehemaliger NVA-Offizier, war ein Dogmatiker von altem Schrot und Korn, hatte aber immer etwas Bammel vor unseren Fragen. Ich forderte in der Aussprache eine Volksabstimmung.

Er blickte mich schockiert an, trat reflexartig einen Schritt zurück vor dieser Ungeheuerlichkeit. Zum Glück befand sich unmittelbar hinter ihm eine Wand, die ein Straucheln verhinderte. Ich weiß nicht mehr, was er mir darauf erwiderte, aber es wird wohl in der Art gewesen sein, daß zum Wohle des Volkes doch schon die besten Kandidaten darüber befunden hätten.

Einen FDJ-Sekretär mußten wir auch wählen. Unsere ganze Klasse war in dieser Beziehung absolut lasch und desinteressiert. Nicht eine einzige Studentin und keiner von uns drei Studenten hatte mit dieser DDR politisch etwas am Hut, niemand war eifriger Parteigänger des hier praktizierten Sozialismus. Als es an die FDJ-Wahl im neuen Studienjahr ging, meinten wir alle treuherzig, daß Sabine Kaufmann ihre Arbeit so großartig gemacht hätte, daß wir ihr ein weiteres Jahr unser Vertrauen schenken wollten. Keiner hatte Ambitionen, dieses ungeliebte Amt zu übernehmen. Nun kam aber Protest von Sabine, sie würde nicht mehr zur Verfügung stehen. Auf unser Nachfragen erhielten wir die für uns logische, aber für unseren Direktor schockierende Mitteilung: »Ich bin nicht in der FDJ und soll auch noch die ganze Arbeit machen!« Der Direktor wurde blaß und flüsterte: »Wenn das der ›Eulenspiegel‹ erfährt!«

Sabine Kaufmann wurde von ihrem Amt entlastet, ein FDJ-Mitglied übernahm das Amt.

Mein Zimmerkumpel und Banknachbar Fritze hatte mal ein paar Semester an der TU Dresden studiert. Ein Mathe-As, das einzige in unserer Klasse. Allerdings bemerkte ich schon bei der ersten Arbeit, daß unser Meister ein Problem hatte: in seiner Genialität unterliefen ihm einfachste Faselfehler, so daß dann plötzlich zwei mal zwei sechs ergab oder vier plus sieben dreizehn. Das war meine Chance! Die bescheidenen Grundrechenarten beherrschte ich, bemerkte sein Verhakeln im mathematischen Unterholz, bügelte das für ihn aus und rettete ihm damit die Eins. Mir selbst wäre diese Note, bei meiner angeborenen Matheschwäche, peinlich gewesen, drum fädelte ich wiederum Faselfehler in meine Arbeit, da ich mit einer Zwei schon über die Maßen gut bedient war. Diese Zensur steht auch – und alle Mathelehrer meiner Schulzeit würden aus dem Kopfschütteln nicht mehr herauskommen – auf meinem Abschlußzeugnis der Fachschule.

Das Thema meiner Abschlußarbeit, die ich in eine uralte

Continental hineinhämmerte, hieß »Die Stellung des Schaufensters im System der Literaturpropaganda und Werbung des Volksbuchhandels und seine kulturpolitische Funktion«.

Es ist mir heute rätselhaft, daß ich darüber eine dicke Arbeit schreiben konnte, denn die Sache war doch schlichtweg so: Alle Bücher, die nicht sofort nach der Anlieferung »weg« waren, mußte man ins Schaufenster stellen, um sie eventuell doch noch zu verkaufen. Aber wie habe ich diesen Sachverhalt zu einer Abschlußarbeit auswalzen können ...?

Eine echte Leistung.

Das »Corso«

Das Schöne an Leipzig war und ist das Zentrum innerhalb des Rings. Nie verläßt man »die Stadt«, ohne einen Bekannten getroffen zu haben. Innerhalb dieses Zentrums gab es für Studenten einen zentralen Treffpunkt: das »Corso«.

Ich hatte das Kaffeehaus im Gewandgäßchen während meiner Buchhändler-Lehrgänge 1964 kennengelernt. »Das mußt du gesehen haben!« meinte jemand aus dem Freundeskreis, der sich in der Klasse gefunden hatte. Ich war zum ersten Mal ein paar Wochen in Leipzig und fühlte mich großartig. Die Stadt, neue interessante Leute und ein herrliches Frühjahr.

Ich wohnte, wie schon erwähnt, bei meiner Tante Hilde in der Nürnberger Straße, im Haus von »Pragers Biertunnel«. Als unbesiegbare Inschrift kleben die Buchstaben noch immer an der Fassade zum Johannisplatz, obwohl die Kneipe schon lange nicht mehr existiert.

Vom Haus meiner Tante hatte ich nur ein paar Minuten bis zum Café Corso zu laufen: über den Karl-Marx-Platz in die Grimmaische Straße, dann hinter der Unikirche schräg über den ehemaligen Hof der Universität ins Gewandgäßchen. Dort stand linker Hand die ausgebrannte Ruine des Städtischen Kaufhauses, die für viel Geld alle paar Jahre wieder verkleidet wurde, um darauf große Werbeflächen zu installieren. Wenn ich mich recht erinnere, warb man dort über Jahre für Jenaer Glas.

Das Café befand sich im einzigen Haus, das auf der gegenüberliegenden Seite den Krieg überstanden hatte. In optimistischer, lebensfroher Nachkriegsmanier hatte man aus diesem Schaden eine Tugend gemacht und durch die Brandmauer in Richtung Neumarkt eine Tür gebrochen.

Auf der Fläche des weggebombten Nachbarhauses standen nun im Sommer Gartentische und -stühle. In den zurückliegenden zwanzig Jahren war allerhand Buschwerk gewachsen, und man saß dort tatsächlich wie in einer kleinen grünen Oase.

An der unverputzten Wand hatte der Besitzer eine Marquise angebracht. Die Plätze darunter waren an heißen oder regnerischen Sommertagen besonders begehrt. Junge Frauen saßen an den Tischen und schaukelten ihre Kinderwagen, Spatzen lauerten auf Kuchenkrümel. Gern blinzelte man in die Sonne bei einem Eiskaffee oder einer kleinen Flasche Ulrich-Bier.

Die älteren Leipziger sprachen nach wie vor vom Café Hennersdorf. Das lag daran, daß sich das eigentliche »Corso«, ein legendäres Konzert-Café, vor dem Krieg am Augustusplatz befunden hatte, im sogenannten Königsbau. Jenes Haus war nach einem Bombenangriff ausgebrannt, und das »Corso« hatte sich im ehemaligen »Hennersdorf« etabliert.

Das original erhalten gebliebene Kaffeehaus im Gewandgäßchen war, wie Wolfgang Bruns mir schrieb »ein Leipziger Seelentrost«. Wenigstens das hatte den Krieg und die Zeit danach überlebt!

Der alte Herr Fischer, der das »Corso« 1912 gegründet hatte und es bis 1961 führte, rief eines Tages seinen Sohn Werner in München an und stellte ihn vor die Alternative: »Entweder ihr kommt und übernehmt das Café, oder ich verkaufe.« Frau Fischer erzählte mir: »Wir sind am 12. August in München losgefahren, am 13. war die Mauer da.«

Und ich habe mich immer gewundert, warum die Besitzerin mit bayrischem Dialekt sprach und manchmal – mitten in Sachsen – in einem Dirndl durch das Café ging.

Im Erdgeschoß, gegenüber dem Kuchenbüfett, saßen die Tortentanten und auch -onkels. Das war sozusagen die stinksolide Kundschaft im »Corso«. Dicke Damen, für die »Diät« ein Alptraum gewesen sein muß und die lange vor Udo Jürgens »Aber bitte mit Sahne!« bestellten.

Links führten ein paar Stufen nach oben; auf halber Treppe saßen meist Liebespaare. Ein farbiges Bleiglasfenster zauberte eine ganz besondere Stimmung. Hier hielten sich mitunter auch Paare auf, die zwar verheiratet waren, aber nicht miteinander. Schließlich saßen da noch Anwärter auf einen Platz »ganz oben«; wenn im ersten Stock alles überfüllt war, nutzte man die Tische auf halber Treppe.

Ein Freund von mir war Zeuge, wie eine Kellnerin mit dem Tablett von oben kam, stolperte, sich aber in einer nahezu artistischen Meisterleistung fing und gerade noch vor seinem Tisch zum Stehen kam, ohne daß ihr etwas heruntergefallen war. Sie sah sich nach ihrem Balanceakt stolz um und erwartete entsprechende Anerkennung, doch der Gast kommentierte die akrobatische Einlage mit trockenem, sächsischem Humor: »Na ja, awwr de Sahne liechd nich mähr richdsch in dorr Midde!«

Von diesem Zwischengeschoß führte die Treppe ins Allerheiligste. Mit jeder Stufe nahm der Geräuschpegel zu, dieses angenehme Summen der Gespräche, nur ab und an von einem hellen oder dunklen Lachen unterbrochen. Mit jeder Stufe kam man dem Raum näher, der ein Freiraum war. Das Gemurmel schwoll an:

»... die vielen Worte stehn im Raum
wie ein Ton.«

So schrieb ich am 23. 3. 1965 in einem »Gedicht« über das »Corso«. Was für ein Kaffeehaus! Der gesamte Raum war original im Stil des Art déco erhalten. Der Stuck, die Holzeinbauten, die Bespannung der Wände: grün-goldener Stoff mit entsprechenden Zwanziger-Jahre-Mustern. Die Messinglampen hatten Pergamentschirme, die ein mildes, gelbliches Licht in den Raum streuten. Auf Heizkörperverkleidungen, die gleichsam als eine Art Raumteiler fungierten, standen große Chinavasen.

Die Fenster zum Gewandgäßchen wurden im Sommer hochgeschoben, und wir sahen über die Blumenkästen auf die Jenaer-Glas-Werbung.

Den Kakao servierte man noch in weißen, dickwandigen hohen Schokoladentassen mit rötlichem Art-déco-Muster.

Ein Bekannter traf dort einen Freund, der vor solch einer Tasse saß, und sagte zu ihm: »Na, du hast wohl wieder den ganzen Nachmittag bei der einen Tasse Kakao gesessen?«

Darauf meinte der: »Sei ruhig, die Tasse ist nicht meine, die hab ich mir rübergezogen.«

Auch das war typisch im »Corso«. Man konnte stundenlang sitzen bleiben, ohne daß jemand gefragt hätte, ob man noch etwas trinken will.

Auf den Tischen standen Zuckerdosen, schweres Hotelsilber, eine Zange darin, und auch Kaffeekännchen, Sahnegießer und Eisbecher waren aus dem gleichen Material. Zum Leidwesen der Besitzer verschwand immer wieder dieses oder jenes Stück.

Im September 1965, mit Studienbeginn, zog ich für drei Jahre im »Corso« ein und nannte es »mein Wohnzimmer in der Stadt«. Hier fühlte ich mich sofort wie zu Hause. Wer als Student nach Leipzig kam, kannte das »Corso« spätestens am dritten Tag.

Ein altes Telefon hing an der Wand. Wenn es klingelte, ging die Kellnerin ran und rief dann in den Raum: »Herr Lippold, Telefon!« Das war noch ein Stück Service aus dem bürgerlichen Deutschland. Aber man wußte schon, wo man war, denn schließlich hing zur Absicherung auch in diesem privaten Künstler- und Studenten-Kaffeehaus der Familie Fischer ein Bild des ungeliebtesten Leipzigers: Walter Ulbricht.

Wir kommentierten das mit den Worten: »Was?! *Die* Kneipe gehört dem ooch?!« Daß er jemals in diesem Kaffeehaus gesessen hat, muß stark bezweifelt werden, denn die Umgebung war ihm garantiert zu bürgerlich ...

Ulbricht hatte einmal formuliert: »Die DDR ist der einzig rechtmäßige Staat in Deutschland.« Wir stupsten unser Kinn ins frisch gezapfte Bier, hatten dadurch einen weißen

Schaumspitzbart und meinten in seinem Singsang: »Die DDR ist der einzige recht *mäßige* Staat in Deutschland.«

Heidemarie Zsitva, die wie ihr Mann Gabor zum Ballett an der Leipziger Oper gehörte, erzählte seinerzeit mit Blick auf das Ulbricht-Bild, wie der Staatsratsvorsitzende zur Messe in seiner Loge eine Vorstellung gesehen und sein fachmännisches Urteil mit dem Satz zusammengefaßt habe: »Die Tänzer turnen aber gut!«

Die Kellnerinnen im Café Corso waren keine anonymen Serviererinnen, sondern wir nannten sie beim Vornamen. Sie hießen Hertha und Traudel und Gisela, eine schöne Schwarzhaarige, die von den Studenten umschwärmt wurde. Wir erzählten uns gegenseitig Witze, scherzten miteinander, und sie waren unglaublich schlagfertig:

»Hör mal, ich hatte vor einer halben Stunde bei dir einen Kaffee bestellt.«

»Da kannst du mal sehen, wie schnell die Zeit vergeht.«

Die Kellnerinnen im »Corso« (Kellner gab es nicht!) schätzten ihre besondere Stellung und haben das Leben mit dem Studenten- und Künstlervölkchen genossen.

9.00 Uhr öffnete das Café, 19.00 Uhr war leider schon Schluß. An einem Tag blieb ich einmal von früh bis abends drin, es wurde nicht langweilig. Die Intimität des Raumes ließ viele Kontakte entstehen. Man saß eng beieinander, lernte sich schnell kennen, kam ins Gespräch. Im »Corso« wurde philosophiert, politisiert, erregt diskutiert, geklatscht, geblödelt und natürlich auch heftig geflirtet. Und nie wieder habe ich so viele Witze gehört wie dort! Beispiele gefällig? Also: Ein Musikstudent will ein Zimmer mieten. Die Vermieterin weist ihn ab.

»Musikstudent? Kommt gar nicht in Frage. Ich hatte schon mal einen Musikstudenten. Der kam zuerst sehr beethövlich, dann wurde er bei meiner Tochter mozärtlich, brachte einen Strauß mit, nahm sie beim Händel und führte sie mit Liszt über den Bach in die Haydn. Da wurde er Reger und sagte: ›Frisch gewagnert ist halb gewonnen.‹ Er konnte sich nicht brahmsen. Ja, und jetzt haben wir einen Mendelssohn und wissen nicht wo Hindemith!«

Oder: Was ist der Unterschied zwischen Wissenschaft, Philosophie und Marxismus?

Wissenschaft ist: in einem schwarzen, völlig verdunkelten Raum eine schwarze Katze zu fangen.

Philosophie ist: in einem schwarzen, völlig verdunkelten Raum eine schwarze Katze zu fangen, die gar nicht drin ist.

Und Marxismus ist: in einem schwarzen, völlig verdunkelten Raum eine schwarze Katze zu fangen, die gar nicht drin ist, aber man ruft: »Ich hab sie!!!«

Das »Corso« verließ man quasi nie ohne einen neuen Witz: Was passiert, wenn man in der Wüste den Sozialismus aufbaut? – Zunächst nichts. Aber mit der Zeit wird der Sand knapp!

In diesem Café habe ich auch einmal einen Spruch gehört, den ich in froher Runde in Zwickau gedichtet hatte. In Leipzig war er irgendwann angekommen. Ein Spruch in der Art der Arthur-Schramm-Zweizeiler:

Wer liegt denn dort im Liegestuhl?
Ein Graf? Nein, ein Arbeiter von Simson Suhl!

Schramm lebte im Erzgebirge, schuf naive Spruchweis- bzw. eher Spruchdummheiten, hielt sich für einen wirklichen Poeten und versuchte unermüdlich auf der Leipziger Buchmesse, sein »Werk« bei einem Verlag unterzubringen:

Der Kumpel aus dem Stollen kriecht,
Glück auf, der Sozialismus siecht!

Die Zweizeiler kursierten alle im Kaffeehaus, so zum Beispiel auch »Das Grubenunglück«:

Rumpeldipumpel,
weg ist der Kumpel!

Wir sagten damals:

Schiller, Goethe, Schramm
sind die besten, die wir hamm!

Aber die Witze waren nur eine Facette des Kaffeehauslebens. Eine andere: Das mitunter schöpferische Streitgespräch; es war im besten Sinne bildungsfördernd. Es blieb immer etwas hängen, und divergierende Meinungen schärften den Verstand. Und die Diskussionen waren ja zum Glück nie trocken. Neben Kaffee und Bier (in kleinen Flaschen gab es den Gerstensaft allerdings nur bis 12 Uhr mittags) nahm Wermut einen vorderen Platz unter unseren Lieblingsgetränken ein – natürlich HORNANO von der Leipziger Firma Wilhelm Horn. Ein Glas kostete eine Mark, und man konnte sich lange daran festhalten. Der rote Aperitif Lacour aus dem Hause Oerneclou, vielleicht von einer eingewanderten Hugenottenfamilie kreiert, kam ebenso reichlich zum Ausschank.

Wenn das Geld nicht reichte, konnte, wer zu den Stammgästen zählte, auch mal anschreiben lassen oder die Uhr als Pfand hinterlegen.

Wir wußten, daß so mancher Funktionär der Partei dieses »Corso« nicht mochte. Es war schon ein Stück Protest, in dem Kaffeehaus zu verkehren. Protest gegen die Tristesse an so manchem anderen Ort in der Stadt. Hier saßen auch ostdeutsche 68er. Auf der Straße hätten sich diese – vielleicht um die hundert – Kaffeehausbesucher nicht versammeln dürfen. Dort wäre wegen »Zusammenrottung« eingegriffen worden. Aber im »Corso« konnte man ihnen nichts anhaben. Unser aller kleine tägliche Demo fand im Kaffeehaus statt! Es gab in den Sechzigern in der DDR noch ein paar Reste von bürgerlicher Kaffeehauskultur. Das »Resi« in Weimar, die »Münze« in Rostock waren auch studentische Treffpunkte, doch das »Corso« war unübertroffen. Es war mehr als ein Kaffeehaus, es war ein Treffpunkt von Gleichgesinnten wie das »Jama michalika« in Kraków, das »Slavia« in Prag, das »Flore« oder »Deux Magots« in Paris.

Und während Sartre im Quartier Latin zwischen seinen Anhängern und Verehrern saß, diskutierten im »Corso« in Klein-Paris ebenfalls junge Leute in schwarzen Rollkragenpullovern über sein Werk. Über Nihilismus und Existentialismus. Über Camus, Beckett, Joyce, Ionescu, Steinbeck, Freud, Kafka, und wie die von den DDR-Kulturhütern beargwöhnten Schriftsteller alle hießen.

Überall kämpften die Hüter der reinen Lehre, die eher der reinen Leere glich, gegen »bürgerlichen Skeptizismus« und »Antikommunismus«. Letzteren unterstellte man selbst Heinrich Böll in seinen »Ansichten eines Clowns« oder Günter Grass, als er das Stück »Die Plebejer proben den Aufstand« veröffentlicht hatte, in dem er den 17. Juni 1953 behandelte.

Taschenbücher der offiziell verpönten Literaten, vielfach zur Messe eingeschmuggelt, denn aus Paketen wurden sie sofort beschlagnahmt, gingen derweil bei uns von Hand zu Hand. Den Begriff »Kult« gab es damals noch nicht, aber so manches zerlesene Taschenbuch hätte diese Bezeichnung verdient gehabt; immer wieder hörte ich die Aufforderung:

»Das mußt du unbedingt lesen!«, so zum Beispiel »Die Farm der Tiere« und »1984« von George Orwell oder von Françoise Sagan »Bonjour tristesse«.

Frankreich stieg in jener Zeit zum Traumland Nummer eins auf, wir gingen in jeden Film, der aus französischen Studios zu uns kam, wir liebten die Chansons von Edith Piaf, Juliette Gréco (viele junge Frauen schminkten sich die Augen wie sie – mit viel schwarzer Wimperntusche), Yves Montand, Charles Aznavour oder Jacques Brel, die Schlager von France Gall, Françoise Hardy oder Adamo. Und selbst »unsere« Marlene Dietrich sang in französisch: »La vie en rose«.

Gern stimmten wir ein Lied aus einem französischen Film an, es gab später eine deutsche Variante: »Mein Herz schlägt dawadawadab, dawadawadab ...«. »Ein Mann und eine Frau« hieß der Film, und wir sahen Jean-Louis Tritignant mit dem Auto in Rallye-Manier zur Geliebten rasen.

Das »Corso« war für uns eine Art Ersatz für das unerreichbare Frankreich, ein Stück aus solch einem Film. Hier drin fühlten wir uns nicht als bevormundete DDR-Bürger, hier war nahezu exterritoriales Gebiet. Eine kleine Kaffeehaus-Republik, wie mir ein »Corso«-Gänger sagte: »Da drin hob sich die Brust.«

Das Café, nur ein paar Meter von der Universität entfernt, war natürlich das ideale Zentrum der Studenten. Oft traf man sich nach den Vorlesungen. Da saßen die Philosophen, die Anglisten, die Mediziner ... streng nach Fakultäten getrennt. Nicht umsonst nannte man das Kaffeehaus auch »Hörsaal 41«.

Im Hörsaal 40 hielten Hans Mayer und Ernst Bloch ihre legendären Vorlesungen. Mit Mayer, Bloch und anderen hätte der neue Geist hier eine Heimstatt gehabt, ein Diskutier-Café wie in Paris hätte entstehen können. Aber ein Diskutier-Café war das letzte, was die Genossen wollten.

Wolfgang Bruns lernte ab September 1950 in der Buchhandlung Genth in der Grimmaischen Straße, Ecke Ritterstraße. »Die Buchhandlung war in der Universitätsstraße ausgebombt und dort privat wieder aufgebaut worden. Ein Wiederaufbau-Wunder mit etwa 25 Mitarbeitern, bis hin zum Markthelfer. Das Leipziger Leben pulsierte hier wieder. In diesem Umfeld hörte ich vom Café Corso und sah darin in den Jahren 1950 bis 1952 die Professoren Hans Mayer, Ernst Bloch und Frau, Theodor Frings, Hermann August Korff, die Brüder Herzfelde mit Helene Weigel, denen ich auch in der Buchhandlung Genth begegnete.«

Also war es für einige Zeit tatsächlich mit dem »Flore« in Paris zu vergleichen!

Der große Philosoph Bloch mit seinem Hauptwerk »Das Prinzip Hoffnung« war ein spezieller Feind von Kurt Hager. Der hatte den Professor schon 1957 auf einer Parteikonferenz angegriffen:

»Blochs negative Haltung gegen die Partei und ihre Führung, besonders den Genossen Walter Ulbricht, sein größenwahnsinniger Anspruch, den Marxismus zu erneuern und zu einer marxistischen Anthropologie, zum ›menschlichen Sozialismus« weiterzuentwickeln, übte auf zahlreiche seiner Schüler einen verhängnisvollen Einfluß aus.«

1957 wurde Ernst Bloch zwangsemeritiert und siedelte 1961 in die Bundesrepublik über. Wieder hatte die dogmatische Funktionärskaste einen großen Denker vertrieben, zwei Jahre später geschah Gleiches mit Hans Mayer. Blochs »menschlicher Sozialismus« würde aber, wie wir wissen, noch einmal eine große Rolle spielen ... In den sechziger Jahren wuchs der Einfluß engstirniger Ideologen, deren Dogmen in den Siebzigern besonders bleiern auf allem lasteten. Bis der Biermann-Rausschmiß wieder etwas frischen Wind ins Land brachte.

Noch einmal Wolfgang Bruns: »Das vormals bürgerliche Milieu wandelte sich in das einer zunächst zaghaften, aber bald zunehmend selbstbewußten intellektuellen und künstlerischen Boheme im Sozialismus. Und das am helllichten Tage! Die Boheme im ersten Stock bildete sich aus jungen wie aus bereits arrivierten Künstlern verschiedener Sparten, aus Studenten unterschiedlicher Fakultäten, aus intellektuellen und gestalterischen Berufen und aus attraktiven weiblichen Wesen. Die Unterhaltungen waren frank und frei, man sprach alles aus, was gedacht wurde. Und es wurde gedacht: literarisch, politisch, künstlerisch. Über Östliches und Westliches. Und natürlich gab es Klatsch in Hülle und Fülle. Das Gartencafé im Sommer gab dem ›Corso‹ das Ambiente eines sonnenüberstrahlten Boulevards.«

In meinem Tagebuch aus dem Jahr 1966 fand ich eine Eintragung, daß ich am 21. Mai mit Monika Woytowicz im Kaffeehaus geplaudert habe. Bestimmt habe ich ihr erzählt, daß ich Gedichte schreibe, denn »Mußte ihr ein Gedicht übers ›Corso‹ schreiben, sie zeichnete mich inzwischen auf die Marmortischplatte«.

Einer, der zu den letzten Bohemiens im Leipzig der sechziger Jahre zählte, zeichnete im »Corso« auch ab und an auf die Marmortischplatte: der Maler Günter Glombitza, der wie die Maler-Brüder Hartwig und Wolfram Ebersbach aus meiner Heimatstadt Zwickau stammte. »Glombi«, so wurde er nur genannt, war ein lebensfrohes Unikum mit mächtigem Schnauzbart. Er lief oft mit einem großen Zimmermannshut durch die Stadt, manchmal mit Schal – Schottenmuster mit echten Löchern, die durch geschicktes Drapieren des Stoffes nicht zu sehen waren. So glich er einem Maler aus dem Paris der Jahrhundertwende, denn die Impressionisten spazierten in ähnlicher Aufmachung durch die Straßen. Von Beruf war Günter Glombitza Tischler, hatte wohl auch eine Zeitlang auf dem Bau gearbeitet, und wenn ihm bei der Diskussion an munteren Zechabenden die Argumente ausgegangen waren, dann hat er auch mal zugehauen. Es ist kurioserweise in Malerkreisen nicht ganz selten, daß unter Alkoholeinfluß statt eines Argumentes gern ein kräftiger rechter Haken eingesetzt wird. Das paßte so gar nicht zu »Glombi«, der in der DDR eher den Ruf eines Romantikers hatte. »Junges Paar« nannte er sein Bild eines Liebespaars mit Lilie und Motorrad. Dieses Gemälde verhalf ihm zu einem gewissen Ruhm und war sogar auf einer Briefmarke abgebildet.

Wenn von »Glombi« ein Foto in einer Zeitung abgedruckt war, dann klemmte er die unter den Arm und steuerte das »Café am Petersssteinweg« an. Er setzte sich an einen Tisch; sah ihn einer der Gäste an, meinte er: »Sie kennen mich wohl?«

»Äh, nein ...«

»Doch, Sie kennen mich sicherlich, gucken Sie mal hier ... hier bin ich in der Zeitung abgebildet.«

Kündigte »Glombi« Feten an, wurden die oft unter ein besonderes Motto gestellt. Guido Brüssow erinnert sich an das Thema »Gespenst«. Dann mußte natürlich jeder als Gespenst ankommen und ein Bettlaken oder anderen Stoff dafür opfern.

»Das Bier war beizeiten alle, und wir sind dann mit Milchkannen und Emailleeimern(!) in die ›Schmiede‹ gezogen, um Bier zu holen. Natürlich im Kostüm!«

Einige Maler benahmen sich bei den Parties tatsächlich wie »Junge Wilde«. Hartwig Ebersbach erzählte mir, daß »Glombi« bei einer Fete davon sprach, er habe bei der Armee Judo gelernt, der Maler Zander wiederum sagte, er könne fechten. So haben zwei Betrunkene einen Schaukampf veranstaltet, und »Glombi« hat Zander schließlich – natürlich unabsichtlich – den Oberarm gebrochen.

Für Ebersbach wurde es noch gefährlicher: »Mich haben sie mal in der Wohnung von ›Glombi‹ im Suff in einen Teppich gerollt, mit Schnaps übergossen und angebrannt.«

Zum Glück hat nur der Teppich Schaden genommen.

Gefährliche Spiele. Wüste Feten. Happenings der verrückten Art – mitten in der DDR.

Es wird auch erzählt, daß Glombitza sich den Meisterschüler bei Heisig verspielt habe, weil er ihn zum Grafikfasching im Suff beschimpfte. Ausraster wie dieser rührten wohl auch von finanziellen Problemen her, und die plagten Günter Glombitza häufig.

Manches Honorar für ein Auftragswerk war schon versoffen, obwohl das Bild noch gar nicht gemalt war. Aber in einem sind sich alle, die ihn kannten, einig: »Er hatte was droff.«

All diese Geschichten aus den Ateliers, von den Festen, wurden natürlich brühwarm am nächsten Tag im »Corso« erzählt. Von den heute bekannten Malern und Grafikern, die damals noch Studenten waren, verkehrte eine ganze Reihe im Kaffeehaus im Gewandgäßchen, ob sie nun Biedermann, Brendler, Ebersbach, Gille, Hachulla, Peuker, Richter, Ruddigkeit, Wagner, Sylvester oder Zimmermann hießen.

Lothar Otto, später ein anerkannter Cartoonist, hat in seiner studentischen »Corso«-Zeit vor allem von Wodka und Hansa-Keks gelebt. Und es ist trotzdem etwas aus ihm geworden!

Rolf »Rolli« Hoffmann (der Vater vom stadtbekannten Kabarettisten Meigl), der einen Lottoladen am Waldplatz führte und dem es materiell recht gut ging, auch wegen diverser »Gaubeleien«, hatte ein Faible für Künstler. Er saß oft im »Corso«, gab dann zum Fasching den Maler-Studenten Kaffee und Pfannkuchen aus und riskierte mit der Besitzerin, Frau Fischer, auch mal ein Tänzchen.

Die Maler hielten unter den Kaffeehausgästen Ausschau nach Modellen, entdeckten mitunter eine junge Dame, die sie ansprachen. Professor Heinz Wagner hatte ebenfalls Glück gehabt und im »Corso« eine wohlgeformte Krankenschwester gesehen und später gemalt. Das Bild hing irgendwann in einer Ausstellung, und eines Tages nahm ein Mann aus Schweden mit ihm Kontakt auf: »Herr Professor, gibt es dieses Mädchen wirklich?«

»Natürlich.«

»Können Sie mir helfen, ich möchte wissen, wo ich sie erreichen kann.«

Wagner vermittelte den Kontakt, und Monate danach bekam er eine Hochzeitseinladung aus Schweden!

Sie war über den Akt, also quasi über ihre Nacktheit, ins Paradies gekommen!

Hartwig Ebersbach war Stammgast im »Corso«: »Ich habe mein Stipendium gleich am ersten Tag ausgegeben. Danach verdiente ich mir Geld auf dem Güterbahnhof Leipzig dazu. 30 Mark in der Nacht, und hab dann schnell wieder alles mit Modellen verzecht.« Er kam aus einem Dorf bei Zwickau. »Ich versuchte mir meine Lebensräume zu öffnen.« Das »Corso« war da ein guter Einstieg. Als große Künstler sahen sie sich natürlich alle.

»Der große Künstler ist man am Anfang. Dann läßt man Federn, man kommt in den Wettbewerb. Es wird richtig harte Arbeit, und dann hört meist der Genius auf. Oder man muß den Größenwahn durchhalten. Künstler sind Kinder geblieben. Die Malerei ist ihr Spielzeug. Das darf man ihnen nicht nehmen.«

Die Dozenten der Hochschule für Grafik und Buchkunst hatten in jener Zeit ihren Stammtisch in der Moccabar des Ringcafés. Da saßen dann montags und samstags Maler wie Heisig, Mäde, Mattheuer, Tübke, Wagner. Sitte stieß aus

Halle dazu, weil dort ein solcher Stammtisch nicht existierte.

Ruddigkeit war der jüngste in diesem Kreis: »Es gab eine angenehme Bardame, die schrieb auch mal an und machte dann eine Monatsrechnung. Man konnte sogar trinken, wenn man kein Geld hatte ... was damals bei mir oft das Normale war. Sie beschiß auch mal, aber liebenswert.«

Ein sehr praktischer Grund für die Existenz vieler Maler in Leipzig waren die Messen. Die Künstler verdienten bei der Gestaltung der Hallen und Stände zweimal im Jahr ein paar tausend Mark. In diesen Wochen blieben dann ihre Kaffeehausstühle leer.

Wie ein Lauffeuer verbreitete sich eines Tages im »Corso« eine Episode, die mit dem Stammgast Lutz Lippold zusammenhing. Was war passiert? Paul Fröhlich hatte auf dem Messegelände vor der Eröffnung einen Kontrollrundgang gemacht, die sogenannte »Abnahme«. Die Partei hatte in den Sechzigern bekanntlich eine starke Antipathie gegen Vollbartträger. Das war westlicher Individualismus, alle Hinweise auf Marx nützten nichts. Bei der Ausgestaltung einer Halle war Lutz Lippold auf einem großen Foto in ganzer Pracht mit seinem sehr gepflegten Vollbart zu sehen gewesen. Ein Blick von Fröhlich, und sofort befahl er: »Der Mann mit dem Bart muß weg!«

Diese Anekdote wurde natürlich im »Corso« in ihrer Doppeldeutigkeit gern kolportiert. Ausgerechnet Fröhlich, der den Mann mit Bart in Berlin über alles verehrte, sagte solch einen Satz.

Lippold war der Held des Tages und genoß seinen Ruhm! Einer der großen »Corso«-Gänger war »Hitler«. Ein Gebrauchsgrafiker, dessen dunkle, allerdings längere Haare ihm schräg in die Stirn fielen und der deshalb in Leipzig, mitten in der DDR, tatsächlich überall so gerufen wurde. Es konnte passieren, daß jemand die Tagesbar bodega betrat, sich kurz im Raum umsah und anschließend den Barkeeper zum Erstaunen einiger Gäste laut fragte: »War Hitler schon da?«

»Hitler« war ein stiller, meist ernst dreinschauender Mann. Er hatte großen Erfolg bei Frauen, die in ihm etwas Geheimnisvolles und Verruchtes vermuteten, die vielleicht auch ein wohliger Schauer durchströmte, wenn er sie mit durchdringendem Blick anschaute. Ein Hauch von Rasputin wehte da durch den Raum.

Fritz-Jochen Kopka meinte allerdings, dieses besondere magische Lächeln wäre nur zustande gekommen, weil ihm an der Seite Zähne fehlten, deswegen habe er nie richtig gelacht.

Ein anderer besonderer »Corso«-Typ war »Kafka«. Ein gutaussehender, introvertierter Mensch, der an einer Gehbehinderung litt. Er hatte wohl mehrmals in Diskussionen sehr engagiert für den deutsch-jüdischen Schriftsteller aus Prag gestritten, so war dieser Spitzname an ihm klebengeblieben. Und es konnte durchaus passieren, daß im Café Corso »Hitler« und »Kafka« an einem Tisch miteinander ins Gespräch kamen oder sich mit Studentinnen und Studenten des Literaturinstituts stritten. Die diskutierten sowieso lieber an den »Corso«-Tischen als in den Seminaren. In den Sechzigern wehte bekanntlich ein rauher kulturpolitischer Wind durch jenes Haus in der Tauchnitzstraße. Exmatrikulationen kamen dort in Mode, und so mußten Andreas Reimann, Kurt Bartsch, Paul Gratzik, Odwin Quast, Siegmar Faust, Gert Neumann, Martin Stade, Helga M. Novak, Gerti Tetzner, Klaus Bourquain, Heidemarie Härtl und Dieter Mucke das Institut verlassen.

Auch Christa und Gerhard Wolf, Uwe Johnson, Reiner Kunze, Volker Braun und Christoph Hein haben als Studenten im »Corso« gesessen. Und Schriftsteller wie Erich Loest, Gerhard Zwerenz, Werner Bräunig und Helmut Richter schätzten die Atmosphäre im ersten Stock ebenfalls sehr.

Liebenswerte Spinner verkehrten im Café Corso ebenso wie solche, die sich »als Künstler« gaben.

Natürlich ging dieser und jener Genosse auch dorthin, andere mieden das Haus, weil es als anrüchig galt. Und wenn jemand an der Uni politisch in Mißkredit geriet, konnte es sein, daß man ihm sagte: »Außerdem wissen wir, daß Sie auch im ›Corso‹ verkehren.« Damit war alles klar. Wer da saß, hatte schlechten Umgang.

Irgendwann wurde aus einem Gerücht Wahrheit: Die Stadtverwaltung plante, das Gebäude abzureißen. Man wollte einen Hort der Konterrevolution beseitigen.

Der Grafiker Rolf Zimmermann wurde vom Inhaber Werner Fischer eines Tages angesprochen, ob man nicht zur Schließung des Kaffeehauses etwas machen könnte. Als Text nannte er ihm:

»Wir fliegen in die Luft, und wann Neueröffnung – das wissen die Götter!«

Rolf Zimmermann malte ein Aquarell mit einem fliegenden Haus; dieses Plakat wurde ins Fenster gehängt. Die Behörden erfuhren davon und betrachteten das als eine unglaubliche Provokation. Ein Vermerk aus den Stasi-Akten dazu:

»10. 2. 68
Z. brachte im Café ›Corso‹ ein Plakat an, welches sich in verächtlicher Form gegen die Baumaßnahmen im Stadtzentrum richtet. Das Plakat hatte eine Größe von ca. 1,20 m.«

Drei Herren betraten wenig später das Café, bewaffnet mit einer Schere: schnipp, schnapp, und das Plakat war ab. Unmittelbar danach wurden Herr Fischer und Rolf Zimmermann vorgeladen und befragt, was sie sich wohl dabei gedacht hatten!

Das »Corso« mußte verschwinden. So ereilte es 1968 das gleiche Schicksal wie die Universitätskirche.

Am letzten Tag klauten »Corso«-Fans Geschirr und fetzten die Stoffbespannung ab. Lothar Otto schenkte mir nach fast 35 Jahren ein Stück jenes legendären grün-goldenen Stoffs. Das intakte Haus wurde abgerissen. Vorwand war die weitere Neugestaltung des Stadtzentrums. Das Grundstück wurde aber nie bebaut. Lediglich eine Baracke stand bis zum Ende der DDR an jener Stelle. Nach dem Abriß gab es eine kleinere Variante des Café Corso am Neumarkt: müder Abklatsch einstiger Pracht. Immerhin: Tische und Stühle und das Rückbüffet waren mit umgezogen. Auch die Lampen, allerdings der stimmungsvollen Schirme beraubt, die durch gläserne aus DDR-Produktion ersetzt worden waren. Nach dem Herbst '89 mußte das Café wegen Rekonstruktion des Gebäudekomplexes wieder umziehen, man ließ sich von einem westdeutschen Gestalter ein »schickes« Interieur einreden, mit einem metallenen Geländer um eine Stahlträger-Galerie, was dann wie eine Filiale des VEB GISAG Werk III anmutete. Die Unternehmung ging in Konkurs und harrt der Auferstehung. Leipzig ohne das »›Corso‹ in der Stadt« – da fehlt vielen ein Stück Heimat.

Friedrich Torberg, der unschlagbare Anekdotensammler des alten Österreichs, verstand das Kaffeehaus schon vor über zwanzig Jahren »als geistigen Raum eines untergegangenen Lebensstils«. Wir alten »Corso«-Gänger haben uns davon noch eine Ahnung bewahrt. An der Gewandgäßchen-Seite der Galeria Kaufhof sollten wir deshalb an jener Stelle für eine kleine Gedenktafel sorgen. Wir sollten dafür Sätze von der Leichtigkeit des Seins in schwierigen Zeiten finden. Und daß hier in der DDR das letzte Haus in der Tradition der großen deutschen Kaffeehäuser stand. Kein »Romanisches«, aber ein sehr romantisches, liebenswertes »Leipziger Café Größenwahn«. Im Café Corso wurden Träume geträumt, Projekte geschmiedet, es wurde über nicht gemalte Bilder gesprochen oder über Manuskripte in der Schublade. Und als man manche Schublade später aufzog, war sie leer.

In diesem Kaffeehaus sammelten sich Menschen, die sich etwas zu sagen hatten, und freilich auch Leute, die sehr interessiert waren, das zu hören!

Natürlich wußten wir, daß es im »Corso« auch Stasi-Spitzel gab. Sätze wie »Der soll bei der Stasi sein!« fielen da und dort. Doch wir waren jung, und uns schreckte das nicht.

Wenn ich mich an einem der Tische niederließ, habe ich nie darüber nachgedacht: Wer könnte von den Gästen um mich herum ein Spitzel sein.

Bei den Recherchen zu diesem Buch habe ich mich an die Bundesbeauftragte für die Unterlagen des Staatssicherheitsdienstes der ehemaligen Deutschen Demokratischen Republik gewandt, um Unterlagen einzusehen, die mir Auskunft zur Überwachung des Café Corso geben können.

Einige bekannte Kaffeehausgänger, mit denen ich dort manches Gespräch geführt hatte, sah ich nun auf dem Paßbild ihrer IM-Akte wieder, und wenn ich sie heute in der Stadt treffe, dann ist ihnen eins gemein: sie kommen alle mit strahlendem Gesicht auf mich zu.

»Hitler« war auch IM. Allerdings fand ich in seiner Akte mehr Quittungen über Geldzahlungen als Berichte. Aber umsonst wird er nichts bekommen haben. Absurd wird es, wenn in der Akte von »Hitler« der Bericht eines anderen IM abgeheftet ist. So findet sich darin die Mitteilung eines Spitzels, daß »Hitler« im »Corso« einen politischen Witz erzählte habe.

Ob sich Stasi-Leute untereinander auch politische Witze erzählten? Haben sie darüber gelacht? Zum Beispiel über den:

»Walter und Lotte gehen auf der Straße spazieren, wobei sich Walter nach jedem jungen Mädchen umdreht. Lotte sagt: ›Wenn du dich noch einmal nach einem Mädchen umdrehst, hau ich dir den Schirm über den Kopf.‹

Beim nächsten Mädchen dreht sich W. wieder um, und L. haut zu. Ein Mann, der das sieht, läuft hin und haut ebenfalls zu. Darauf sagt L.: ›Aber mein Herr, wie kommen Sie dazu, meinen Mann zu schlagen?‹ Der sagt: ›Ach so, ich dachte, es geht los.‹«

So viel aus dem Bericht des GI »Harry« an Ltn. Köhler über einen Besuch im Café Corso.

Alle in den »Corso«-Akten Angeschwärzten wurden natürlich, wie die Bestimmungen es verlangen, von der Stasi-

Unterlagen-Stelle geschwärzt. Das Material böte reichlich Stoff für ein Extra-Buch.

Die folgenden Ausschnitte aus IM-Berichten und Protokollen sind nur ein paar Streiflichter, wie sich das Kaffeehaus im Gewandgäßchen in der Optik der Staatssicherheit zeigt. Orthographie und Zeichensetzung dieser und aller folgenden Zitate aus Stasi-Unterlagen werden originalgetreu wiedergegeben.

Aus einem IM-Bericht:

Zu den Gästen die am Montag das Cafe besuchten, gehörten ▆▆▆▆ mehrere enge Bekannte von ▆▆▆▆ und ▆▆▆▆ ferner ▆▆▆▆ dazu ▆▆▆▆.
 Am Mittwoch gehörten weiterhin zu den Gästen eine Gruppe interessant erscheinender Studenten und Schauspieler(?), die zwar zahlreiche Bekannte unter den übrigen Gästen haben, aber nur Gespräche unter sich führen. Am Mittwoch besuchten außerdem ▆▆▆▆ und ▆▆▆▆ das Café. In einem Gespräch mit mir machte ▆▆▆▆ einige unqualifiezierte Äußerungen über Prof. Havemann (er würde von unseren Organen nach Westdeutschland abgeschoben).

Aus Vernehmungsprotokollen:

Frage: Was ist Ihnen über den Handel mit Rauschgift bekannt?
 Antwort: Anfang Oktober 1967 führte ich mit der ▆▆▆▆ genannt ▆▆▆▆ im Cafe »Corso« ein Gespräch, in deren Verlauf sie mir über den Genuß von Rauschgift berichtete. Mir namentlich nicht bekanntgewordene Medizinstudenten hatten ein opiumähnliches Rauschgift hergestellt und man mußte es in einer Zigarette rauchen. Die ▆▆▆▆ hätte es selbst ausprobiert, wäre schon nach den ersten Zügen nicht mehr Herr ihrer Sinne gewesen ...

Frage: Welche Gespräche mit hetzerischem oder verleumderischen Inhalt gegen die gesellschaftlichen Verhältnisse in der DDR wurden in Ihrem Bekanntenkreis geführt?
Antwort: Da mein, in der Vernehmung vom 12.1.1968 bereits genannter Bekanntenkreis eine vorwiegend negative Einstellung zu den gesellschaftlichen Verhältnissen in der DDR hat, wurde in unseren Gesprächen die westliche Lebensweise verherrlicht und die DDR und ihre führenden Persönlichkeiten in Witzen und anderer Form lächerlich gemacht. Seit etwa Juni 1967 besuchte ich regelmäßig zwei bis dreimal in der Woche das Café »Corso«
Diese Besuche dienten ausschließlich dem Zweck, mich mit meinen Bekannten zu treffen und in der genannten Form gegen die DDR zu hetzen. In sogenannten Witzen mit hetzerischen und verleumderischen Inhalt wird die DDR »Ostdeutschland« und »Tätärä« bezeichnet, während man den Vorsitzenden des Staatsrates als »Waldi«, »Spitzbart«, »Lügenbold« und »Zuhälter« bezeichnet. Das Walter-Ulbricht-Stadion in Berlin wird »Ziegenwiese« genannt und die Zeitung »Neues Deutschland« als »größtes Lügenblatt« bezeichnet. Am Erzählen solcher Art von »Witzen« waren alle meine Bekannten beteiligt. Überwiegend wurden diese Dinge von ▇▇▇▇▇▇ erzählt ...

Aus einem Bericht an die Bezirksverwaltung Leipzig,
Abteilung II/3 von IM »Michael«:

Am Dienstag wurde ich von dem ▇▇▇▇▇▇studenten ▇▇▇▇▇▇ zu einem geselligen Abend in seine Wohnung – Leipzig, ▇▇▇▇▇▇ eingeladen. Er sagte mir, daß ein Band Wolf Biermann da wäre. Dieses wollte er dann abspielen. Die Einladung erfolgte im Café Corso. Ich erhielt davon Kenntnis, daß noch weitere Gäste des Corsos dort anwesend sein werden. Der Abend fand am 24.2.1966 statt, Beginn 19.00 Uhr, Ende 25.2.1966, 8 Uhr.
Anwesend waren zwei Studenten von der Ballett-Schule Leipzig, 3 Studenten der Landwirtschaftlichen Fakultät der

KMU Leipzig, 1 Diplom-Wirtschaftler, 1 freischaffender Grafiker, 3 Kunsterzieher, 1 Kellner und die Frau des Gastgebers.

An dem Abend wurden bis gegen 23 Uhr Bänder abgespielt.

1. eine Aufnahme von der Lach- und Schießgesellschaft München
mit Gegenüberstellung von Erhard und Walter Ulbricht.

2. eine Aufnahme mit Jazz und Lyrik von Enzensberger (westdeutscher Autor)

3. ein Band von 45 Minuten von Wolf Biermann, Lieder und Balladen.

Zwischen den einzelnen Titeln wurden von einem Kommentator Texte zu Biermanns Verfolgung in der »Ostzone« gesprochen ... Die Anwesenden hörten zu und äußerten sich nur mit »Ah« und »Große Klasse« zu Biermanns Liedern selbst. Zu dem Kommentator sagten sie nichts ... Moralisch war die Zusammenkunft sauber und nicht anstößig.

Ich hatte das Gefühl, daß sich die Teilnehmer an dem Abend innerlich vereint fühlten, aber keiner sprach darüber, weil man sich nur flüchtig kannte ...

Auf Befragen teilte ▆▆▆▆▆▆▆ ferner mit, das er Anfang dieses Jahres im »Corso« eine kleine Broschüre mit Orwells Roman »1984« gesehen hat. Diese Broschüre war sehr zerschlissen und war als Dietz-Ausgabe aufgemacht. Er konnte jedoch nicht mehr sagen, ob er diese in den Händen von ▆▆▆▆▆▆▆ gesehn hatte. Er ist jedoch der Meinung, das ▆▆▆▆▆▆▆ dieses Buch unbedingt gelesen hat, da dies der Mentalität von ▆▆▆▆▆▆▆ entspricht.

▆▆▆▆▆▆▆ war sich nicht bewußt, das es sich bei dieser Ausgabe um eine Deckausgabe eines antikommunistischen Machwerks handelt ...

Bezirksverwaltung Leipzig
Abt. XX/5
<u>Bericht</u>

<u>Quelle: IM-Vorlauf »Rosalka« entgegengenommen: Oltn. Schirmer</u>

In Absprache mit dem Referatsleiter ▬/3, Gen. Oltn. Leopold, wurde Anfang Februar festgelegt, den IM-Vorlauf »Rosalka« in die Bearbeitung des Operativ-Vorlaufes »Party« einzubeziehen ... Bei dieser Zusammenkunft wurden ihr einige Paßbilder von Personen vorgelegt, die im Café Corso verkehren, u. a. das Bild des im Operativ-Vorlauf »Party« bearbeiteten X. Der IM erkannte einige dieser Personen und gab kurze Einschätzungen. Es wurde von diesen Einschätzungen ausgehend über diesen X. in der weiteren Durchführung der Zusammenkunft davon ausgegangen, daß uns bei diesem X. insbesondere seine Verbindungen interessieren. Der IM wurde dahingehend beauftragt, da sie doch des öfteren sich im »Corso« sehen läßt, mit dem X. in näheren Kontakt zu treten ...

<u>Aus dem Verhör eines Verhafteten (1964):</u>

... bei dem für mich unverständlichen Klopfzeichen konnte ich nur die hintereinanderfolgenden Buchstaben C und O entziffern. Es ist möglich, daß ▬▬▬▬ das Wort »Corso« – womit das Café dieses Namens in Leipzig gemeint ist – geklopft hat. Mehr kann ich dazu nicht sagen.
Frage: Welche Rolle spielt das »Café Corso« in Leipzig bei Ihren Beziehungen zu ▬▬▬▬, daß dieser sich mit Ihnen mittels Klopfzeichen darüber verständigt?
Antwort: Auf Grund der von mir entzifferten Buchstaben C und O vermute ich, daß ▬▬▬▬ das Wort »Corso« geklopft hat, behaupten kann ich das aber nicht. Was ▬▬▬▬ mit mir in der Untersuchungshaftanstalt mittels Klopfzeichen über das »Café Corso« zu besprechen hätte, weiß ich nicht ...

Aus einer Erklärung des gleichen Verhafteten vom 24.3.1964:

... Im Sommer Juli/August 1963 übergab mir ▇▇▇▇▇▇▇ einen zusammengefalteten Zettel im Cafe »Corso«, mit der Bemerkung, ich soll ihn mir später ansehen. Ich habe diesen Zettel in meine Brieftasche gesteckt und ihn mir später angesehen ... Es waren zerknüllte Flugblätter aus Westdeutschland. Sie hatten folgenden Inhalt: Aufforderung an die Grenzsoldaten der DDR, nicht auf Flüchtlinge zu schießen. Ich habe an die Flugblätter nicht mehr gedacht, weil ▇▇▇▇▇▇▇ erst einige Zeit später im »Corso« auftauchte. Da bemerkte ich, daß ▇▇▇▇▇▇▇ fast öffentlich im Garten des Cafe »Corso« ähnliche Flugblätter in einer Streichholzschachtel herumzeigte. Ich habe ▇▇▇▇▇▇▇ die schwersten Vorhaltungen über sein irrsinniges Verhalten gemacht ...

Aus einem Verhör einer jungen Frau:

Frage: In welcher weiteren Art und Weise hetzten Sie gegen die gesellschaftlichen Verhältnisse in der DDR?

Antwort: Bei meinen regelmäßigen »Corso« Besuchen wurden ständig von den übrigen Anwesenden meines Bekanntenkreises politische Gespräche geführt. Wie ich schon ausgesagt habe, bestand mein Bekanntenkreis vorwiegend aus feindlich zu den gesellschaftlichen Verhältnissen in der DDR eingestellten Personen. In diesem Bekanntenkreis brachte ich auch meine feindliche Einstellung zu den Verhältnissen in der DDR zum Ausdruck. Ich erzählte dabei von anderen Personen gehörte »Witze« mit hetzerischen und verleumderischen Inhalt, die sich besonders gegen führende Staatsfunktionäre der DDR und gegen die Sicherungsmaßnahmen an der Staatsgrenze der DDR richteten ...

Frage: Wodurch hat sich bei Ihnen diese ablehnende Einstellung zu den gesellschaftlichen Verhältnissen herausgebildet?

Antwort: Die Herausbildung einer ablehnenden Einstellung zur DDR begann bei mir bereits während meines Aufenthaltes 1965 im Jugendwohnheim in der Erich-Zeigner-Allee in Leipzig ... Ich war damals ein eifriger Vertreter der »Beat-Musik« und glaubte auch den westdeutschen Rundfunkstationen, als sie im Herbst 1965 die Nachricht verbreiteten in der »Ostzone ist der Beat verboten worden«. Im Zusammenhang mit einer Zusammenrottung von Jugendlichen im Herbst 1965, die gegen das angebliche Beat-Verbot in der DDR in Leipzig demonstrieren wollten, habe ich zum ersten Mal diese Gedichte vorgetragen und wurde daraufhin in Untersuchungshaft genommen und anschließend in einen Jugendwerkhof eingewiesen. Im Jugendwerkhof in Kottmarsdorf/Krs. Löbau stagnierte die Herausbildung einer ablehnenden Einstellung zur DDR und meine Einstellung zur DDR besserte sich ... Nach der Entlassung im August 1966 kam ich wieder mit meiner alten Umgebung in Leipzig in Berührung und konnte vor allem wieder täglich Sendungen westlicher Rundfunk- und Fernsehstationen empfangen ... Den letzten Anstoß erhielt ich dann ab Juli 1967 durch den Besuch des Café Corso in Leipzig und durch den Umgang mit meinen vorwiegend ablehnend zu den gesellschaftlichen Verhältnissen in der DDR eingestellten Bekanntenkreis ...

Aus Berichten des IM »Streit«:

Seit etwa sieben bis acht Monaten ist mir eine männliche Person von den Gästen des Corso bekannt, die allgemein als ▮▮▮▮▮▮ bekannt ist. Dieser ist ca. 40 bis 45 Jahre alt, mittelgroß, schlank, Haarfarbe dunkelblond, sehr dünnes, nach vorn gekämmtes Haar. Er trägt immer eine olivgrüne Legionärsmütze, raucht Pfeife und ist durch ein Oberlippenbärtchen besonders gekennzeichnet ... Er ist täglich im Corso und man kann von ihm etwa folgenden Gaststättenbegehungsplan, der nahezu täglich eingehalten wird, feststellen: ab 16 Uhr Corso, nach Schluß »Café am Brühl«, Hotel International. Er trinkt in der Regel einen

Cafe, ab und zu einen Kognak ... Er wird von den übrigen Gästen als einer der ältesten »Corsogänger« respektiert, man unterhält sich mit ihm, ohne daß er ausgesprochene Freunde hat. Es ist bekannt und erprobt, daß er über eine große Anzahl der Corsogäste sehr gut informiert ist ...

Im Gespräch zeigte sich ▇▇▇▇▇▇ sehr westlich und gegen die DDR eingestellt. So äußerte er z.B. daß er mit der Regierung der DDR nicht einverstanden ist und lehnte das sozialistische System völlig ab. Er bestätigte meine im letzten Bericht gemachten Angaben zu ▇▇▇▇▇▇ bezeichnete sich selbst als Freund des ▇▇▇▇▇▇ und vertrat die von letztgenannten vertretene existentialistische Philosophie ... Ferner äußerte er sich, daß er jede Gelegenheit ausnützen würde, um die DDR zu verlassen ...

Bericht
Betr. Diskussionen zum 11. Plenum

1. Personen, die mir namentlich zwar nicht bekannt sind, aber im Joh.-R.-Becher-Institut studieren, äußerten im Corso, daß das Institut in Auswertung des 11. Plenums aufgelöst werden solle. Die Studenten stehen hinter den angegriffenen Schriftstellern, einschließlich Biermann, sind gegen die Beschlüsse des 11. Plenums ...

2. Am Institut für Ästhetik und Kulturtheorie der KMU (▇▇▇▇▇▇) gibt es keinerlei Diskussionen zum 11. Plenum. Das hat seine Ursache darin, daß die Studenten durch Prof. ▇▇▇▇▇▇ eingeschüchtert sind. Selbst private Meinungen wurden mir nicht bekannt. Ich schätze ein, daß das »positive« Verhalten, also keinerlei Diskussionen, eine Heuchelei und Angst vor Prof. ▇▇▇▇▇▇ darstellt.

3. Die im Corso stationierte Grafikertruppe um ▇▇▇▇▇▇ und ▇▇▇▇▇▇ ist empört über das 11. Plenum. Man bezeichnet es als neue harte Welle, letzte Frei-

heitsberaubung. Unter diesen Bedingungen, mit der Härte der Partei gegen die Künstler in Form des ideologischen Terrors, sei die Kluft zwischen Künstler und Partei niemals zu überwinden ...

Am Sonnabend, den 19. 3., traf ich gegen Mittag im Corso mit ▓▓▓▓▓▓▓▓ zusammen ... ▓▓▓▓▓▓▓▓ sprach mich sofort bezüglich der Paß-Beschaffung an. Ich sagte ihm, daß ich bereits dafür gesorgt hätte, daß er zunächst einen Paß in absehbarer Zeit bekommen kann. Darüber war er sehr begeistert ... Um in Richtung Rauschgift weiterermitteln zu können, erzählte ich ▓▓▓▓▓▓▓▓, daß ich in Leipzig einen Dresdner Architekten getroffen hätte, der mir angeboten habe, Rauschgift zu verschaffen, wenn ich ihm westdeutsche Zigaretten und ausländische Spirituosen beschaffen könnte ... Im unmittelbaren Zusammenhang damit bot er mir an, daß die Bezahlung der Pässe von ihm aus auch mit Rauschgift erfolgen könne ... Er sprach zunächst von hochkonzentriertem Morphium, das er jederzeit besorgen könne ... In diesem Zusammenhang äußerte ich, daß mir Rauschgiftaffären vom Fernsehfunk bekanntgeworden seien. Er bestätigte das und erzählte mir, daß er bereits bei der DEFA und später beim Fernsehfunk mit Rauschgift gehandelt habe und an Rauschgiftpartys teilgenommen hat. In diesem Zusammenhang fragte er übrigens, ob ich nicht einen zuverlässigen Mann kenne, der bei Partys Rauschgift spritzen würde. Er habe das bisher öfters selbst getan, würde sich aber dabei unsicher fühlen. Ich gab an, daß es möglich sei, eine solche Person zu beschaffen ...

Er bestätigte von sich aus noch einmal, daß die Sache mit der Beschaffung von Mädchen zu der Dresdener Party weiterhin akut sei und ich von ihm hören würde.

Wir verblieben so, daß ich ihm schreibe, sobald ich den ersten Paß habe und wir uns dann in Leipzig treffen wollen ...

Betr. ▓▓▓▓▓▓▓
beschäftigt als Kellner bei den
HO-Gaststätten-Kreisbetrieb

... Er erzählte mir, daß er durch die Messe bisher bereits 500 DM-West verdient habe und zeigte mir Westgeld. Es handelte sich um 10.–, 20.–, 50.– und 5.– Markscheine. Ferner spielte er mit einem 2-DM-Stück am Tisch.

Bericht
Betr. ▓▓▓▓▓▓▓

▓▓▓▓▓▓▓ sprach mich am vergangenen Donnerstag im Corso an und bat mich, sprechen zu dürfen. Wir verließen das Corso gemeinsam und unterhielten uns im Hausflur des Corso. Er habe gehört, daß ich gute Beziehungen zu Ärzten hätte. Er fragte mich an, ob ich ihn bei einer Schwangerschaftsunterbrechung helfen könnte. Er hätte früher in Leipzig jemanden gehabt, der ihm bei vier oder fünf Schwangerschaftsunterbrechungen geholfen hat.

Da es sich bei ▓▓▓▓▓▓▓ um eine Person handelt, die mich schon seit längerer Zeit interessiert, habe ich ihm mitgeteilt, daß ich einen Arzt in Berlin kenne, den ich aber erst einmal telefonisch fragen müßte ...

Streit

Bezirksverwaltung Leipzig
Abteilung V/6
Betr. Op.-Vorlauf »Mosaik«

Im genannten Vorgang wird eine Gruppe männlicher und weiblicher Personen bearbeitet, die im »Café Corso« verkehrt ... Ein Großteil der Mitglieder sind exmatrikulierte Studenten oder Angehörige der KMU ...

Im Vorlauf wurde bisher gegen 6 männliche Personen

konkretes Material erarbeitet. 3 davon wollen die Grenze durchbrechen. Bei einer Person liegt der konkrete Verdacht der Beihilfe zum Grenzdurchbruch vor ... Am 9.11.1963 durchbrach ein Mitglied der Gruppe die Staatsgrenze nach Westberlin und sprach am 21.11.63 über den SFB. Dabei hetzte er in unverschämter Weise gegen die DDR ...

Eine Person will mit Hilfe der genannten Person in Westberlin durch Beschaffung eines falschen Passes die Grenze durchbrechen ...
Köhler
Ultn.

Abt. XX/6 Leipzig, d. 26.7.64
Abschlußbericht
Betr. Operativ-Vorgang »Mosaik«
Reg. Nr. XIII/1364/63

Im op-Vorgang wurden 18 registrierte Personen und eine Reihe weiterer bekannter Personen die alle im Café »Corso« verkehrten, wegen Verdachtes der negativen Gruppierung mit dem Ziel der staatsgefährdeten Hetze und Propaganda und Vorbereitung von Grenzdurchbrüchen op. bearbeitet.

Im Verlauf der Bearbeitung konnten 4 Personen inhaftiert werden, da ausreichendes Material erarbeitet werden konnte, daß sie der Feindtätigkeit überführt ... Weiterhin wird eine Person, der ▮▮▮▮▮▮▮,
geb, am ▮▮▮▮▮
wh. Leipzig N22, ▮▮▮▮▮▮
zusammen mit einigen Personen, die im Vorgang bekannt, aber nicht registriert wurde, in dem op.-Vorlauf »Lyriker« ▮▮▮▮▮▮▮ weiter bearbeitet, da bei ihm außer den Verdacht der Beihilfe zum Grenzdurchbruch noch der Verdacht der neg. Gruppierung in Richtung Verfälschung des Bitterfelder Weges besteht ...

Bezirksverwaltung Leipzig
Abteilung XX/6   Leipzig, 1.6.1965

Sachstand
zum operativen Material »Spitze«

In der operativen Bearbeitung des Vorganges »Mosaik« wurde bekannt, daß unter verschiedenen Besuchern des »Corso« eine Zeitschrift mit dem Namen »Spitze« kursiert. Diese nicht lizenzierte Zeitschrift erschien monatlich einmal und wurde nur mit einem Exemplar gefertigt. Der Vertrieb war äußerst konspirativ ... In der Tendenz negieren die Artikel über Literatur, Malerei, Musik, Architektur, Theater, Religion, Technik, nationale und internationale Politik unsere Vorstellungen auf diesen Gebieten. Es wird eine »neutrale« Haltung vertreten, ein dritter Weg gesucht, oder: bürgerliche Ideologie betrieben.

Bericht über meinen Besuch im Cafe »Corso« am Freitag, den 25.10.1963 – 16.00–18.30

... Die äußere Gestaltung wie Gaststube, Wandverkleidung, Tisch- und Stuhlanordnung, Garderobenablage und Toiletten sind veraltet und überladen und entsprechen in keiner Weise dem, was Gäste (auch Jugendliche) unter einer einigermaßen ansprechenden Gaststättenkultur verstehen ... Der größte Andrang und die Zusammenballung jugendlicher Gäste erfolgt im 1. Stock.

Hier herrscht auch der größte Andrang, und Tischzusammenrücken, Stuhlverschiebungen von Tisch zu Tisch sowie lebhafte und lautstarke gegenseitige Begrüßungen sind an der Tagesordnung. Es war schwer, zur angegebenen Zeit einen Sitzplatz zu finden ...

Bei den weiblichen Gästen kann man überwiegend beobachten, daß sich ihre geistigen Potenzen zum großen Teil in der Gestaltung ihres Äußeren erschöpft und daß sie nur anwesend sind, um ihre – bei dem männlichen Teil der Anwesenden wohl nicht umstrittene – äußere Gefälligkeit zur Schau zu stellen. Es ist schwer, sich bei ihnen einen Beruf zu denken. Teilweise können sie auch Studierende naturwissenschaftlicher Fächer sein. Oberflächlich betrachtet, könnte es scheinen, daß dieser letztere Teil der Gäste nur anwesend wäre, um zu sehen und gesehen zu werden.

Andererseits muß man aber beobachten, daß dieses ganze existentialistische Gehabe und Getue die Erscheinung einer bestimmten Bewußtheit und einer speziellen politischen Haltung und Einstellung ist.

Zumal das ganze Äußere dieses Kaffees keineswegs ohne jeden weiteren Grund jugendliche Gäste anziehen kann.

Der Gedanke, sich im großen Kreis der Gäste unter bewußtseinsmäßig Gleichgestellten zu befinden, wird eine der Ursachen für die Fülle des Lokals sein.

Andererseits darf man nicht ganz übersehen, daß solche Meinungen (die ich aus dem Kreis der Gäste hörte) wie:

Das hier ist das einzige gemütliche Cafe, das es gibt.
oder:
Dieses Cafe hier hat wenigstens noch eine kleine persönliche Note usw.

zeigen, daß der Geschmack auch in dieser Beziehung unterschiedlich ist und zu einem kleinen Teil an der überraschenden Fülle beitragen kann.

Um einen einigermaßen befriedigenden Erfolg zu erzielen ist eine zielgerichtete und planmäßige Arbeit erforderlich, die sich in folgenden niederschlagen könnte:

1. Regelmäßiger Besuch des Kaffees, um sowohl die Stammgäste als auch das Personal daran zu gewöhnen. (Zwischen Stammgästen und Personal geht es sehr persönlich zu und bereits an der Art der Bedienung kann man die Stammgäste und zufälligen Gäste durchaus unterscheiden.)

Ziel: Selbst als Stammgast anerkannt zu werden und Einfluß zu gewinnen.

2. Vertrautmachen mit den geistigen Interessen und sonstigen Gewohnheiten sowohl von ▰. als auch ▰. und evtl. anderer zentraler Personen.

Ziel: Die verschiedenen geistigen Interessengebiete einzelner Personen wenigstens in einem Detail einigermaßen zu beherrschen.

3. Die Informationsperson muß sich sowohl den dortigen Gepflogenheiten (im Umgang mit dem Personal und einigen Stammgästen) anpassen als auch in seiner äußerlichen Erscheinung in den Rahmen der Stammgäste passen (Dabei erscheint mir das Bekanntwerden mit weiblichen Stammgästen notwendig und erfolgsversprechend.)

Ziel: Keinerlei wesentliche äußere und innere Unterscheidungsmerkmale zwischen ▰. und den dortigen Gästen bemerkbar werden zu lassen.

4. Durch Bekanntwerden mit einem Kreis, der möglicherweise nur mittelbar mit ▰. und ▰. zusammenhängt, über diesen an zentrale Personen heranzukommen.

Ziel: Außer ▰. und ▰. evtl. vorhandene zentrale Figuren (die zweifellos vorhanden sind) herauszufinden.

5. Intensives Kennenlernen von ▰. u. ▰. und anderer und alles weitere der jeweiligen Situation anzupassen.

Bei dieser Art u. Weise des darangehens, müßten auch die dort zahlreich verkehrenden Ausländer mit eingezogen werden.

Etwa so oder in ähnlicher Form scheint mir die Aufgabe zielgerichteter und die Lösung erfolgversprechender zu sein.

gez. Heber

Soviel von den Genossen der »Runden Ecke« und ihren Zuträgern. Sie wußten vieles, aber längst nicht alles. Sie wußten mehr, als sie verwenden konnten, und zum Glück auch weniger, als sie dachten. Sie arbeiteten Jahrzehnte, um den Tag X zu verhindern, und als er gekommen war, waren sie im Angesicht der massenhaften Gewaltlosigkeit machtlos.

Der letzte Bohemien

Zur Trauerfeier spielte seine alte Jazzband ohne Drummer. Das Quartett war zum Trio geschrumpft. Das Schlagzeug stand verwaist in der Halle.

Heute überschwemmen Kopien den Alltag, Lutz Lippold war ein Original. Seine Sprache war vom Studium der Theologie und Kunstgeschichte geprägt, von seltenen Wörtern und Wendungen. Er konnte Witze erzählen wie kein zweiter, servierte sie mit trockenem Humor, mit beherrschter Mimik, erst nach der Pointe leistete er sich dann ein kurzes knarzendes Lachen.

Sein Vater war Besitzer einer Pelzverarbeitungsfirma und Pelzhändler am Brühl gewesen, verstand dadurch auch als Nichtjude Jiddisch, was vor dem Krieg in dieser Branche selbstverständlich gewesen ist. Durch viele Geschichten hatte Lutz diesen Klang im Ohr behalten und erzählte, aus dem reichen Fundus des blitzgescheiten jüdischen Humors »angejiddelt«, solche Witze.

»Na, Alter ...«, sagte er oft, wenn er gute Freunde oder Bekannte traf. Äußerlich wie aus dem Ei gepellt, meist in Schlips und Kragen. Lächelnd kraulte er seinen gepflegten Bart. Rauchte permanent die schrecklichen Karo, trank sein Bier, seinen Weißen. In Lippolds Tagebuch findet sich eine Eintragung, daß der Alkohol ein Zuhälter ist, für den man erst später bezahlen muß. Und bezahlen mußte er schließlich.

Lippold litt unter permanenter Geldknappheit: »Könntest du bitte mal meinen Kaffee übernehmen ...« Lutz war kein Nassauer. Es war, wenn man selbst über Bares verfügte, selbstverständlich, ihm einfach einen auszugeben. Wer ihn kannte und schätzte, tat das gern. Er war ein vielseitiger Mensch, aber sehr labil. Ich habe von ihm beeindruckende Zeichnungen gesehen, die er mit sechzehn gemacht hat. Lutz hatte auch Talent zum Schreiben, aber er liebte vor allem die Atmosphäre der Wirtshäuser, die Gesellschaft, die Gespräche in Kneipen und Kaffeehäusern. Er konnte mit allen reden, ob Arbeiter oder Student, Buchhalter oder Handwerker, Wissenschaftler oder Künstler, unterhielt sich stundenlang mit Menschen, die eine besondere Sicht auf das Leben hatten.

Lutz rauchte gegen Ende seines Lebens sechzig Karo am Tag. Dazu kamen Bier und Schnaps. All das hat ihn schließlich ruiniert. Krebs lautete die Diagnose der Mediziner.

Regisseur hatte er werden wollen. Theologie studierte er. Er hat noch, wie er mir erzählte, mit zitternden Knien seine Probepredigt auf der Kanzel der Universitätskirche gehalten. Mit seiner Lebenseinstellung war er natürlich für ein kirchliches Amt nicht geeignet. Sein Vater hatte ihm ein Vermögen hinterlassen, und er studierte dann »privat« im Zweitstudium Kunstwissenschaft, mußte jede Prüfung bezahlen. Mit 20 Jahren begann er zu studieren, mit 34 Jahren war er fertig. Sein Doktorvater reichte die umfangreiche Diplomarbeit, an der Lutz Lippold zwei Jahre gearbeitet hatte, als Dissertation ein. Das Promotionsverfahren wurde nicht eingeleitet, da es keine »gesellschaftliche Notwendigkeit« gäbe, diesem ewigen Studenten zum Doktorhut zu verhelfen. Ein Leben lang arbeitete er für ein Buch, verbrachte seine Tage (allerdings begann der Tag für ihn erst am Mittag) in der Deutschen Bücherei. Er las sich durch Bücherberge: über die Macht des Bildes, das Bild der Macht. Zu diesem Thema beendete er nach schier unendlichen Recherchen 1989 schließlich das Manuskript zu einem Buch, obwohl schon niemand mehr daran geglaubt hatte. Allerdings erschien der Band zu ungünstiger Zeit, 1993. Im gesamtdeutschen Bücherdschungel ging er als Ostbuch unter, wurde schließlich verramscht. Das erlebte Lutz Lippold noch.

Den Bart hatte er sich seit dem 13. August 1961 stehenlassen, seine Form des Protestes. Eigentlich hätte er ihn nach dem Fall der Mauer am 9. November 1989 abnehmen müssen, aber da hatte er sich über die Jahrzehnte doch zu sehr daran gewöhnt, war der Bart sein äußerliches Markenzeichen geworden.

Als ich nach Leipzig kam, war Lippold schon eine Institution in der Szene, die damals noch nicht so genannt wurde. Wer ihn nicht kannte, gehörte nicht dazu.

Lutz Lippold starb 1996, er war 56 Jahre alt. Ein kluger, witziger, sensibler Mensch, ein Bohemien, und wohl der letzte ewige Student in der DDR.

Bansin

Wenn wir seinerzeit Spaß hatten, nannten wir das »Feez«, wenn es etwas temperamentvoller zuging, machten wir »Deebs« und zogen mit unserer Clique, aus der natürlich sächsisch eine »Gliehge« wurde, eine »Schaffe« ab. Das war dann »ne gleene Schau!« oder »ne gleene Welt!«. Eben »einsame Sahne!«.

Während in den fünfziger Jahren noch keine englischen Begriffe im Sprachgebrauch erschienen, änderte sich das schlagartig mit dem Herüberschwappen des Rock 'n' Roll in die beiden deutschen Staaten. Selbst in meinem Tagebuch tauchen bei den Eintragungen Mitte der sechziger Jahre englische Wörter auf ... nettes girl kennengelernt ... klappt alles very good ... eine Mischung von Angeberei und Übernahmen durch die Musik. Englische Spitznamen bei Jungs und Mädels wurden häufiger.

1965 war die Stimmung in Sachen Musik besonders angeheizt. Die ostdeutschen Jugendlichen wollten auch ihren Beat. Mit Thomas Köhler war ich in jenem Jahr auf einem Zeltplatz in Bansin. Ich lernte dort im Bierzelt einen jungen Mann vom Fernsehen kennen. Er hatte seine Gitarre dabei. Ein Klavier stand da. Unangemeldet und unabgestimmt fingen wir beide an, aus lauter Lust Musik zu machen. Ich sang, besser schrie, alle Rock-'n'-Roll-Titel, die ich mit meinem phonetisch nachahmenden Englisch drauf hatte. Also: »King Creole«, »Jailhouse Rock«, »Tutti frutti ...«. Wenn man laut genug singt, gehts auch ohne Mikrofon.

Die Massen tobten.

Hunderte Jugendliche schrien, klatschten. Draußen war inzwischen ein Unwetter aufgezogen. Es regnete mir aufs Klavier. Ich drosch auf die nassen Tasten ein. Dem Chef des Bierzeltes wurde es blümerant. Wir sollten aufhören. Die Massen riefen im Chor: »Eierkopp! Eierkopp!«

Zum Glück holte er nicht die Polizei, obwohl ihm bei so viel westlicher Musik Böses schwante. Es hatte ja in jenen Jahren an der Ostsee einmal eine »Glatzkopfbande« für Aufregung gesorgt. Die zogen, so wurde erzählt, zu einem Parteiheim und riefen: »Wir wollen auch so leben wie ihr!«

Später ist die Bande sogar Gegenstand eines DEFA-Films geworden, dem auch kein langes Leben in den Kinos des Landes beschieden war. Bis nach 22 Uhr feierten wir jedenfalls im Bierzelt, eine fröhliche, ausgelassene Meute. Es gab weder eine blutige Nase noch einen kaputten Stuhl. Nur glückliche, musiktrunkene junge Leute.

Als wir uns müde gesungen hatten, machten wir Schluß. Blitz, Donner und Rock 'n' Roll waren vorbei.

Und der Bierzeltchef atmete hörbar auf.

Der Beat-Aufstand

Die »Partei- und Staatsführung« der DDR hat sich unentwegt bedroht gefühlt. Vom ersten Tag ihrer Herrschaft an. Von außen und von innen. Von den Bonner Ultras und von Langhaarigen in Leipzig. Sie fühlte sich schon angegriffen, wenn ein Kind in der Kirche sang: »Weil ich Jesu Schäflein bin ...«, denn dann war zu befürchten, daß dieses Kind kein Schäflein der DDR würde.

Besonders bedroht fühlte sich die Führung unseres Landes von der Beatmusik und verbot 1965 etliche Bands, um den Einfluß »westlicher Hits« auf die Jugend zu unterbinden.

An einem Sonntag im Oktober jenen Jahres spazierte ich durch die Petersstraße. Mein Ziel war das Messehaus am Markt. Dort wollte ich die Ausstellung »Schönste Bücher aus aller Welt« besuchen. Wie die Buchmessen war auch dies ein papierener Gruß aus der weiten, unerreichbaren westlichen Welt.

Während ich durch die stillen Räume spazierte, drangen plötzlich Rufe an mein Ohr. Ich dachte zunächst an Streitende oder Betrunkene, die sich etwas zuschrien. Ich hörte aufmerksamer hin, und plötzlich entpuppten sich diese Rufe als Befehle: »Kette bilden!« Kette bilden?

Ich lief zum Fenster und sah, wie sich in Höhe des Kinos Capitol Bereitschaftspolizisten formierten und junge Leute zum Markt drängten. Was war denn da los?

Ich wußte natürlich, daß es neben der Armee die sogenannten Bepos gab, hatte sie aber noch nie in Aktion erlebt. Diese Polizisten, das war nicht zu übersehen, vollzogen gerade ihren Übergang von der Bereitschaft zum Einsatz. Ich rannte die Treppe hinunter. Ein älterer Mann vom Einlaßdienst hob die Hände und warnte mich: »Gehnse nich naus! Da draußn is dor Deifel los!«

Es war nicht der Teufel, der sich von der Kette gerissen hatte; grün Uniformierte knüppelten auf Jugendliche ein. Aus welchem Grund? Den erfuhr ich erst nach und nach: An diesem 31. Oktober, dem Reformationstag, wollten junge Leute in Leipzig in ihrem Sinne etwas reformieren. Flugblätter waren Tage vorher unters junge Volk geflattert:

»BEAT-FREUNDE!
Wir finden uns am Sonntag, dem 31. 10. 65
10 Uhr – Leuschnerplatz
zum Protestmarsch ein.«

In naiver Unkenntnis der Sachlage, so hörte ich, sollen die Lehrer daraufhin verdonnert worden sein, vor die Klassen zu treten und zu warnen: »Wehe, wer am 31. Oktober auf den Leuschnerplatz zum Protestmarsch geht!«

Und durch diese unabsichtliche Öffentlichkeitsarbeit der geheimen Organe erfuhr schließlich auch der letzte Beatfan von der geplanten Demonstration!

Den Protesten waren Verbote vorausgegangen. So wurde zum Beispiel der Beatband The Butlers mit dem legendären Klaus Renft die Spielerlaubnis entzogen. Der Name der Band erinnerte schon von den Silben her stark an The Beatles. The Butlers waren in Leipzig sehr beliebt. Und warum wurde die Band verboten? Weil die »Gitarrengruppe der sozialistischen Laienkunstbewegung Schaden zufügt«. Welcher Laie hatte da Schaden genommen? Ein Jahr zuvor war die Truppe noch ausgezeichnet und vom »Neuen Deutschland« gelobt worden.

Attackiert wurden auch The Shatters und Guitar Men wegen langer unordentlicher Haare und einer »amerikanischen Lebensweise«. All dies war, auf einen Nenner gebracht: »westliche Dekadenz«.

Die »Leipziger Volkszeitung« schrieb: »Sie tragen lange, unordentliche, teilweise sogar von Schmutz nur so starrende Haare ... gebärden sich bei ihren Darbietungen wie Affen, stoßen unartikulierte Laute aus ... Die langen zottligen Haare, die sie sich als äußere Kennzeichen ihrer Geisteshaltung zulegen, engen ihren Horizont dermaßen ein, daß sie nicht sehen, wie abnorm, ungesund und unmenschlich ihr Gebaren ist.«

54 Bands wurden im Bezirk Leipzig verboten. Den Musikern warf man fehlende Schulabschlüsse, Arbeitsbummelei, Steuerhinterziehung und unzureichende Notenkenntnis vor. Nicht alle waren natürlich perfekt gewesen, und Harald Bauer erzählte mir, wie er bei einem Vorprogramm im Kino eine Truppe erlebt hatte, die sich lediglich durch ihre Lautstärke profilierte.

Aber die Schlagworte der Partei waren ungeheuerlich und kulminierten in Begriffen wie »asoziale Elemente, Texasideologie, Zügellosigkeit, Anarchie, Ekstase, Exzesse, ideologische Aufweichung, Beatle-Ideologie, Gammlertum, Arbeitsbummelei, niedrigste Instinkte, rowdyhaftes Auftreten und Körperverrenkungen«. Die Genossen gingen sogar so weit, diesen Jugendlichen vorzuwerfen, daß sie die »Idole westlicher Schundliteratur« verherrlichen würden, also »Mörder, Schläger, Notzuchtverbrecher« sein wollten. Das Verbot der Bands war also Anlaß für das Aufbegehren. Hunderte Jugendliche hatten den Mut zu einer Demonstration gefaßt! Man schätzt, daß etwa 2500 junge Leute gekommen waren. Und meines Wissens war das die erste Demo in der DDR nach dem 17. Juni 1953! Nach dem Panzeraufmarsch in jenem Jahr war im Land Friedhofsruhe eingekehrt.

Nun wagten die Jugendlichen den Beat-Aufstand.

Sie rekrutierten sich vor allem aus Lehrlingen und jungen Arbeitern. Das wird die Staatsmacht besonders geärgert haben – ausgerechnet die nachwachsende Arbeiterklasse ging auf die Straße! Wie viele allerdings von den etwa 2500 15- bis 20jährigen Sicherheitskräfte oder treue Junggenossen waren, wird wohl nie mehr herauszufinden sein.

Ich stand zunächst am Markt vor dem Eingang des Messehauses und sah, wie langhaarige junge Leute auf Lastkraftwagen geprügelt wurden. Unmutsschreie ertönten, Pfiffe, selbst neben mir von Soldaten der Nationalen Volksarmee, die zufällig Augenzeugen des Geschehens wurden. »Euch werden sie gleich mit einspannen«, meinte ich zu ihnen. »Da machen wir nicht mit – das ist doch eine Sauerei!« Ich staunte. Dort prügelten grüne Uniformen und neben mir protestierten graue ...!

Plötzlich tauchte auf dem Markt ein metallenes Ungetüm auf. Das war doch ... tatsächlich ... ein Wasserwerfer!

Ich hätte nie gedacht, daß die Deutsche Volkspolizei so etwas überhaupt besaß, denn furchterregende Gefährte wie dieses kannten wir doch nur von Filmberichten aus der Bundesrepublik oder aus anderen kapitalistischen Staaten, wo die demokratische Opposition von der Straße gespritzt wurde.

Nun rollte so ein Ding über den Leipziger Markt!

Zunächst funktionierte die Technik nicht richtig, oder der Fahrer kannte sich wegen des seltenen Einsatzes nicht so genau in der Bedienung aus. Der Wasserwerfer warf das Wasser nicht, sondern streute es eher schubweise gegen die Massen, etwa so wie beim Gießen, wenn immer mal jemand den Daumen auf den Schlauch legt, um den Strahl zu unterbrechen. Einige Zuschauer mutmaßten gleich, es wäre wohl verschmutztes Wasser aus der Pleiße, das die Leitungen verstopfte.

Ich stand mit anderen nun am Eingang Königshauspassage, wir wichen jeweils in den Durchgang zurück, wenn der Wasserwerfer in unsere Richtung rollte, und strömten anschließend wieder mit Gejohle hinaus. Aber das anfängliche Lachen über den DDR-Wasserwerfer mit Weltniveau verebbte, als wir sahen, wie plötzlich ein Mensch von dem Strahl umgerissen wurde. Ein Mann fuhr auf der Flucht vor dem Wasserwerfer mit seinem Motorrad sogar durch die Mädlerpassage.

Besonders schockierend wirkten die aufgepflanzten Bajonette der Bereitschaftspolizei. Bajonette im Einsatz gegen junge Menschen, die lediglich mit spitzen Schuhen und Schlaghosen ausgerüstet waren. Aber es konnte auch noch ganz anders kommen, denn die Polizei stand auf dem Roßplatz mit Hunden ohne Maulkorb. Dem Helden in Erich Loests Roman »Es geht seinen Gang« widerfuhr das völlig Unerwartete: er wurde von einem gut trainierten Bepo-Schäferhund, der, ohne es zu wissen, der Sache der DDR diente, schlicht und ergreifend in den Hintern gebissen.

Loest hat sich den Aufmarsch auf dem Leuschnerplatz angesehen. Es war ihm schon etwas mulmig, denn er war erst vor kurzem aus dem Gefängnis entlassen worden, hatte sich quasi noch zu bewähren.

Die Bilanz jenes Tages: 267 Jugendliche wurden verhaftet, über 100 anschließend zu mehrwöchiger Zwangsarbeit im nahe gelegenen Braunkohlenrevier verurteilt. Natürlich ohne Gerichtsverhandlung. Es reichte damals, lange Haare zu haben, um sich als Gegner der DDR zu »entlarven«. An jenem Reformations-Sonntag sollen Theologiestudenten, die nach dem Gottesdienst ahnungslos des Weges kamen, auch gleich mit verhaftet worden sein – wer eine lange »Madde« hatte, war dran.

Gunter Böhnke erlebte an der Universität, wie sich Studenten, die von der Polizei verhaftet worden waren, weil sie zufällig über den Leuschnerplatz spazierten, in der Öffentlichkeit rechtfertigen mußten. Er erinnert sich an einen Typ, ein harmloses Muttersöhnchen aus dem 5. Studienjahr, der in betont artikuliertem Hochdeutsch berichtete: »Ich fand das nicht in Ordnung, was da passiert ist. Ich war auf dem Weg zu meinen Eltern zum Mittagessen. Da kamen welche und haben mich auf einen LKW geworfen. Und da habe ich gesagt: ›Bitte, passen Sie auf, ich habe meinen besten Anzug an.‹ Und da haben die gesagt: ›In dem Anzug wirst du bald Scheiße karren!‹ Das fand ich empörend!«

Daraufhin hat Professor Dietze den jungen Mann angeschrien: »Wenn die Feinde des Sozialismus marschieren und Sie sind dabei, dann brauchen Sie sich auch nicht zu wundern, wenn den Genossen mal die Geduld reißt!«

Bei den Sicherheitsorganen hatte man sich intensiv auf diese »Provokation« vorbereitet. Am 28.10.1965 erhielt die

BDVP (Bezirksbehörde der Deutschen Volkspolizei) folgende Anweisung: »Grundsatz beim Einsatz von Kräften soll sein: Nicht zulassen, daß Jugendliche auseinander laufen, sondern zusammenfassen, verladen und zum Sammelpunkt, Hof 2, VPKA, bringen. Dort erfolgt Filtrierung und Verwahrung.«

Wir wollen nicht vergessen, daß es sich um Menschen handelte, die hier gefiltert und verwahrt werden sollten.

Die Jugendlichen in Ost und West liebten die Beatles und Rolling Stones, ahmten deren Musik nach. Die Jungs ließen sich selbstverständlich die Haare wachsen wie ihre Vorbilder. Als ich kurz nach dem »Beat-Aufstand« bei einem Leutzscher Friseur lediglich darum bat, meine Haare nicht bis übers Ohr zu kürzen, schnarrte er mich an: »Sie sind wohl auch so ein Gammler, der in die Braunkohle gehört! Ich soll wohl mal die Polizei anrufen!«

Mir verschlug es die Sprache, denn so viel Solidarität mit der staatlichen Bevormundung hätte ich einem selbständigen Friseurmeister nicht zugetraut. Aber hier traf sich der muffige Geschmack der Kleinbürger (»Das ist doch keine ordentliche Frisur!«, »Wie die aussehen!«, »Die Lohdn!«, »Wenn das mein Junge wäre!«) mit dem spießigen Geschmack der Partei. Da entlarvten sich die »ordentlichen Deutschen«, die bis zuletzt ihren Nazi-Scheitel gezogen hatten. Lange Haare und »Negermusik«, die mußten weg!

Im VEB TAKRAF wurden jungen Arbeitern in der Brigade öffentlich die langen Haare abgeschnitten.

Klaus Tippmann, damals Student an der Fakultät für Journalistik, landauf, landab als »Rotes Kloster« verschrien, erzählte mir, was in Leipzig nach dem »Beataufstand« für die Gewährleistung von Ruhe und Ordnung getan wurde. Man hatte Angst, daß sich die Ereignisse am Sonntag darauf wiederholen könnten. Von Freitag bis Montag wurde deshalb die Stadt flächendeckend kontrolliert. Zuverlässige Studentinnen und Studenten mußten Liebespaar spielen, bei anderen reichte es, einfach unauffällig zu gucken. Als »Waffe« erhielten sie die Taschen voller Groschen, damit sie im Ernstfall sofort von einer Telefonzelle aus Alarm auslösen konnten. Sie schliefen in einer Schule, wurden mit Bockwürsten und anderem Proviant versorgt. So hielten sie wachsam nach Provokateuren Ausschau, aber der Ernstfall trat nicht mehr ein.

Mit dem »Jugendradio DT 64« versuchte man seit 1964, mehr oder weniger erfolgreich, westlichen Sendern die Hörer abzujagen. Die Mehrheit der Musikfans zog natürlich RIAS und Radio Luxemburg vor, aber DT 64 spielte auch ab und an westliche Titel und gab einer ganzen Reihe von ostdeutschen neuen Bands eine erste Chance. Erich Honecker dröhnten die Ohren von den Mißtönen: »Über eine lange Zeit hat DT 64 in seinem Musikprogramm einseitig die Beat-Musik propagiert.« Und der ehemalige FDJ-Chef legte nach: »Hinzu kam, daß es im Zentralrat der Freien Deutschen Jugend eine fehlerhafte Beurteilung der Beat-Musik gab. Sie wurde als musikalischer Ausdruck des Zeitalters der technischen Revolution ›entdeckt‹. Dabei wurde übersehen, daß der Gegner diese Art Musik ausnutzt, um durch Übersteigerung der Beat-Rhythmen Jugendliche zu Exzessen aufzuputschen ... Dadurch entstand eine hektische, aufpeitschende Musik, die die moralische Zersetzung der Jugend begünstigt.«

Nun wurde sogar noch der höchste Rat der FDJ entlarvt! Der hat das aber schnell wieder zentral ausgebügelt.

Trotzdem erschien 1965 in der DDR die erste LP der Liverpooler Jungs. Eine Sensation! Und die Platte erzielte sofort – und das bis heute – Höchstpreise.

Das 11. Plenum

Zu Beginn der sechziger Jahre befand sich die Qualität der DEFA-Filme auf einem Tiefstand. Die ewige Gängelei durch die Partei hatte dazu geführt, daß sich kaum ein Mensch noch für die Ost-Produktionen interessierte. Die Partei gab natürlich den Filmkünstlern die Schuld. Die wehrten sich. In seiner Antwort auf eine Umfrage schrieb Günter Kunert in der Zeitschrift »Deutsche Filmkunst«: »... denn leider ist es bei uns unmöglich geworden, eine simple Sentenz wie ›Der Winter ist kalt‹ zu äußern, ohne daß einem vorgeworfen wird, man negiere drei andere wesentliche Jahreszeiten und erkenne außerdem nicht die Kräfte, die in der Lage seien, den Winter zu einem zweiten Sommer umzugestalten.« Kunert wußte, wovon er sprach. 1962 war im Fernsehen sein »Monolog eines Taxifahrers« mit Fred Düren gar nicht erst gesendet worden. Ähnliches widerfuhr ihm im selben Jahr mit der zwar ausgestrahlten, aber anschließend sofort verbotenen Fernsehoper von Kurt Schwaen »Fetzers Flucht«. Kunert hatte das Libretto geschrieben; Ekkehard Schall spielte die Hauptrolle. Regisseur beider Produktionen war Günter Stahnke.

Bis Mitte der Sechziger kam es beim Film doch noch zu Veränderungen, zur personellen Verjüngung im DEFA-Studio. Die Jahre von 1963 bis 1965 waren von Aufbruch geprägt, größere künstlerische und thematische Freiheiten brachten beachtliche Leistungen hervor. »Auf der Sonnenseite« und »Beschreibung eines Sommers« – in beiden Filmen spielte Manfred Krug mit – läuteten die neuen, erfrischenden Produktionen ein. Dann tagte im Dezember 1965 das 11. Plenum des ZK der SED.

Wolfgang Engler schreibt in einem Buch, das den treffenden Titel »Kahlschlag« hat, zu diesem Thema: »Die

11. Tagung des ZK der SED entkoppelte ... den wirtschaftlichen Reformprozeß vom bis dahin mitlaufenden Aufbruch auf kulturellem Gebiet ... Der perfekt inszenierte Schauprozeß rechnete unbarmherzig mit allen fortschrittlichen Tendenzen in den Künsten und im gesamten Geistesleben ab, schüchterte die Protagonisten der ostdeutschen Moderne und ihre Verbündeten in den Kulturbehörden für viele Jahre ein und verbannte die ungeschminkte Wirklichkeit aus dem öffentlichen Diskurs.«

Und Engler zieht Bilanz: »Es war ein 1968 en miniature, zwar unblutig im Ablauf und auf einen gesellschaftlichen Sektor beschränkt, aber nichtsdestoweniger ein Meilenstein in der auf 1989 zulaufenden Krisengeschichte der DDR.« Was wäre aus der DDR geworden, wenn man in jenen Jahren ihre Künstler und Wissenschaftler nicht eingeschüchtert hätte? Vor dem »Prager Frühling«, vor »Solidarność« und »Perestroika« hätte wohl ein deutscher »Aufbruch« stattgefunden.

Es gibt die Theorie, daß Ulbricht auf diesem Plenum so scharf gegen Tendenzen in Kunst und Kultur vorgegangen ist, weil er die sowjetischen Genossen beruhigen und ihnen beweisen wollte, daß es in der DDR keine Liberalität geben wird. Er hoffte damit die ihm am Herzen liegende Neue Ökonomische Politik gegenüber der Sowjetunion durchzusetzen. Die blickte argwöhnisch auf die Pläne der deutschen Genossen.

Weniger Dogmatismus sowohl in der Wirtschaft als auch in der Kultur – das wäre wohl etwas zuviel gewesen.

Vor dem Plenum gab es im Politbüro heiße Diskussionen über die Wirtschaftsbeziehungen zwischen der DDR und der Sowjetunion. Am 4. Dezember 1965 sollten neue Handelsverträge mit der UdSSR abgeschlossen werden. Ulbricht, so wird gesagt, habe Apel ultimativ zur Unterschrift aufgefordert. Am Vortag erschoß sich Erich Apel, Mitglied des Politbüros und Leiter der Plankommission, in seinem Büro. Die Partei erfand als Grund für den Selbstmord gesundheitliche Probleme. Der DDR-Buschfunk kommentierte den Freitod des 48jährigen als Protest, weil er erfolglos versucht hatte zu verhindern, daß die DDR völlig von sowjetischen Rohstoffen abhängig würde, weil er das Mißverhältnis von Lieferung zum »Großen Bruder« und dessen Gegenlieferung kritisiert hatte. Nicht umsonst meinte der Volkswitz zur Formulierung »brüderlich teilen«: »Nee, da bin ich nicht einverstanden! Schön halbe, halbe!« Über die Handelsverträge wurde die DDR für die enormen Aufwendungen der sowjetischen Rüstungspolitik zur Kasse gebeten.

In meiner Buchhandlung hatte ich noch jene Broschüren zur Wirtschaftspolitik verkauft, deren Autoren Apel und Mittag hießen und in denen die Neue Ökonomische Politik formuliert wurde. Mittag verließ den eingeschlagenen Weg und verfolgte in späteren Jahren – wie bekannt – einen dogmatischen Kurs.

Was wollte Ulbricht mit der sogenannten Neuen Ökonomischen Politik erreichen? Lassen wir ihn in seiner verquasten Ausdrucksweise zu Wort kommen: »Es ist die organische Verbindung der wissenschaftlich fundierten Führungstätigkeit in der Wirtschaft und der wissenschaftlich begründeten, auf die Perspektive orientierten, zentralen staatlichen Planung mit der umfassenden Anwendung der materiellen Interessiertheit in Gestalt des in sich geschlossenen Systems ökonomischer Hebel.«

Welche »Gestalt« ist da am »Hebel«?

Ins Deutsche übersetzt, hieß die Neue Ökonomische Politik nichts anderes, als daß es auch in der DDR, also in der Planwirtschaft, darum ging, rentabel zu produzieren. Der »ökonomische Hebel« war nichts weiter als der Gewinn – man wollte dieses böse kapitalistische Wort nur nicht aussprechen, und die materielle Interessiertheit war dieses Streben nach Gewinn, vom Arbeiter über den Betriebsleiter bis zum Staat selbst.

Diese neue Politik war quasi die Entstalinisierung der DDR-Wirtschaft. Aber das sagte natürlich seinerzeit kein Funktionär – er umschrieb es mit den Worten: »Überwin-

Die Straßenbahnen fuhren noch durch die Schillerstraße.

2 club-band

3 Kfz-Band

The Playboys

5 Das Gartencafé vom »Corso«

Café Corso, früher Kaffee und Konditorei Hennersdorf

7 Der geliebte Treffpunkt im ersten Stockwerk

/9 Interieur des Café Corso

10 Blick auf die Ruine des Städtischen Kaufhauses. Das Gebäude rechts daneben beherbergte das »Corso«. Im Vordergrund links ein Teil der Universitätskirche

11 Der »Schwalbennest«-Wirt Hardy Canitz

12 Altmagnifizenz Mayer-Schorsch

13 Peter Sodann und Ernst Röhl vom »Rat der Spötter«

14 Das Kabarett Pfeffermühle zur Premiere seines Programms am 20.12.1967, von links nach rechts: Erika Solbrig, Hanskarl Hoerning, Ursula Schmitter, Manfred Stephan, Siegfried Mahler

15 Die »academixer«, von links nach rechts: Bernd-Lutz Lange, Gunter Böhnke, Christian Becher, Jürgen Hart

16 The Butlers auf dem Dach eines Hauses im Leipziger Osten; von links nach rechts: Bernd Reiher, Klaus Jentzsch-Renft, Hans-Dieter Schmidt, Jochen Richter (sitzend)

17 Deutrichs Hof in der Reichsstraße, das Haus grenzte an das heutige Café Riquet.

8 Internationales Imbiß-Niveau

9 Eigenwillige Architektur am Martin-Luther-Ring, gegenüber dem Neuen Rathaus. Im Hintergrund die heutige Stadtbibliothek; rechts im Bild eine der penetranten Lautsprechersäulen des Stadtfunks.

20/21 Das alte Gewandhaus im Musikviertel zwischen Beethoven- und Mozartstraße

2 Die gefürchtete Trümmerkugel in Aktion

23 Gebäude am Burgplatz, in den Sechzigern abgerissen

dung der administrativen Produktionsform und der Übergang zu ökonomischen Leitprinzipien«. Mit dieser Umstrukturierung hatte sich die Partei genug aufgeladen, sie wollte sich den Rücken frei halten, die Kultur sollte darum schön »bei Fuß« gehen. Das Plenum war die Fortführung dessen, was Ulbricht auf der 2. Bitterfelder Konferenz gesagt hatte: Pflege des klassischen Erbes ... in der Hoffnung, daß dadurch die aktuellen Konflikte ausgespart blieben, denn die mehrten sich kontinuierlich. Die Klassik dagegen schien den Funktionären »pflegeleicht« – was allerdings ein Irrtum war.

Mit dem 11. Plenum im Dezember hatten wir die Bescherung, auch wenn's bis Weihnachten noch ein paar Tage hin war. Nun galten Kunstwerke, die sich mit Problemen im Land auseinandersetzten, wieder als »entartet«, wenn das auch nicht ausgesprochen wurde, man nannte sie statt dessen »dekadent« oder »formalistisch«.

Bei Film, Fernsehen, Theater und Literatur wurde aufgeräumt.

Eine Welle der Verbote schwappte über unser Land, denn dem DDR-Volk traute man nicht zu, sich selbst ein Bild über neue Strömungen in der Kunst zu machen.

In der Folge verschwand eine gesamte Jahresproduktion der Filmemacher in den Tresoren: 12 Streifen. Filme wie zum Beispiel »Das Kaninchen bin ich« nach einem Stoff von Manfred Bieler, »Die Russen kommen«, »Der Frühling braucht Zeit« (Und wieviel Zeit er noch brauchte! Genau bis zum Herbst '89!), »Denk bloß nicht, ich heule«. Dabei war es zum Heulen!

Überall wurden Produktionen abgesetzt. Und auch gleich der Kulturminister Hans Bentzien samt seinem Stellvertreter Günter Witt, der für den Filmbereich zuständig war; DEFA-Studiodirektor Mückenberger teilte das Schicksal der beiden.

Auf dem Plenum tat sich Paul Fröhlich mit besonderen Hetztiraden hervor. Der ungeliebte Parteichef des Bezirkes Leipzig meinte, daß Skeptizismus schon erlaubt sei, aber nur beim Finanzminister. Denn der solle doch einmal prüfen, was die »konterrevolutionären Machwerke« den Staat kosten. Das Präsidium lachte über den »gelungenen« Scherz.

Erich Honecker meldete sich zu Wort. »Unsere DDR ist ein sauberer Staat ...«, legte er los. »In diesen Kunstwerken gibt es Tendenzen der Verabsolutierung der Widersprüche, der Mißachtung der Dialektik der Entwicklung, konstruierte Konfliktsituationen, die in einen ausgedachten Rahmen gepreßt sind ... Dem einzelnen stehen Kollektive und Leiter von Partei und Staat oftmals als kalte und fremde Macht gegenüber ... Die Orientierung auf die Summierung von Fehlern, Mängeln und Schwächen wird von Kreisen genährt, die daran interessiert sind, gegenüber der Politik der DDR Zweifel zu erwecken und die Ideologie des Skeptizismus zu verbreiten.« Das war die größte Angst der Genossen. Ja nicht skeptisch sein, blind glauben!

1966 wurde dann auch, nach wenigen Vorstellungen, die »Spur der Steine« von Frank Beyer, mit Manfred Krug in der Hauptrolle, aus den Kinos entfernt. Die Geschichte der Balla-Truppe, die die Staatsmacht provozierte, mißfiel den Kulturoberen, stellten doch in diesem Film Werktätige selbst die scheinbaren Errungenschaften der Republik in Frage.

Die Partei hat in diesem Fall einmal eine andere Taktik probiert. Schon zur offiziellen Kino-Uraufführung kam es mit bestellten Randalierern zum Eklat. Sie riefen u.a.: »Ins Gefängnis mit dem Regisseur!«, »Krug in die Produktion!«. (1989 rief man kurioserweise: »Stasi in die Volkswirtschaft!« Da wird sich doch niemand von der falschen Seite erinnert haben ...?) Zwar hatte das Kulturministerium dem Film das Prädikat »Besonders wertvoll« verliehen, das hinderte den Leipziger SED-Bezirkschef allerdings nicht, beim Zentralkomitee dagegen Stimmung zu machen: Die Partei würde darin beschädigt. Der Betonblock formierte sich. Sogar die bereits vorliegende positive Filmkritik im »Neuen Deutschland« wurde zurückgezogen; eine andere, unter Pseudonym geschriebene, erschien, deren Argumente wohl im Politbüro festgelegt worden waren: »Der Film ›Spur der Steine‹ wird der Größe seines Themas nicht gerecht. Er gibt ein verzerrtes Bild von unserer sozialistischen Wirklichkeit, dem Kampf der Arbeiterklasse, ihrer ruhmreichen Partei und dem aufopferungsvollen Wirken ihrer Mitglieder.«

Jedes kritische Wort deuteten die Funktionäre gleich als »verzerrend«. Im nachhinein werden die bestellten Krakeeler noch einmal gewürdigt: »Der Film erfaßt nicht das Ethos, die politisch-moralische Kraft der Arbeiterklasse und der Ideen des Sozialismus, bringt dafür aber Szenen auf die Leinwand, die bei den Zuschauern mit Recht Empörung auslösen.«

Auch ins »Capitol« wurden, von SED-Bezirkssekretär Paul Fröhlich angeregt, treue Genossen geschickt, die zu Unmutsäußerungen animiert worden waren. Vorwiegend Mitglieder der Kampfgruppen und Parteischüler brüllten in der Nachmittagsvorstellung den Film nieder. Als eine Besucherin am Abend ihren Mantel an der Garderobe abgeben wollte, wußte sie natürlich nicht, daß sie in die letzte Vorstellung geraten war. Die Frau hinter dem Tresen klärte sie – ohne jegliche Diplomatie – in ihrer ehrlichen, offenherzigen Art auf: »Ihren Mantel brauchen Sie nicht erst abgeben. Heute dauert's nicht lange!«

Frank Beyer beschreibt in seinen Memoiren »Wenn der Wind sich dreht«, warum es an jenem Abend nicht lange dauerte: »In der Abendvorstellung sind von Anfang an nur Bruchstücke des Dialogs verständlich. Noch bevor überhaupt die Kati-Horrath-Liebesgeschichte exponiert ist, kreischt eine Frau: ›Unsere Bardeisekredäre schlafn nich mit fremdn Fraun!‹ Nach der Szene, in der die Ballas den Polizisten in den Teich ziehen, die lautstarke Forderung: ›Den Regisseur einsperrn.‹

Die künstlich aufgeputschte Menge verlangt die Absetzung des Films. Die Vorführung wird nach 20 Minuten abgebrochen, ein Vertreter des PROGRESS-Filmvertriebs erscheint vor der Leinwand und verkündet, daß man den Forderungen der Werktätigen nachkomme, den Film abbreche und ihn vom Programm absetze.«

Die Garderobenfrau hat recht behalten.

Die Studiobühne der Karl-Marx-Universität durfte in jenen Tagen die Inszenierung eines Stückes von Tadeusz Rósewicz nicht mehr aufführen, »Die Zeugen oder Unsere kleine Stabilisierung«. Die Partei stabilisierte damit wieder ein Stückchen Macht und warf dem Werk »Nihilismus, Lebensangst und Entfremdung« vor. An den Berliner Theatern wurden Heiner Müllers »Der Bau« und Volker Brauns »Kipper Paul Bauch« angegriffen.

Längst war »Die Sorgen und die Macht« von Peter Hacks verboten worden, inszeniert vom Antifaschisten und Widerstandskämpfer Wolfgang Langhoff. So erlebte Hacks, welche Sorgen man sich einhandeln konnte, wenn man mit der Macht kollidierte. Und nach dem Plenum ging man zum zweiten Mal gegen ihn vor; »Moritz Tassow«, eine Komödie, durfte an der Volksbühne nicht mehr gespielt werden.

Werner Bräunig wurde hart attackiert, nur Christa Wolf verteidigte ihn auf dem Plenum. Sein Buch war noch gar nicht fertig. Es reichte schon ein Ausschnitt von »Rummelplatz«, veröffentlicht in der »Neuen Deutschen Literatur«, daß man über ihn herfiel. Bräunig wollte ein Buch über den »Menschenschmelztiegel Wismut« schreiben. Er hat es nicht beenden können und starb mit vierzig, Anfang der siebziger Jahre. Die ihn kannten, sagten, daß er sich von diesem Angriff nicht wieder erholt habe.

Kurioserweise wurde im gleichen Jahr jenseits der Staatsgrenze ebenso gegen Schriftsteller gehetzt. Auch dort benahmen sie sich nicht so, wie sich das Politiker wünschten. Während Walter Ulbricht in Deutschland-Ost gegen die Schriftsteller wetterte, zog Ludwig Erhard in Deutschland-West gegen sie zu Felde. Auf dem Wirtschaftstag von CDU und CSU spottete er, daß die Dichter neuerdings »unter die Sozialpolitiker und die Sozialkritiker gegangen sind«. Ihm schien, daß sie über Dinge redeten, die sie nicht verstanden, und nannte sie gar »Banausen«, »Nichtskönner« und »Pinscher«.

So sah er also Böll, Grass, Hochhuth und Kollegen!

Ulbricht wird es süffisant zur Kenntnis genommen haben, vielleicht mit einem »Sehd ihr, die haben da drüben auch Brohbleme mit diesen Brüdern, ja?!«.

Im Osten kritisierten und drangsalierten die SED-Funktionäre vor allem Heym, Biermann und Havemann. Robert Havemann, Professor für physikalische Chemie an der Humboldt-Universität, verlor 1964 seinen Lehrstuhl. Neben Vorlesungen zum Fach hielt er auch welche über Freiheit und dialektischen Materialismus. In diesen Lehrveranstaltungen trat er für mehr Information in der DDR ein, wandte sich gegen Dogmatismus und Stalinismus in der Republik. Und immer waren bei ihm die Hörsäle überfüllt.

Wolf Biermann haßten die Funktionäre, vor allem seine balladesken, gesellschaftskritischen und oftmals polemischen Gedichte und Lieder. Er war schon 1963 aus der SED ausgeschlossen worden.

Ich hatte ihn in Zwickau im Kulturhaus Sachsenring erlebt. Sein Auftritt war natürlich die reinste Provokation für die Genossen.

»... Setzt eurem Werk ein gutes Ende
Indem ihr uns
Den neuen Anfang laßt!«

Die Parteioberen dachten überhaupt nicht daran! Erich Honecker empörte sich: »In einem Gedichtband, der im Westberliner Wagenbach-Verlag erschien, hat Biermann die Maske fallen lassen. Im Namen eines schlechtgetarnten spießbürgerlich-anarchistischen Sozialismus richtet er scharfe Angriffe gegen unsere Gesellschaftsordnung und unsere Partei. Mit seinen von gegnerischen Positionen geschriebenen zynischen Versen verrät Biermann nicht nur den Staat, der ihm eine hochqualifizierte Ausbildung ermöglichte, sondern auch Leben und Tod seines von den Faschisten ermordeten Vaters.«

Die absurdeste Verknüpfung: Was hat der Tod seines jüdischen Vaters im nazistischen KZ mit Biermanns Kritik an der DDR zu tun? Überall wurden »unsere Menschen« auf Linie gebracht.

Auch ich erlebte das in Leipzig. »Keine Toleranz gegenüber ideologischer Koexistenz.« Zu diesem Thema sprach Klaus Höpcke, damals Kulturredakteur im »Neuen Deutschland«, zu den Studenten der Buchhandels- bzw. Bibliothekarsschule. Ich erinnere mich, daß ihm die Masse nicht lammfromm lauschte, sondern daß sich während seines Vortrags nicht zu überhörendes Unmutsgemurmel breitmachte.

In der Endphase der DDR kollidierte Höpcke sogar noch einmal mit seinem Staat. Das hätte man ihm gar nicht zugetraut. Oder sah er einfach nur die Zeichen an der Wand ...?

MAO

1965 gab es in der Welt wieder einmal eine Revolution. Mitten im bevölkerungsreichsten Land der Erde – in China. Die Erhebung wollte aber nicht etwa den Sozialismus abschaffen, sondern überholte ihn rabiat links – auf Millionen Fahrrädern.

Mao hatte zur Sicherung seiner Macht die Kulturrevolution ausgerufen. Eigentlich ging es ihm dabei um eine landesweite Hexenjagd gegen Intellektuelle, die von der Linie seiner Partei abwichen. Ihre Ideen müßten »ausgemerzt« werden. Funktionäre, die nicht ergeben auf seiner Seite standen, nannte er »Menschen, die Macht haben und dem Kapitalismus den Weg bahnen«.

Für Menschen im Ostblock war das ja alles nichts Neues. Zur Erhaltung der Macht gab es in jedem sozialistischen Land von Zeit zu Zeit ähnliche Polit-Kampagnen. Die chinesische war aber von ganz besonderer Art. Die von Mao benutzten Roten Garden waren Jungen und Mädchen zwischen zehn und zwanzig Jahren. Ihr Credo: »Wir versprechen all jenen einen blutigen Krieg, die es wagen, sich der Kulturrevolution und dem Vorsitzenden Mao entgegenzustellen!«

Ihm unliebsame Landsleute wurden kurzerhand als »Kapitalistenhelfer« denunziert und waren damit der Verfolgung preisgegeben. Jung Chang erzählt in ihrem Buch »Wilde Schwäne«, wie sie jene Zeit in der chinesischen Volksrepublik erlebt hat: »Ab Juni fand an unserer Schule kein Unterricht mehr statt, dennoch mußten wir täglich hingehen. Jeden Tag wurden über Lautsprecher Leitartikel der ›Volkszeitung‹ vorgelesen, wir mußten täglich die Zeitungen studieren, auf deren Titelseiten oft ein großes Porträt des Vorsitzenden Mao prangte. Jeden Tag erschien eine

Spalte mit Zitaten und Aussprüchen des Vorsitzenden in überdimensionalen Lettern: ›Der Vorsitzende Mao ist die rote Sonne in unserem Herzen!

Mao Zedongs Gedanken sind unsere Rettung.

Wir werden alle vernichten, die sich dem Vorsitzenden in den Weg stellen!‹

Das tägliche Zeitunglesen wich schon bald dem Rezitieren von ›Zitaten des Vorsitzenden Mao‹. Die Zitate waren in einem kleinen, rot eingebundenen Bändchen erschienen, dem ›Kleinen Roten Buch‹. Jeder von uns bekam ein Exemplar, und man schärfte uns ein, daß wir es wie unseren Augapfel hüten sollten. Jeden Tag lasen wir daraus im Chor vor.«

1967 wurden in China 800 Millionen Exemplare dieses Buches mit 425 Aussprüchen des weisen Führers verkauft.

Mao, seine Frau und der Verteidigungsminister mobilisierten die Schüler und Studenten zu Massendemonstrationen gegen die Bürokratie, die »Handlanger des Kapitalismus«, und gegen »bourgeoise Autoritäten«.

Die »Roten Garden« formulierten teilweise hanebüchene Forderungen: »Rot ist die Farbe der Revolution, die beste der Welt; grün ist die Symbolfarbe des Giftes: daher befehlen wir, daß binnen 48 Stunden die Ampeln so umgestellt werden, daß grün Halt, rot aber vorwärts bedeutet.«

Es ist kaum zu glauben, in manchen Städten führte die KP Chinas den Linksverkehr ein. Das war dem Kommunismus gemäß. Links voran. Als das Verkehrschaos im Land immer größer wurde, kehrte man allmählich zu den bewährten Regeln zurück.

Die »Roten Garden« verkündeten ein 23-Punkte-Programm. Darin wurde festgelegt, daß beispielsweise in allen Kinos, Theatern und Omnibussen Bilder von Mao aufgehängt werden müssen. Jeder Bürger müsse manuelle Arbeiten erledigen. Die Rotgardisten verboten Friseuren, daß sie die Kunden nach »ausländischem« Vorbild frisierten, und Mädchen das Tragen von engen Hosen.

Es wurde die Rebellion gegen Autoritäten ausgerufen,

eine Revolution der Erziehung, die sich vor allem durch Drill auszeichnete. Die alte Welt sollte zerstört werden, damit eine neue entsteht – die der neue Mensch erbaut. Parolen, nichts als Parolen wurden verkündet, die aber kurioserweise im Westen (und damit ist nicht nur die Bundesrepublik gemeint) in jenen Jahren auf Widerhall stießen. Daß westdeutsche Studenten gegen Nazis in Ämtern und an den Universitäten demonstrierten – das war ja zu verstehen, aber daß sie plötzlich Mao verehrten ...?! Junge Deutsche zogen dort tatsächlich mit Bildern des chinesischen Führers durch die Straßen. Wir in Leipzig rieben uns die Augen. Das durfte doch nicht wahr sein! Hatten unsere westdeutschen Kommilitonen etwa Sehnsucht nach Diktatur und Gewalt? Wir hätten nichts dagegen gehabt, mit ihnen den Wohnort zu tauschen.

Von dem übersetzten Büchel im roten Kunstledereinband, der sogenannten Mao-Bibel, wurden 1966 in deutscher Sprache in der Bundesrepublik immerhin 100 000 Stück verkauft, vorwiegend in Universitätsstädten!

Junge Leute in der DDR hätten das Buch freiwillig nie gelesen! Uns reichte schon die Zwangslektüre der marxistischen Klassiker. Vor lauter Protest gegen den Kapitalismus und gegen das Establishment hatten unsere westdeutschen Brüder und Schwestern, so schien uns, jeglichen Blick für die Realität verloren. Schließlich wurden in China Menschen verletzt, getötet, Kirchen niedergebrannt, wertvolle uralte Kulturgüter vernichtet!

Was mit dem Begriff »Kulturrevolution« harmlos umschrieben wurde, war letztlich ein Aufruf zur Gewalt, bedeutete für viele Menschen unendliches Leid.

Jung Chang schreibt in ihrem Buch: »In praktisch jeder Schule in China wurden Lehrer beschimpft und geschlagen, einige so schwer, daß sie ihren Verletzungen erlagen. Schüler richteten Gefängnisse ein und folterten ihre Lehrer.«

Die chinesischen Garden setzten ihre Scheren auch an enge Hosenbeine, Röcke oder brachen die halbhohen Absätze der Damenschuhe ab. Alles mit der Begründung, daß es sich hierbei um »bourgeoise Dekadenz« handeln würde. Nur triste Einheitskleidung war revolutionär.

Da haben die westdeutschen Damen und Herren ja noch Glück gehabt, daß die Mao-Fans in Westberlin und Frankfurt ihnen nicht an die Klamotten und das Schuhwerk gegangen sind ...

Aber es ging den »Roten Garden« nicht nur um bürgerliche Kleidung, sie wandten sich vor allem auch gegen bürgerliches Bildungsgut. In schlimmster Nazi-Manier vernichteten die Rotgardisten Literatur. Außer Mao-Texten und ein paar marxistischen Klassikern landete alles auf Scheiterhaufen, wurden selbst Bücher von Shakespeare, Dickens, Shaw, Tschechow, Dostojewski, Balzac, Maupassant u. a. verbrannt.

1965 sagte Mao: »Je mehr Bücher man liest, desto dümmer wird man.« Seiner Meinung nach sollte die Praxis alles lehren. Daraufhin galt jener Satz von ihm auch als Richtlinie für das Gesundheits- und Bildungswesen.

Mao argumentierte inzwischen gegen die viel gespielten Dramen des Ming-Mandarins. Dieser Mandarin, ein hoher Beamter in der Ming-Dynastie, war ein gerechter Mann, der das Volk vor den Mächtigen schützte. Er wurde wegen seines Handelns entlassen und des Landes verwiesen. Das Ehepaar Mao sah aktuelle Anspielungen und drängte auf das Verbot dieser Stücke.

Jürgen Hart schrieb für unser Kabarett eine Szene, in der ein Chinese darüber informiert, daß die »Mandarinen« in der »Kultullevolution« nunmehr umbenannt wurden – in »Maoinen«. Ein westdeutscher Handelsrat und ein Mao-Vertreter mit blauer Jacke und Armbinde verhandeln, der Chinese unterbricht ständig, weil er jede Minute einen Satz von Mao »studielt«.

Den Chinesen spielte Gunter Böhnke, da wir fanden, daß er (damals noch ohne Bart!) von uns vieren einem Chinesen am nächsten kam. Widerrede hatten wir nicht geduldet.

Der Chinese spricht den westdeutschen Handelsmann

nun als seinen »lieben Paltnel« an: »Hiel sollen keine Namen fallen, abel wenn es um gemeinsame Feinde geht, muß doch der lussische Impelialismus genannt welden!«

Es kam in jenen chaotischen Jahren sogar zum Bruch der KP Chinas mit der brüderlich verbundenen Sowjetunion. Der Hauptgrund: Mao war gegen die friedliche Koexistenz, die Chruschtschow gegenüber den Westmächten formuliert hatte. Daß die beiden Riesenreiche des Kommunismus in Konfrontation geraten könnten, hatten wir nicht für möglich gehalten.

Der Fanatismus trieb in China immer ärgere Blüten. Die normalsten Gefühle junger Menschen wurden von den Rotgardisten in aller Härte attackiert. Jung Chang erlebte folgendes: »Ein Mädchen aus meiner Klasse erhielt einmal einen Liebesbrief von einem 16jährigen Jungen. Sie schrieb zurück und beschimpfte ihn als ›Verräter an der Revolution‹: ›Wie kannst Du es wagen, an so etwas Schamloses zu denken, solange der Klassenfeind noch wütet und die Menschen in der kapitalistischen Welt in einem Jammertal des Elends leben!‹«

Und unsere Kommilitonen in Westberlin und Frankfurt trugen tatsächlich Mao-Bilder durch dieses »Jammertal« ...

Das »Casino«

Ich habe nirgendwo so viele gute Filme gesehen wie im Filmkunsttheater Casino.

Nirgendwo!

Und ich hätte das damals nicht geglaubt, daß das so ist. Den ganzen Tag liefen hervorragende Streifen. In jeder Vorstellung ein anderer Film. 10.00 Uhr begann die erste, 21.00 Uhr die letzte Vorstellung, fünf Filme jeden Tag.

Als mir irgendwann ein Westdeutscher erzählte, in der Bundesrepublik würde in den meisten Kinos vielfach nur Schund laufen, wollte ich das nicht glauben. Seit der Wende weiß ich, daß der Mann recht hatte.

Im »Casino« verbrachte ich unzählige Stunden meines Lebens und sah die interessantesten Filme. Der »Tod in Venedig« war nur in wenigen Kopien von der DDR angekauft worden. Dieser Film hielt dort den Aufführungsrekord, er ist zwei Jahre jede Woche gelaufen. Oder »Elvira Madigan«, diese poetische Liebesgeschichte mit der immer wiederkehrenden eindringlichen Mozart-Musik, die ich selbstverständlich heute auch auf CD besitze.

Das besondere Programm dieses Kinos prägte vor allem Fred Gehler, der den seit 1963 dort ansässigen Filmclub leitete und die »Camera«-Vorstellungen des Staatlichen Filmarchivs für Leipzig initiierte. Seit einigen Jahren ist er nun Chef der Dokumentar- und Kurzfilmwoche in Leipzig. Seinerzeit hatte er im »Roten Kloster«, der Journalistenfakultät der Karl-Marx-Universität, studiert, war dann als Assistent in Ungnade gefallen und mußte die Alma mater verlassen. Gehler schrieb für den »Sonntag«, war mit Texten angeeckt, die kulturpolitisch nicht auf der Linie lagen, und durfte dann für geraume Zeit nicht mehr für die Wochenzeitung arbeiten. Er war freischaffend, hatte gute Kontakte zum Haus der tschechischen und polnischen Kultur in Berlin und holte die neuesten Filme der östlichen Nachbarn nach Leipzig.

Wann habe ich heute die Chance, einen Film aus Osteuropa zu sehen?

Der Filmclub am Donnerstag galt als nichtkommerzielles Unternehmen. Jede Vorführung wurde mit einem Text von Gehler oder einem anderen eingeleitet. Es gab Eintrittskarten in drei Preisgruppen: –,70, –,90 und 1,10 Mark. Ich sah in den Club-Vorstellungen Filme wie »Messer im Wasser« von Roman Polanski, »Der Kanal« von Andrzej Wajda, sein »Asche und Diamant« wühlten uns auf. Zbigniew Cybulski war nicht nur in Polen beliebt. Unverwechselbar mit seiner dunklen Brille, die er wegen Augenproblemen tragen mußte. Ein großartiger, lakonischer Schauspieler. Er war sozusagen *unser* James Dean. Und er hatte mit ihm auch ein tragisches frühes Ende gemeinsam. Im Jahr 1967 kam Cybulski nach Dreharbeiten auf einen Bahnhof, wollte rasch zu seiner Familie nach Warschau; er sprang auf den Zug und rutschte aus. Er bezahlte mit seinem Leben.

Unvergeßlich die Szene mit ihm aus »Asche und Diamant«, wo er von einem Polizisten verfolgt wird. Plötzlich ein Platz, auf dem weiße Wäsche aufgehängt ist, große Laken. Der Verfolgte ist nicht mehr auffindbar. Er hat sich in ein Bettuch gehüllt. Dann eine Hand, ein Stöhnen, er ist getroffen, auf dem Tuch wird ein dunkler Fleck sichtbar. Das weiße Laken des Todes.

Oder die Filme aus Westeuropa, die Arbeiten von Ingmar Bergman und Luis Buñuel. »La Notte« von Michelangelo Antonioni mit Monica Vitti, Jeanne Moreau und Marcello Mastroianni. Ein Blick in den Luxus einer fremden Welt, ein Blick, der uns ganz benommen machte, aber auch zeigte, wieviel Fassade der Glanz hatte. Die Sinnlosigkeit, der Überdruß, Konflikte in der Partnerschaft, die uns noch fremd waren. Wunderbare Schwarzweiß-Bilder im Regen, verschwommene Gesichter hinter der Scheibe eines Autos,

Spiegelungen im Glas. Auf einem Fest der High Society spielt die Band bluesige Melodien bis in den Morgen. Alle waren so schick gekleidet, die Damen im kleinen Schwarzen, Spaghetti-Träger liefen über ihre bloßen Schultern.

Unsere Sehnsucht nach den unerreichbaren Städten und Ländern, nach einem anderen Lebensstil, diese Sehnsucht befriedigten wir vor allem im Kino. Wir sahen die Filme immer auch mit anderen Augen. Wir achteten nicht nur auf das Spiel der Akteure, sondern genauso auf die Umgebung, auf Paris, Rom oder New York. Wir genossen das andere Interieur, die Schaufenster, Reklameschriften, Waren im Supermarkt, eben jene Dinge des Lebens, die sich äußerlich so von den unseren abhoben.

Wir waren damals noch nicht von einer Bilderflut überreizt, haben intensiv Kino geschaut. Vor Begeisterung vergaßen wir, daß die Dialoge der Filme oft aus einem Kabäuschen im hinteren Teil des Kinos eingesprochen wurden. Wir waren so gefesselt, daß wir alles ringsum vergaßen, auch das knarrende Gestühl. Danach wurde noch endlos über das Gesehene debattiert. Und am nächsten Tag im »Corso« noch einmal: »Den mußt du gesehen haben!«

Zum Beispiel den hervorragenden tschechischen Film »Der Laden auf dem Korso« von Jan Kadar und Elmar Klos. Er hatte 1966 als erster Film eines sozialistischen Landes den Oscar für den besten ausländischen Film erhalten. Ein Jahr später kam Miloš Formans »Die Liebe einer Blondine« in die Endrunde, und 1968, in jenem besonderen Jahr, errang »Scharf bewachte Züge« von Jiří Menzel, entstanden nach einem Buch von Bohumil Hrabal, wiederum einen Oscar. In der Geschichte, die in der Nazizeit spielt, überraschte der Popsänger Václav Neckář mit einer reifen schauspielerischen Leistung.

Das Staatliche Filmarchiv der DDR verlieh auch alte Produktionen. »M« mit Peter Lorre hat uns begeistert. Ich sehe den weißen Kreidebuchstaben »M« für Mörder auf dem Jackett des Täters noch vor mir. Die unverwüstliche »Feuerzangenbowle« war genauso zu sehen wie die Vorkriegsverfilmung von »Emil und die Detektive«, das Drehbuch hatte ein in Krakau geborener junger Mann geschrieben, der sich später Billy Wilder nannte ...

Wir sahen damals viele alte und neue Filme, die nur in Berlin und Leipzig gezeigt wurden und nie in andere Kinos der Republik gelangten. Dem »Casino« gewährte man eine gewisse Freiheit, es war eine flimmernde Nische. Solch ein niveauvolles Programm wäre in unseren Tagen nicht finanzierbar. Ich glaube nicht, daß es an Besuchern mangeln würde, aber die Ausleihgebühren der Filme ließen das wohl nicht mehr zu. Würde man die Kosten auf die Eintrittskarten umlegen, kämen unbezahlbare Preise zustande.

Und so bleibt es dabei: das »Casino«-Programm ist unübertroffen. Ich werde nirgendwo wieder so viele gute Filme sehen ...

Kabarett

Kabarett hab ich zum ersten Mal im »Rembrandt« meiner Tante Hanne gesehen. Erinnern Sie sich an das Gerät?

Genau, ein Schwarzweiß-Fernseher aus DDR-Produktion war das. Ich sah die »Lach- und Schießgesellschaft« aus München. Grandios! So was wollte ich auch machen.

Eine kabarettähnliche Szene dachte ich mir mit meinem Freund Rudi Kleinstück schon in der 9. oder 10. Klasse aus. Rudi, das muß ich hier einfügen, ist für mich ein verhinderter Politiker bzw. Diplomat, denn er hat bereits um das Jahr 1962 herum einen Entwurf für die Wiedervereinigung der beiden deutschen Staaten verfaßt.

Mit 18 Jahren!

Ich weiß noch genau, es war in der Weihnachtszeit, als er mir seinen Plan vorlas. Ich hörte konzentriert zu und bröselte dabei etwas Staubzucker vom Stollen auf die blütenweiße Tischdecke. Anschließend rauchten wir eine HB, von der netten Nachbarin gestiftet, was der Festlichkeit des Feiertages angemessen war. Ich staunte, was mein Freund sich für Gedanken gemacht hatte, und Sie wissen alle, daß seine Überlegungen leider nicht zum Tragen kamen, sonst hätten wir schon seit gut 40 Jahren in einem geeinten Deutschland gelebt.

Und uns wäre weiß Gott manch überflüssige Erfahrung erspart geblieben!

Zurück zur ersten Kabarett-Szene: Wir hatten mit Helga Klappach eine Deutschlehrerin, die solche Pläne unterstützte und uns ermunterte. Wir schrieben einen Text über den polytechnischen Unterricht, über die Hilfsdienste, die wir in der Produktion leisteten, wo man Schüler mitunter als billige Arbeitskräfte ausnutzte und sie den Werkhof kehren ließ.

Wie Sie sich denken können, war die Szene in den Augen mancher Leute ein Politikum, unsere Lehrerin bekam eins auf ihre Baskenmütze, und unser sauscharfer Text wurde nach einmaliger Aufführung – allerdings ohne irgendwelche weiterführenden Sanktionen – verboten. Eine zweite Vorstellung hätte die Existenz der DDR zweifellos entscheidend gefährdet.

Ich hatte mit Freunden immer mal herumgesponnen, daß es toll wäre, Kabarett zu machen. In Zwickau blieb es beim Spinnen. Als ich nach Leipzig kam, sprach ich darüber mit Siegfried Hillert, einem Freund, beim Bier im »Erdener Treppchen«. Er meinte, daß an einem der Tische einer von der Studiobühne der Karl-Marx-Universität sitzen würde. Ich sprach den Typ an, und dieser Eike Sturmhöfel sagte mir, daß sich gerade ein gewisser Jürgen Hart mit dem Gedanken trage, ein Kabarett an der Uni zu gründen.

Mit dem verabredete ich mich dann in jener Kneipe, Erkennungszeichen war ein »Filmspiegel«. Jürgen hatte, wie ich rasch merkte, ganz konkrete Vorstellungen von Kabarett. Ich wollte lediglich gern Kabarett spielen, aber er wußte genau, wie das geht. Er hatte schon in der Schule seiner Heimatstadt Treuen eine Truppe gehabt. Irgendwann lud er mich ein, und ich lernte zwei weitere Mitstreiter kennen. So gründeten wir 1966 unser Studentenkabarett »academixer« an der Karl-Marx-Universität: Jürgen Hart, Christian Becher, Gunter Böhnke (der an der Theaterhochschule wegen Humorlosigkeit abgelehnt worden war) und ich.

Unter dem gleichen Namen hatte bereits eine Truppe am Dolmetscher-Institut existiert. Ihr erstes Programm »Links, wo der Scherz ist« hatte im Dezember 1963 Premiere gehabt. Als sie am zweiten Programm feilten, wurde es vier Wochen davor von oben, also nicht von sehr weit oben, nur vom ersten Stockwerk des Kulturzentrums der Karl-Marx-Universität, abgesagt. Die Vorstellung sollte in jenem Studentenkeller stattfinden, in dem schon der »Rat der Spötter« getagt hatte. Bei den Spöttern war es im September 1961 nicht bei der Absage von oben geblieben; die Akteure um Peter Sodann wurden von der Stasi gleich in Gewahrsam genommen. Ein Blick in die Texte hatte den Genossen der Universitätsparteileitung schon gereicht, um festzustellen, daß in dem neuen Programm »Wo der Hund begraben liegt« die DDR diffamiert werden sollte. Zur »Abnahme«, dem gemilderten Begriff für die Zensurveranstaltung, waren nicht nur Funktionäre der Universität – wie der stellvertretende Parteichef Gottfried Handel – gekommen, sondern noch diverse andere Herren, die niemand kannte, obwohl jeder ahnte, welche Institution sie geschickt hatte. Die ganze Abnahme zeigte letztendlich »Wo der Hund begraben liegt«.

In dem Band »Dürfen die denn das«, der sich 75 Jahren Kabarett in Leipzig widmet, beschreibt Volker Schulte, wie heiß es an diesem Abend zuging: »Als Handel den sozialistischen Überzeugungstäter Peter Sodann einen ›Arbeiterverräter‹ nannte, bot der dem ungeliebten Parteimann Prügel an.«

In den Tagen darauf wurden Peter Sodann, Student an der Theaterhochschule, der Journalistik-Absolvent Ernst Röhl, die Journalistikstudenten Heinz-Martin Benecke, Peter Seidel und Manfred Albani sowie der freischaffende Grafiker Rolf Herschel verhaftet. Der Rektor der Theaterhochschule, Professor Armin-Gerd Kuckhoff, erhielt den Auftrag, über die Texte des Kabaretts ein Gutachten zu erstellen. Er las und deutete und schrieb fleißig – ganze 38 Seiten! Das Konvolut war vermutlich umfangreicher als die Textmappe selbst.

Kuckhoff fällte ein Urteil über das Programm und damit über die Akteure: »Die objektive Wirkung ist eine Beförderung konterrevolutionärer Versuche zur Störung unseres Aufbaues.«

Und so konnte der Bezirksstaatsanwalt mit dem passenden Namen Kampfrad dasselbe anwerfen und die Kabarettisten mit dem Vorwurf der »staatsfeindlichen Zersetzungstätigkeit gegen die Politik der Arbeiterklasse und gegen die Politik der Regierung« überrollen. Ihr Tun schien ihm ganz im »Sinne der von den Bonner Ultras gesteuerten Hetze und Wühltätigkeit«.

Die »Spötter« saßen ein Dreivierteljahr in Untersuchungshaft. Dann wurde ihnen der Prozeß gemacht. Ihr Verteidiger, der kurioserweise Ulbricht hieß, mühte sich redlich und weigerte sich, den Tatbestand der »feindlichen Hetze« zu akzeptieren. Sie erhielten schließlich Bewährungsstrafen. Sodann als »Rädelsführer« die höchste: ein Jahr und zehn Monate.

Die jungen Leute hatten sich eine ungünstige Zeit für ihre Premiere ausgesucht. Die Hoffnung, daß die Oberen hinter der frisch hochgezogenen Mauer etwas lockerer mit der Realität umgehen würden, erwies sich als trügerisch. Das Gegenteil trat ein: an der Universität wurde mit politisch-ideologischen Unklarheiten und sogenannten Provokationen energisch aufgeräumt. Studenten preßte man Bereitschaftserklärungen zum Eintritt in die Nationale Volksarmee ab. Wer sich weigerte, wurde als »Gegner entlarvt« und exmatrikuliert. Die Partei sprach davon, daß dem Gegner Einbrüche in die Studentenschaft gelungen seien. Bezirks- und Universitätsparteileitung übten immensen Druck aus, Scharfmacher Paul Fröhlich natürlich wieder an der Spitze. Innerhalb kurzer Zeit exmatrikulierte die Universität 116 Studenten.

Die Autorin Sylvia Klötzer resümiert in einem Beitrag über das Ende des Kabaretts »Rat der Spötter«: »Das Kabarett-Programm allein hätte eine Verurteilung nicht hergegeben. Es bedurfte der Kriminalisierung der Kabarett-Mitglieder und ihrer Präsentation als ›feindliche Gruppe‹, wozu jeder Witz, der beim Bau des ›Spötterkellers‹ erzählt wurde, als feindliche Propaganda ausgelegt wurde ...«

Ein spätstalinistischer Schauprozeß.

Da hatten die »Pfeffermüller« quasi Glück, denn »Woll'n wir doch mal ehrlich sein« – schon der Titel war eine Provokation – wurde 1964 *nur* verboten, und der Direktor Edgar Kühlow mußte gehen oder, wie man damals sagte, »wurde gegangen«.

Als ich zum Studium 1965 nach Leipzig kam, saß ich irgendwann zum ersten Mal in der »Pfeffermühle« und lernte eine Form des Kabaretts kennen, die mir auf Anhieb gefiel. Mich begeisterten die be- und gerühmten »Familienszenen«, »Rundtischgespräche« und »Straßenbau-Nummern« wie zum Beispiel »Cosi non fan tutte« aus dem Programm »Eine kleine Machtmusik« (1967) von Hanskarl Hoerning. Hören wir mal den beiden Straßenbauarbeitern zu:

1. August, guck mal, das Loch ist immer noch in der Straße. Das gute alte Loch.
2. Das dient doch jetzt der Wissenschaft. Gestern waren schon Archäologen da.
1. Wer war da?
2. Archäologen. Das sind Altertumsforscher.
1. Die haben wohl deine Alte erforscht?
2. Ich weiß, daß du mit Cohrs in einer Klasse warst.
1. Na mal im Ernst: Was wollten denn die Archäologen?
2. Die sind in das Loch reingekrochen. Die haben nach Werkzeugen gesucht, aus der Steinzeit.
1. Haben sie denn welche gefunden?
2. Freilich, jaja. Eine Hacke. Bloß im Jahrhundert haben die sich geirrt, August. Das war die, die du vor zwei Jahren liegengelassen hast.
1. Wieso haben die sich da geirrt, August. Die Werkzeuge, mit denen wir arbeiten, die stammen doch aus der Steinzeit.
2. Sage nichts gegen die Steinzeit, du. Das Werkzeug damals hat wenigstens gehalten ...

Dramaturg und Texter Rainer Otto nahm sich in »Vorwiegend weiter« die permanente Feiersucht in der DDR vor, »... wir machen doch aus der Eröffnung eines jeden Krämerladens eine Festveranstaltung ...«:

Täglich hab'n wir was zu feiern,
sei's der Sommerpreis bei Eiern,

zwanzig Jahre Rundfunkchor,
fünfzig Jahre Mann im Ohr.
Hundert Jahre Wassertreten,
fünfundzwanzig Raumraketen,
hundert Jahre gibt es Gas
und schon fünfundzwanzig das
Ministerium der Finanzen,
fünfzig Jahre Ausdruckstanzen,
hundert Jahre Leipzger Zoo,
hundertfünfzig waterclo.
Zwanzig Jahre Wohnraumlenkung,
dreißig Jahre Ausschußsenkung,
die HO begeht gesund
zwanzig Jahre Warenschwund ...

1965 gab es in der Leipziger Pfeffermühle eine »Frohe Messe in haha-moll«. Hoerning dichtete in einem Lied »An der Pleiße« u.a.:

Uns're Ahnen sagten sich:
Berlin liegt an der Spree,
Dresden liegt am Elbestrand
und Rostock an der See.
Darum braucht auch unsre Stadt
Wasser unbedingt,
wenn der Reim auch häßlich ist
und das Flüßchen stinkt.
Seit der Zeit bekennt der Leipziger voll Huld –
An der ganzen Pleiße sind wir selber schuld ...

Die frechen Conferencen und Lieder kamen mit viel Charme über die Rampe – von der Schmitter, der Geithner, dem Hoerning, dem Mahler und dem von mir verehrten Manfred Stephan, den ich schon am Zwickauer Theater bewundert hatte. Damals, als junger Student, träumte ich davon, einmal auf dieser Brettlbühne zu stehen und mit den Akteuren in der schönen Kneipe ein Bier zu trinken.

Die wichtigste Lehre, die ich aus dem Umgang der Behörden mit diesen Kabaretts zog, lautete also: Man mußte seine Worte gut abwägen, wenn man die Texte auch spielen wollte. Das bedeutete, einen Teil des Textes unsichtbar zwischen die Zeilen zu schreiben; der geübte Zuschauer in der Diktatur entschlüsselte das flugs und mit Wonne. Bestens geeignet für solche Zwecke waren die satirischen Stücke von Holberg und Majakowski, die Jürgen Hart entsprechend bearbeitete. »Einmal Troja und zurück« und »Geisterfahrer« (nach Majakowskis »Schwitzbad«) ließen uns viel mehr Raum für politische Satire als Szenen, die in der DDR spielten.

Das erste Kabarett-Programm der »academixer« hieß »Kein X für U« und hatte am 30. April 1967 Premiere. Zwei Damen verstärkten damals unsere Truppe: Rosemarie Radtke und Dorit Zallmann. Und ein Meister der Tasten: Christof Rüger. Mit Eberhard Scheerschmidt hatten wir zudem einen verläßlichen Techniker.

Die meisten Texte schrieb Jürgen Hart, als Mitautor tauchte bei zwei Szenen wieder der »Spötter« Peter Seidel auf, mit dem ich in den folgenden Jahren mehrmals für unsere Truppe Texte erarbeitete.

Schon das erste Programm enthielt ein paar der berühmten »Kollegen-Szenen«: Jürgen Hart und Gunter Böhnke spielten darin zwei Professoren, Jürgen verknautscht und das Jackett immer verknöpft, Gunter ganz akkurat. Wenn beide die Bühne erstürmten, intonierte Christof Rüger das Motiv »Ich bin der Prodekan ...«. Professoren-Szenen tauchten über viele Jahre in unseren Programmen auf, wurden unser Erkennungszeichen:

»Herr Kollege!«
»Herr Kollege!«
»Na, was macht die Wissenschaft?!«
»Ach, komme vor lauter wissenschaftlicher Arbeit nicht zu wissenschaftlicher Arbeit!«
»Wem sagen Sie das! Habe da übrigens ...«

Und nun wurde das entsprechende Thema abgehandelt. Christian Becher hatte für unser erstes Programm einen Text geliefert, der sich als Evergreen herausstellen sollte und bis zum Ende der DDR aktuell blieb. »Der Erlkönig« ritt immer wieder über die Bühne, melodramatisch untermalt mit Musik von Franz Schubert, die Christof Rüger perfekt auf dem Piano zauberte. Christian »Grischa« Becher gab die Theorie, Gunter Böhnke die Praxis, und ich war das arme Studentlein.

Theorie
Ich reite mit dir durch Sturm und Wind,
so wie der Vater mit seinem Kind.
Ich laß dich Studenten nicht aus dem Arm,
ich lasse nicht locker, dich halt ich mir warm. Student, was birgst du so bang dein Gesicht?
Student
Siehst, Theorie, du die Praxis nicht?
Ich bin gegen die Praxis nicht immun.
Theorie
Du bist bei mir, sie kann dir nichts tun!
Praxis
Willst, feiner Studente, du mit mir gehn?
Ich will dich in der Praxis arbeiten sehn!
Mit den Werktätigen an Ort und Stell!
Komm, Student, ach komm doch schnell!

Hier tauchten unsere beiden Damen als Reigen der lockenden Werktätigen auf
Student
Theorie, Theorie, und siehst du nicht dort
die Werktätigen am Arbeitsort?
Theorie
Sei ruhig, bleibe ruhig, Student:
Nur der ist glücklich, der die Praxis nicht kennt!

An dieser Stelle wollte der Applaus kein Ende nehmen.

Praxis
Du lieber Student, komm halt dich zu mir.
Ich reiß dich heraus aus theoretischem Traum,
denn: »Grau ist alle Theorie
und grün des Lebens goldner Baum«!
Student
Theorie, Theorie, und hörest du nicht,
was mir die Praxis ganz leise verspricht?
Theorie
Student, Student, laß uns schnell gehn!
Ich bin für die Praxis, doch ich will sie nicht sehn!
Praxis
Ich brauche dich! Du kriegst auch Gehalt!
Und bist du nicht willig, so brauch ich Gewalt!

Der Reigen der netten Werktätigen wird nun handgreiflich
Student
Theorie, Theorie, jetzt faßt sie mich an!
Die Praxis hat mir ein Leids getan!
Theorie
Student, mir grauset! Jetzt reit ich geschwind!
Ich lasse nicht los, in Sturm nicht und Wind!
Student! Wo ist deiner Wangen Rot?
Mein Gott! Schon jetzt ist der Studente tot!

Resonanz und Applaus waren von der Universität bis zum Großbetrieb enorm. Hier konnten alle den Widerspruch zwischen sozialistischer Theorie und Praxis verlachen. Seelenhygiene.

Unser erstes Programm »Kein X für U« spielten wir im Ernst-Beyer-Haus. Das zweite schon im Keller vom »Dresdner Hof«. Ja, genau in jenem Keller, in den die »academixer« 1980 endgültig einzogen. Dort räumten wir 1967 ein paar Podeste und spanische Wände in die ehemalige Empfangshalle des Messehauses, in dem sich jeweils im Frühjahr und Herbst eine Messegaststätte befand.

Ich weiß noch, wie ich vor den Vorstellungen oben im

Erdgeschoß in der Mensa Kalinin von Tisch zu Tisch ging und Ormig-Zettel verteilte, die für unser Programm warben. Dann sahen wir am Abend durch die Ritzen der spanischen Wände und freuten uns, wenn sich die Stuhlreihen füllten.

Obwohl alle Mixer 1967/68 das Studium beendeten, blieben wir zusammen. Die Praxis griff sich den Theorie-Darsteller Christian Becher nach dem Studium der Wirtschaftswissenschaften und schickte ihn nach Frankfurt/Oder, Gunter Böhnke arbeitete nach seinem Deutsch-Englisch-Studium in Berlin. Wir waren aber sehr flexibel. Fast jeder konnte alles vom andern spielen. War Gunter nicht greifbar, trat ich mit Jürgen als Professor auf. Einmal mußten wir das Programm ohne Gunter im Keller beginnen, er fehlte unentschuldigt. Wir vermuteten eine Zugverspätung und übernahmen. Mitten in einer Szene eilte er, gerade auf sein Stichwort, durch die Pendeltür in den Keller und griff sofort ins Geschehen ein. Er war aus Berlin herangetrampt und nicht so vorwärts gekommen, wie er es sich erhofft hatte.

Jürgen Hart entwickelte nicht nur die geistige Konzeption für unser Programm, hatte nicht nur viele Ideen für die Inszenierungen, sondern konnte auch viel Phantasie beim Blödeln entwickeln und diverse Spiele erfinden. So zum Beispiel das Dichterraten. Bei einer Version stellte sich die Lösung des Schriftstellernamens über das Gegenteil eines Wortes ein.

Also: Wer verbirgt sich hinter dem Namen Schwarzfuß ... Richtig – Weiskopf. Oder Dickenmunter? ... Wer ist Dickenmunter? – Ganz klar: Dürrenmatt!

Oder Jürgen lud uns zur Beugung von Städtenamen ein. Zum Beispiel Wernigerode:

Ich wer nie gerode
Du wärst nie gerode ...

Er steckte uns in jeder Beziehung mit seiner Kreativität an, wir hatten unglaublich viel Spaß zusammen. Und wenn es stimmt, daß eine Minute Lachen zehn Minuten Laufen entspricht, dann haben wir in den Jahren mit ihm mehrere Marathonläufe hinter uns gebracht.

Es gibt kein Kabarett in Deutschland, in dem die vier Gründungsmänner über Jahrzehnte zusammen spielten. Rekord! Bis zu Jürgens schwerer Krankheit standen wir vier und Katrin Hart mit »Oh, alter Männer Herrlichkeit« noch gemeinsam auf der Bühne. Jenes Programm, eine Blütenlese zum 30jährigen Bestehen des Kabaretts, das wir nur im Jahr 1996 »anläßlich« spielen wollten, blieb wegen der immensen Nachfrage jahrelang im Spielplan. Das Publikum nahm mit diesen Szenen noch einmal lachend Abschied von der DDR. Zum letzten Mal lief »Oh, alter Männer Herrlichkeit« im Oktober 2001, im April 2002 starb Jürgen Hart.

Unseren Stil beschrieb Jürgen einmal so: »Ob die ›academixer‹ einen eigenen Stil haben, ist schwer zu sagen, wenn man selbst mittendrin steht. Aber wenn sie keinen haben, so hat der folgende Merkmale: Wortbezogenheit bei möglichst genauer Figurenzeichnung; Musikalität; Formenreichtum und Ausstattungsarmut.«

Der Text stand im Vordergrund, immer auf dem Boden der Tatsachen, oft auf einem doppelten Boden. Der war nötig, um in dieser DDR Kabarett zu machen. Jürgen hatte Strategie und Taktik gelernt, Dialektik sowieso, und er wußte um die »jähen Wendungen« der Parteipolitik. Aber er mußte und wollte natürlich auch die Politik gegenüber uns Nichtgenossen vertreten. Das führte mitunter zu heißen Diskussionen am Stammtisch in der »Mixer-Kneipe«. Da stellte sich nicht immer Harmonie ein, doch wir wollten eben die Programme auch aufführen, und so waren Abstriche mitunter nötig. Unsere Konflikte trugen wir jedoch nie nach draußen, wir machten alles unter uns ab. Diese Gespräche waren letztlich wichtig, die Reibungen haben immer die Qualität unserer Programme verbessert. So gesehen haben wir schon lange vor dem Herbst '89 im Keller einen runden Tisch praktiziert.

Wenn die berühmten Abnahmen drohten, dann gab es von Jürgen Hart wieder strategisch-taktische Hinweise. Manchmal schrieb er auch bewußt einen provokanten Satz in einen Text. Als versierter Angler hing er sozusagen einen Text-Köder an den Haken. Nach dem konnten die Dogmatik-Haie schnappen, und die restliche, wichtige Aussage war gerettet.

Vom ersten Programm an haben wir unsere Mundart zur genauen Figurenzeichnung eingesetzt. Getreu des schönen Spruches von Julian Tuwim: »Dialekte sind der Aufstand gegen die herrschende Hochsprache.«

Kneipen, Bars und Restaurants

Das Jahrzehnt zwischen 1960 und 1970 war das letzte, in dem man in Leipzig noch private altdeutsche Kneipen und Weinstuben besuchen konnte. Die staatliche Gastronomie hat sie dann entweder kaputtrenoviert oder sie verschwanden ganz von der Bildfläche.

Ich lade Sie in diesem Kapitel zu einem kleinen Bummel durch die Kneipenszene jener Jahre ein.

Unter Studenten war in den sechziger Jahren der »Thüringer Hof« sehr beliebt. Vor dem Krieg hatte das Bier- und Speiselokal wohl an die 2000 Plätze gehabt, verteilt über 16 Räumlichkeiten im Erdgeschoß und im ersten Stock. Da gab es die »Würzburger Halle« und die »Wolfsschlucht«, das »Burgverlies«, eine ehemalige »Hauskapelle«, »Die gute Stube« und wie die Kneipzimmer sonst noch hießen. Erbaut hatte Dietrich von Buckensdorf das Gebäude im Jahre 1454, irgendwann war es mit dem benachbarten ehemaligen Pflugck'schen Freihaus verbunden worden. Das Lokal war eine Hochburg vieler Studentenverbindungen, ob schlagend oder nur trinkend. Bei dem großen Bombenangriff auf Leipzig im Dezember 1943 wurde auch der »Thüringer Hof« zerstört. 1947 begann ein Teilaufbau. Die »Lutherhalle« entstand wieder. Die steinernen Säulen, die Holztäfelung und die alten, knarrenden Dielen strömten noch die Atmosphäre alter Zeiten aus. Der Geschäftsführer, Herr Sauer, ging am Abend in Schlips und Kragen durch die brechend volle Halle, deren Namen die katholischen Studenten überhaupt nicht schreckte, und grüßte alle an den Tischen mit einer leichten Verbeugung.

Als ich nach Leipzig kam, trafen sich dort dienstags die evangelische und donnerstags die katholische Studentengemeinde. Der geistlichen Rüste folgte der Genuß geistiger

Getränke. Die Abende der Studentengemeinde waren den Funktionären ein Dorn im Auge. Ich erinnere mich an die Vorträge des Studentenpfarrers und späteren Bischofs Johannes Hempel, der fein dosiert und verpackt kritische Bemerkungen zur Zeit nicht aussparte. Anschließend wurde gebechert nach dem alten Motto des Hauses:

> Wo einst die Ritter rüstig gezecht,
> da zecht sich's noch heutigen Tages nicht schlecht;
> frisch fröhlicher Sang durchhallt das Gewölbe.
> Die Zeiten sind andre, der Durst ist derselbe!

Und es stimmte in den sechziger Jahren noch mancher ein altes Studentenlied an, auch der Durst war von dem früherer Zeiten nicht zu unterscheiden, obwohl inzwischen längst nicht mehr Würzburger Hofbräu, sondern Sternburg-Pils ausgeschenkt wurde. Ich entsinne mich an ausgiebige Bockbierfeste mit ausgelassener Stimmung.

Lutz Lippold, den Sie schon als letzten Bohemien von Leipzig kennen, war ein exzellenter Kenner der Kneipenszene Leipzigs. Ich füge in diesem Kapitel seine zum Glück – durch die Initiative und den sanften Druck von Nortrud »Trude« Lippold – niedergeschriebenen Erinnerungen an Leipziger Lokale ein.

Noch in den fünfziger Jahren boten die damaligen Geschäftsführer, offensichtlich konfessionell streng gebunden, immer im akkuraten Stresemann, in bestimmtem Turnus Studenten der Theologie freien Mittagstisch, was natürlich mit der Enteignung entfiel. Auch später fanden sich in dem einzigen rund um die Woche geöffneten Bierlokal der Innenstadt noch viele Studiosi ein, besonders bei der gewichtigen, mit einem unverwüstlichen sächsischen Mutterwitz ausgestatteten Christa: »Na, meine Budderblume, nähm 'mer denn ooch e Schälchen Gombodd midd?«

Damit meinte sie einen Schnaps zum Bier! Und wenn man die servierten Getränke mit einem freundlichen »Danke dir!« quittierte, entrüstete sie sich stets: »Du sollst nich immer Drambeldier zu mir saachn!«

Da an den Wochenenden aus unerfindlichen Gründen fast alle der noch vorhandenen Bierlokale in der Innenstadt geschlossen hatten, blieb der »Thüringer Hof« meist das letzte Asyl für die Dürstenden. Gemischt war dementsprechend das Publikum. Ausländer aller Kontinente und Hautfarben, ihren Internaten entflohen, Schwule, die nie ein Lokal gefunden hatten, wo sie unter sich sein konnten, notorische Sumpfhühner aller Schattierungen saßen einhellig beieinander, und es kam – jedes Jahr zur Internationalen Dokumentar- und Kurzfilmwoche, dann allerdings hermetisch abgeschirmt, damit nicht etwa unkontrolliert internationales Gedankengut auf die braven DDRler herüberschwappte – das bunte und bis in die Morgenstunden heftig diskutierende Völkchen der Filmexoten, von Christa und ihren Kollegen gar nicht gerne gesehen. »Die quatschen hier stundenlang, un dann wolln se e Joghurt.*

Von dem jahrzehntelang erlebten Nachkriegsflair des »Thüringer Hofes« ist nichts mehr erhalten – das wurde mit dem Wiederaufbau des Hauses nach der Wende »wegrenoviert«.

Vom »Kaffeebaum« dachten Unkundige oft, es handele sich um das »Café Baum«, dabei lautet der vollständige Name doch »Zum Arabischen Coffe Baum«. Es ist das älteste Leipziger Kaffeehaus und wohl das drittälteste in Deutschland. Die Barockplastik über der Tür zählt zu den schönsten Gastgewerbezeichen aus dem 18. Jahrhundert, die in Europa erhalten sind. Bekannte Leute gingen in diesem Haus ein und aus: Gottsched, Telemann, Gellert, Lessing, Goethe, Liszt und Wagner. Schumann diskutierte hier mit den progressiven Davidsbündlern.

Schon immer war der »Kaffeebaum« ein Treffpunkt verschiedener Gesprächsrunden. Der von mir 1984 gegründete Stammtisch »Gogelmohsch«, ein Kreis Leipziger Künstler und anderer, besonders an Geschichte und Leben der Stadt Interessierter, der zunächst im »Boccaccio«, dann in der »Pfeffermühle« tagte, kommt seit einiger Zeit nun gewohnt

---

* Alle in diesem Text kursiv gekennzeichneten Stellen entnahmen wir den Aufzeichnungen von Lutz Lippold.

montäglich in der »Kaiserhalle«, dem gemütlichsten Raum des Restaurants, zusammen.

Alle Generationen kehrten hier ein, reiferen Jahrgängen wurde bis in die sechziger Jahre auf Wunsch ihr Gerstensaft mit einem metallenen Bierwärmer temperiert, damit sie sich nicht den Magen verkühlten.

Nach dem Zweiten Weltkrieg führte der damalige Inhaber Karl Steudel das Haus noch jahrzehntelang weiter, und wir Älteren denken gern an die ausgelassenen Abende, die wir als Studenten in den verräucherten Gaststuben verbrachten. Da floß das Bier in Strömen und die frische Sülzfleisch-, Blut- und Leberwurst vom Hausschlachter schmeckte vortrefflich zu den knusprigen – übrigens kostenlosen – Bäckersemmeln. Es wurde heiß diskutiert über Gott, die Welt, die Politik. Die gleich in der Nachbarschaft stationierten professionellen Langohren hatten kaum eine Chance, man kannte sich allenthalben. Der angesehene Pathologe Professor Holle tagte hier mit seinen Assistenten, der Internist Professor Zinnetz, vor allem aber der legendäre Rektor der Karl-Marx-Universität, Professor Georg Mayer.

Der »Mayer-Schorsch«, wie er allenthalben genannt wurde, war im »Kaffeebaum« besonders oft beim Bier anzutreffen. Studenten nutzten seinen Kneipenaufenthalt, um ein »Bewerbchen« vorzubringen. Er war solchen Audienzen nicht abgeneigt, zahlte Speis und Trank für »seine Studenten« oft mit. Georg Mayer hatte ein markantes Profil, im Gesicht die berühmten Schmisse aus der Zeit, als er einer schlagenden Verbindung angehört hatte. Inzwischen war er der einzige Genosse Rektor mit dem Zeichen reaktionären Studententums. Um ihn rankten sich eine Reihe kurioser Geschichten. Die berühmteste Anekdote wurde oft an den Wirtshaustischen Leipzigs erzählt. Magnifizenz fragte im Kreise von Studenten: »Zu meiner Zeit in Gießen gab es drei Mayer, die stadtbekannt waren. Den Degen-Mayer, den Sauf-Mayer und den Weiber-Mayer. Na, was glauben Sie, wer war ich?«

Nun sagt der erste Student: »Sie waren vermutlich der Degen-Mayer?« Mischung zwischen Kopfwiegen und

Kopfschütteln. »Der Sauf-Mayer?« – »Magnifizenz, Sie waren doch nicht etwa der ›Weiber-Mayer?!‹«

»Meine Herren – ich war alle drei zusammen!«

Bekannt war auch sein Spruch: »Ein Rektor ist ein Mann, der nichts zu verlieren hat als seine Kette.«

Mayer, der – gelegentlich etwas zerstreut – schon einmal einen wichtigen Termin vergaß und von seinen entnervt ausgeschwärmten Referenten nach langem Suchen endlich in einer 50 Meter vom Rektorat entfernten Kutscherkneipe gefunden wurde, war nichtsdestotrotz ein universaler Geist und brillanter Redner.

Bei jener Kutscherkneipe handelte es sich um »Köhlers Gaststätte«, die wohl schon sieben Uhr oder noch früher öffnete und den Rektor so manches Mal vor Amtsantritt sah. Der Verleger Elmar Faber: »Das hat ihm Vergnügen gemacht, das gehörte einfach zu seiner Urwüchsigkeit. Dort hat er drei Bier hintergezogen und dann kam er ins Rektorat.«

An jener Stelle, wo einst dieser und jener Frühschoppen stattfand, wurde zu DDR-Zeiten ein sehr nüchternes Haus errichtet, in dem seither die Polizei residiert, auf trockengelegtem Terrain sozusagen.

Zurück zu Georg Mayer und den Erinnerungen von Lutz Lippold:

Ich kann mich noch deutlich daran erinnern, wie der Mutigste aus unserer Kommilitonenrunde im »Boom« an seinen Stammtisch trat und ihn höflichst bat, uns die Ehre einer Knobelrunde zu erweisen.

Magnifizenz, damals schon über die Siebzig, erhob sich und landete mit einem Bocksprung über die Lehne des bereitgehaltenen Stuhls an unserem Tisch. Geknobelt wurde zwar nicht, aber wir hatten das Vergnügen eines anregenden Gesprächs ohne jedes Tabu und dank Schorschs Großzügigkeit einige Runden Bier gratis.

Im »Kaffeebaum« saß einmal Siegfried Hillert mit Kommilitonen an einem Tisch, den der Rektor für Gäste hatte reservieren lassen. Als er kam, sprangen die jungen Leute auf und wollten sich zurückziehen. »Guten Tag, wir gehen sofort, Magnifizenz.«

»Ah, die Herren sind wohl Studenten. Bier für meine

Studenten!« Sie blieben und wurden von ihm den ganzen Abend freigehalten. War das Glas leer, rief er sofort: »Meine Studenten sitzen im Trocknen!«

1961 bis 1964 nahm Elmar Faber als jüngster an der berühmten Stammtischrunde im »Kaffeebaum« teil. Er war damals Redakteur der Wissenschaftlichen Zeitschrift, die der Rektor herausgab. Faber mußte auch die Reden von Magnifizenz vorbereiten: »Ein reichhaltiges, teilweise quälendes Kontrastprogramm. In einer Woche ging es um 150 Jahre Deutsche Burschenschaften in Jena, in der anderen um ein Hegel-Kolloquium. Ich lieferte die Grundlage, und er machte dann seine freie Rede daraus.«

Das war schon eine besondere Runde, die sich dem jungen Genossen Elmar Faber dort im »Kaffeebaum« bot: Da saß neben dem Rektor der Inhaber von Elektro-Wolle, einmal im Monat kam sogar Johannes Dieckmann, der Volkskammerpräsident, nach Leipzig. Platz am Tisch nahm auch Willnow, der Buchmacher, der gegenüber dem Lokal ein privates Wettbüro betrieb, der Verleger Rainer Wunderlich, Schurig, ein Immobilienhändler, und zwei Chefs medizinischer Kliniken. Dieser Stammtisch tagte im rechten unteren Raum jeweils dienstags und freitags. »Einmal in der Woche durfte man fehlen, öfter nicht, das konnte man sich nicht leisten, da wurde man geschurigelt.«

Eine weitere Schwierigkeit benennt Faber: »Mit dem Ende des Stammtisches war noch lange kein Ende. Dann hieß es: ›Heute geht's in die Regina oder ins Haffner-Casino! Oder zu Perner.‹ Dort wurde getrunken und getanzt. Und wieder getrunken. Wenn's nicht mehr ging, wurden die gräßlichen Prärie-Oystern angefahren. Man wurde wieder nüchtern, kriegte einen Klaps auf den Kopf. Aber die Nachwirkungen!«

Professor Heinz Wagner traf im »Kaffeebaum« auch einmal auf den »Mayer-Schorsch« und musterte ihn etwas länger als üblich. Mayer merkte es und fragte: »Na, was ist?«

»Ich würde Sie gern malen.«

Mayer zierte sich nicht lange, kam in Wagners Atelier und fragte als erstes: »Hast'n guten Tropfen?«

Das Porträt hing dann im Restaurant des Hauses der Wissenschaftler. So blickte der Mayer-Schorsch – ganz in seinem Sinne – auf die zechenden Menschen eines Lokals.

Wolfgang Siegenbruk, damals Funkoffizier bei der Handelsmarine und später in Leipzig als Maler erfolgreich, gehörte zum engeren Freundeskreis von Lutz Lippold.

Der Tausendsassa bot, besonders in Anwesenheit junger Damen, immer neue Husarenstücke. Eines Tages kam es ihm in den Sinn, eine leere Viertellitertulpe unter fürchterlichem Krachen anzuknabbern und bis auf den Stiel aufzuessen. Ich fragte einen anwesenden Arzt, was da passieren könne, worauf der seelenruhig antwortete: »*Wenn er's gut kaut, gar nischt.*«

Unterdessen hatte ein vorlautes Mädchen meine auf dem Tisch liegende randlose Fernbrille entdeckt und meinte leichthin, eigentlich könne der Wolfgang sie als Nachspeise vertilgen, was er auch spornstreichs tat. Nicht ohne mir lässig einen 50-Mark-Schein hinzulegen mit der Bemerkung: »*Kauf dir 'ne neue.*«

Diese verrückte Episode hatte ein tragikomisches, wenn auch für dieses Land in dieser Zeit bezeichnendes Nachspiel. 1968 wurden etliche aus unserem Freundeskreis von unauffälligen Herren, die angeblich über unser aller Sicherheit wachten, abgeholt oder vorgeladen ›zwecks Klärung eines Sachverhalts‹. Es stellte sich heraus, daß es um den Seefahrer Wolfgang ging. Die Vernehmer, abwechselnd säuselnd und brüllend, stellten ihn als gefährlichen Agenten, Staatsfeind, Saboteur und Spion hin. Ich verstand gar nichts mehr.

Was war geschehen?

Der Seeoffizier Siegenbruk hatte schon auf dem Schiff den Einmarsch der Warschauer-Pakt-Staaten in die ČSSR als »große Schweinerei« und »Okkupation« bezeichnet. Nach der Ankunft in Rostock fuhr er zum Urlaub nach Leipzig. Nun sammelte man im Bekannten- und Freundeskreis Belastungsmaterial, das sich für eine Verurteilung eignete. Vom 6. Februar bis 6. Juni 1969 war Siegenbruk in Haft. Und warum? Ein Blick in die Akte klärt uns auf: »Bei seinen Besuchen im ›Kaffee Corso‹ und im ›Kaffeebaum‹ in Leipzig bezeichnete der Angeklagte die Maßnahmen vom 21. 8. 1968 als einen Akt der imperialistischen Politik der Sowjetunion und als sowjetischen Aggressionsakt.«

21 Zeugen wurden insgesamt deswegen vernommen. Mindestens neun von ihnen schadeten ihm mit ihrer Aussage.

Wir, seine Freunde, hatten ihn nach dem Willen der Stasi so schwer belasten sollen wie nur möglich. Dazu waren der »Firma« alle Mittel recht. Harmlose Kneipenspäße wie die Glasfresserei im Kaffeebaum wurden als »Orgien dekadenter Elemente« protokolliert. Nichts belegt den hirnlosen Bürokratismus der vermeintlich allgegenwärtigen Stasi-Vernehmer besser als ein Satz im Zeugenprotokoll: »Der Wolfgang S. verzehrte am soundsovielten gegen 22.30 Uhr in der Gaststätte ›Kaffeebaum‹ ein Bierglas, Typ Tulpe, und die Brille des Zeugen L. L.«

Siegenbruk erhielt schließlich »wegen mehrfacher Staatsverleumdung« eine Freiheitsstrafe von 9 Monaten auf Bewährung.

1970 war es mit der schönen altdeutschen Atmosphäre im Lokal vorbei. Der private Pächter Steudel gab altershalber auf, und die HO-Gastronomen führten nun ihr sachlich-nüchternes Regiment. »Mayer-Schorsch« floh sofort aus seinem angestammten Domizil und fand herzliche Aufnahme am Stammtisch im »Schwalbennest«. Nach der Wende wurde offenbar: während wir im Erdgeschoß und manchmal im ersten Stockwerk des »Kaffeebaums« munter schwatzten, wurden im dritten Stockwerk ganz spezielle Gespräche geführt ... Die Hauptabteilung XVIII der Staatssicherheit unterhielt im historischen Haus eine konspirative Wohnung. So konnten sich deren Mitarbeiter in der dritten Etage von den Spitzeln erzählen lassen, worüber im Erdgeschoß geredet wurde. Ach ja, die Stasi, sie wußte so vieles, aber es hat ihr nichts genützt.

Eine ganz besondere Studentenkneipe war das FDJ-Klubhaus Kalinin. Es befand sich im Erdgeschoß des Messehauses Dresdner Hof. Der Gebäudekomplex wurde nach einem Lokal benannt, das sich schon im 17. Jahrhundert auf diesem Terrain befunden hatte. Vor dem Krieg residierte im Erdgeschoß das berühmte »Naumann-Bräu«. Ein Bier-, Speise- und Konzertlokal mit über 1000 Plätzen. In einer Ecke befand sich der legendäre Zeppelin-Stammtisch, über dem auch solch ein Fluggerät in Miniaturausgabe schwebte. Nun war aus dem »Naumann-Bräu« also die Mensa Kalinin geworden, fast jegliche Ausstattung dahin, die bemalten Deckenbalken ebenso wie die Täfelung überstrichen, die einstige Pracht nur noch an Holzeinbauten, einer Bühne und einer Galerie zu erkennen.

Während in dem riesigen, faszinierend häßlichen Saal mittags die Einheitsverpflegung gegen Essenmarken erfolgte, konnte man abends bis 22 Uhr à la carte speisen. Mindestens 20 (!) numerierte Gerichte waren im Angebot, deren teuerstes (Gänsebraten u. ä.) kaum über drei Mark kostete. Die Nummer eins war immer marinierter Hering mit Kartoffeln für 95 Pfennige. Die Mensaplatte (verschiedene belegte Brote mit einem großen Schlag Kartoffelsalat) kam 1,25 Mark.

Ich selbst nahm oft die Nummer 4, Beefsteak mit einem Spiegelei und Bratkartoffeln. Es gab auch für 85 Pfennige Bratkartoffeln mit Bohnen. Die Nummern leuchteten jeweils über der Theke, und wenn ein Gericht »aus« war, erlosch das Licht der entsprechenden Zahl.

Ein Sammelsurium von meist älteren Kellnern – allesamt Originale – bediente. Einer sah aus wie Fernandel und mochte es nicht, wenn man nach ihm rief. »Halts Maul, sonst krichste gar nischt!« bellte er dann zurück. Wenn er aber ein Bier spendiert bekam, hellte sich sein runzliges Gesicht auf: »Aber gern, Herr Doktor.« Und bei einem Schnaps avancierte der Gast unverzüglich zum Professor.

Ich besuchte einmal mit meinem Zwickauer Cousin Heiner den ständig überfüllten Saal. Der Mann mit dem Fernandel-Gesicht, längst Rentner, wurde nur »Charlie« von uns genannt, weil er tatsächlich wie Charlie Chaplin durch die Gegend watschelte. Er nahm unsere Bestellung zwar auf, knurrte aber unablässig, daß die Küche völlig überfordert wäre, völlig überfordert. Mein Cousin meinte: »Ich glaube nicht, daß wir hier demnächst etwas bekommen.« Ich kannte aber die Art des Mannes, und nach relativ kurzer Zeit stand unser Essen auf dem Tisch. »Charlie« war ein großer Fan von Pferderennen und gab gegen ein Bier auch mal einen Wett-Tip preis.

Sonnabends war Tanz und ein unvorstellbares Gedränge. Eine spezielle Ordnungstruppe, hünenhafte Sportstudenten, versuchte das Gröbste an handgreiflichen Auseinandersetzungen um Bräute, Bier oder auch nur Einlaß zu verhindern. Wenn aber regelrechte Saalschlachten zwischen verschiedenen Volksgruppen ausbrachen und Aschenbecher und Biergläser durch die Gegend flogen, zogen auch sie sich zurück. Die notfalls herbeigerufene Hundestaffel der VP begnügte sich meist damit, am Eingang den Verlauf der Kampfhandlungen zu verfolgen; auf der Galerie saßen derweil an der kleinen Bar die Sprößlinge reicher Eltern und spendierten ihren Angebeteten ein Glas Sekt zu 1,20 Mark.

Die einzige, die sich mitunter todesmutig zwischen die streitenden Parteien warf, war die Leiterin des Klubhauses, Lucie Hahn. Sie soll vor dem Krieg als Chansonette durch diverse Tingel-Tangel-Lokale Leipzigs gezogen sein und leitete nun – welch Wandel – ein FDJ-Klubhaus.

Drei benachbarte Gassen frequentierten wir im Laufe unserer Zechtouren. Wir saßen bis zum frühen Abend im Café Corso im Gewandgäßchen, dann ging es in die Mensa Kalinin in der Kupfergasse zum Abendbrot und nach der entsprechenden Stärkung in die Magazingasse ins »Schwalbennest«, Endstation des Abends.

Das »Nest« – was war das für eine herrliche Kneipe! Über einer zweiflügligen Schwingtür stand »Eingang zum Schwalbennest«. Die Kneipe selbst war mit komplettem Interieur aus den zwanziger Jahren erhalten. Rechts drei Fenster, davor stand jeweils ein Tisch mit Bänken. Man saß sich wie in einem Eisenbahnabteil gegenüber. Links von der Tür eine Nische, mannshoch ein hölzerner Blickfang, ein besonderes »Nest« – alles in allem paßten maximal 40, 50 Trinkfreudige in den holzgetäfelten Raum. Über dem

Tresen klebte ein künstliches Schwalbennest. Der Rauch von Jahrzehnten hatte das Holz dunkelbraun, fast schwarz gebeizt. Ein viereckiger Kachelofen wurde noch geheizt.

Hinter dem Tresen stand unser Biervater Hardy, Premierenehrengast aller »academixer«-Programme. Mein Kabarett-Kollege Christian »Grischa« Becher war Inhaber eines Stammtischplatzes. An den mußte man sich »vorarbeiten«. Das begann rechts vom Eingang an den kleinen Tischen, man rückte langsam vor, und je treuer man der Kneipe war, um so größer die Chance, eines Tages solch einen Ehrenplatz einzunehmen. Grischa kam als Student der Handelshochschule an den originellen Ort, den sie an jener Institution nur »Hörsaal 3« nannten. Im »Nest« verkehrten auch einige Dozenten jener Schule. Es traf damals noch zu, was Elmar Faber formulierte, »daß sich auf diesen Streifzügen durch die Stadt die Lehrenden und die Lernenden begegneten«.

Grischa hat jeden Monat einen Großteil seines 190-Mark-Stipendiums im »Schwalbennest« gelassen. Im Notfall wurde auch angeschrieben. Der Wirt Hardy Canitz wollte immer informiert sein, wie es mit dem Studium lief. Hatte einer der Stammgäste eine Prüfung nicht bestanden, sprach er ihm Hausverbot aus. Erst wenn er den Beleg gesehen hatte, daß der Delinquent das Verpatzte erfolgreich nachgeholt hatte, durfte der wieder ins »Nest«. Hier benahm sich der Bier- wie ein Familienvater.

Jutta Schaarschmidt war eine der wenigen Frauen, die zu den Stammgästen zählten: »Es war für uns *der* Ort der Kommunikation, ein Nachrichtenpool. Gegenseitige Hilfe wurde organisiert.« Sie erinnert sich an eine ältere Frau: »Die saß mit einem Dackel am Tisch. Wenn der unruhig wurde, stellte sie ihm einen Aschenbecher hin, in den sie Schnaps gegossen hatte. Dann schlief der ganz schnell ein.«

Der Stammtisch bestellte »Schellow«, das war gelber Schnaps, also »Weinbrand«, von yellow eingesächselt zu »Schellow«. Einer kam dann auf die Idee, die Bestellung nicht mehr akustisch, sondern schriftlich zu machen. Er hielt ein kleines Schild hoch mit der Aufschrift »Schellow«, das er sich von einer Büchse abgeweicht hatte – in der DDR gab es ein Bohnerwachs gleichen Namens. Im »Schwalbennest« wurde geskatet, und es fanden sich dort jede Menge Würfelspiele: z.B. die Friedensfahrt. Wer führte, durfte eine Mütze aufsetzen.

Hardy, der Wirt, hatte viel für Kunst übrig. Wenn wir Kabarettisten ein Lied anstimmten, ging er sofort an den Tisch weiterwürfelnder Gäste und ermahnte sie zur Ruhe. Jetzt war Kunst angesagt!

Und ehrfürchtig lauschten die »Nest«-Besucher unserem immer wieder gesungenen »Heimat, süße Heimat, wann werden wir uns wiederseh'n ...?«.

Hinter der Theke hatte Hardy ein Stück abgeschnittenen Gartenschlauch. Wozu? Nur für alle Fälle, falls ein Gast doch einmal randalieren sollte, dann gab es eins mit diesem Schlagwerkzeug auf die Rübe.

In Hardys Kneipe waren alle sozialen Schichten vertreten. Vom Arbeiter bis zum Professor. Teilweise verrückte Typen. Ich entsinne mich an einen Mann mit grauem, längerem Haar, blassem Gesicht, er hatte stechende schwarze Augen mit dunklen Ringen darunter. Der Mann stierte allabendlich vor sich hin oder sah Gäste durchdringend an. Meinem Freund Friedel aus Hannover war der Typ anläßlich eines Messebesuchs aufgefallen, und er erinnert sich heute noch an ihn und seinen besonderen Blick. Unvergessen ist auch ein Abend mit einer netten alten Oma, die schließlich gestand, daß sie im Vorkriegs-Leipzig als Prostituierte tätig war.

Das Bier kostete im »Schwalbennest« vierzig, der Korn fünfzig Pfennig. Zu essen gab es nichts. Deshalb war die Schaffung einer Grundlage in der Mensa Kalinin äußerst wichtig, denn für 5 Mark konnte man sich bei Hardy schon richtig betrinken.

Manchmal war Hardy Canitz auch sein bester Gast und schlief am Stammtisch ein. Wenn dann seine Kellnerin schon Feierabend hatte, zapften die Stammgäste ihr Bier selbst, aber vergaßen nicht, auf ihrem Deckel einen Strich zu machen. Hier ging es ehrlich zu!

23 Uhr war Feierabend. Hardy nahm eine Glocke in die Hand, schlug dreimal mit einem Metallstab dagegen und sagte jeden Abend den gleichen Satz: »Meine Herrschaften, es ist Feierabend! Auch der Gast macht sich strafbar!«

Danach erklangen noch drei Töne, und alle Trinkschwalben mußten das Nest verlassen.

Am Stammtisch saß oft auch Altmagnifizenz »Mayer-Schorsch«. Ich nutzte die Gelegenheit, mit ihm einmal zu plaudern. Er kannte unser Kabarett und erzählte, wie er in München Kathi Kobus vom »Simplizissimus« kennengelernt habe und vor allem den Ringelnatz. Das war für mich kaum zu fassen: da saß ein Mann neben mir, der noch mit Ringelnatz geplaudert hatte. An dem Abend berichtete er mir auch, daß er einmal in der DDR verhaftet worden ist. Aber nicht aus politischen Gründen, nur aus Jux und Dollerei. Mit Kollegen hatte er bei »Pfeiffers« am Dittrichring gezecht. Zwei Männer kamen herein und wollten ebenfalls bedient werden, aber es war bereits Ausschankschluß und nur noch der Stammtisch besetzt. Die beiden moserten und beschimpften wohl gar noch den Wirt, ein Stammtischgast – Mayer-Schorsch sagte mir, er hätte sich nie vorstellen können, daß so ein kräftiger Mensch Augenchirurg sein könnte und filigrane Operationen machte –, dieser kräftige Mann packte also die zwei mosernden Typen beim Schopf, ließ wohl auch die Köpfe gegeneinanderprallen und schob sie aus der Weinstube. Die beiden waren aber bei der Stasi oder Polizei. Ein Überfallkommando verhaftete wenig später die fröhliche Runde. Der Mayer-Schorsch sah sich im Revier in der Dimitroffstraße alles eine Weile an, zückte dann seinen Volkskammerausweis, und die Genossen kamen ins Schwitzen. Übrigens wurde auch immer wieder kolportiert, daß Professor Hans Mayer in der Tschaikowskistraße versehentlich Kneipenrechnungen von Prof. Georg Mayer erhalten haben soll, die er dann jeweils an seinen Rektor weiterleitete ...

Mit 82 Jahren starb er, und in Medizinerkreisen kursierte der allseits bestaunte Obduktionsbericht: »Schorsch« war an einem Zwölffingerdarmkarzinom gestorben, seine Leber war gesund wie die eines fünfzigjährigen Antialkoholikers.

Nicht lange nach dem Tod vom »Mayer-Schorsch« starb auch Hardy Canitz – in seiner schönen alten Kneipe. In jenen Tagen wäre vielleicht das Haus gerade noch zu retten gewesen, wenn es nicht ausgerechnet in der DDR gestanden hätte. Die Kellnerin bekam jedoch keine Gewerbeerlaubnis. Wir »academixer« versuchten wenigstens das Interieur zu retten und haben es der FDJ-Leitung der Uni für die künftige Moritzbastei empfohlen. Allein – es wurde in alle Winde zerstreut, dümpelt heute vielleicht auf irgendeiner Datsche herum.

Das Schild »Eingang zum Schwalbennest« kam mit dem Zwanziger-Jahre-Zapfhahn in die Gewölbe der Moritzbastei. Der Versuch, die beiden ehemals nebeneinander liegenden Kneipen »Fuchsbau« und »Schwalbennest« wiedererstehen zu lassen, scheiterte. Der Rohbau steht seit Jahren in der Magazingasse und ist ein unwirtliches »Nest«.

Übrigens: Wenn Fritz-Jochen Kopka mit im »Schwalbennest« war, fuhren wir nach der Zecherei gemeinsam mit der 15, 17 oder 27 bis zum Lindenauer Markt. Und dann passierte jedes Mal dasselbe: Wir stellten uns draußen, es gab ja noch eine Tür ins Wageninnere, in die Ecke und sangen bis Lindenau all jene Schlager, die uns im Ohr hängengeblieben waren: »Good bye, Corinna« und »Marina, Marina, Marina« und »Die Primadonna in meinem Herzen bist du, nur du allein …«.

Dort, wo nötig, sang ich die zweite Stimme, nicht daß Sie denken, wir haben nur so schlicht geträllert. Nein, nein, das hatte schon Stil, wenn wir im Duett »Reicher Mann, armer Mann …« interpretierten: »Es ist schon späheter, späheterher, als duhu denkst …« Und diese Sangesbotschaft stimmte bei einem Blick auf die Uhr garantiert.

Sehr gern gingen wir auch in »Pfeiffers Weinstuben« am Dittrichring.

... eine gediegene Restauration im vollkommen erhaltenen Dekor der ersten Nachkriegszeit, mit geschnitzter Holzdecke, zwei Wandteppichen eines Karl-Hofer-Schülers, darauf bacchantische Frauengestalten (von denen die eine sechs [!] Zehen hatte), und breiten Fenstern mit allegorischen Glasmalereien. An der Wand über dem Stammtisch war eine bedeutungsschwere Inschrift ins Holz geschnitzt: »Bauen ist eine Lust, hätt' ich gewußt, was's kust, hätt ich's gelust!«

Ein Bericht über »Pfeiffers« bliebe ein Torso ohne die Erwähnung des langjährigen Kellners, Herrn Stöckigt. In ersten Häusern ausgebildet, war er, nun schon in reiferen Jahren, ein perfekter Serviermeister. Hager von Gestalt, schabte er ständig nervös seinen Hals am blütenweißen Hemdkragen, hatte sämtliche Rechnungen im Kopf und kannte alle Stammgäste mit Namen. Keiner wäre in 20 Jahren auf die Idee gekommen, ihn zu duzen.

Herr Stöckigt hatte nur eine gravierende Schwäche – er konnte nicht nein sagen, wenn er zu einem Weinbrand eingeladen wurde – und er wurde oft eingeladen ... Da es bei »Pfeiffers« verboten war, im Dienst zu trinken, ging er im Ernstfall hinter dem mit Schmiedeeisen verblendeten Ofen in Deckung und stürzte in Sekundenschnelle seinen Schnaps hinter. Zu später Stunde balancierte er volle Biertabletts in einer Schräglage durch die Tischreihen, die jedes physikalische Gesetz außer Kraft zu setzen schienen. Rechnungen schätzte er dann einfach. Aber nie zu seinem Vorteil. Einmal nur, zu sehr vorgerückter Stunde im fast leeren Lokal, erzählte Herr Stöckigt uns von seinen Kriegserlebnissen in Norwegen. Als Soldat hatte er bei Narvik gelegen, bei Kriegsende war er zu Fuß bis kurz vor seinen Heimatort gekommen, als ihn die Engländer gefangennahmen und den Russen auslieferten. Die transportierten ihn mit hundert anderen in ein Lager hinter dem Ural. Dort blieb er sieben Jahre lang!

Er wurde mit zunehmendem Alter kränklicher und sein Durst größer. Man verwarnte ihn, umsonst. Ausgerechnet während einer Frühjahrsmesse passierte das Unfaßbare: Herr Stöckigt, betrunken, kriegte die Kurve nicht, eine Bierflut ergoß sich vom Tablett über die Nadelstreifenanzüge einer hochrangigen Unternehmergesellschaft, die beim festlichen Arbeitsessen ihre Abschlüsse feierte. Er wurde fristlos entlassen – ein Vierteljahr vor seiner Pensionierung.

Ich sehe Herrn Stöckigt mit seinem blassen, etwas traurig bis griesgrämig blickenden Gesicht noch vor mir. Immer im schwarzen Anzug. Und immer diese Kopfbewegung, als hätte man ihm Juckpulver ins Hemd geschüttet. Um heute solch einen Kellnertyp zu sehen, muß man schon bis Wien fahren. »Pfeiffers« könnte es noch geben, wenn es die hiesige Konsumgenossenschaft nicht kaputtrenoviert hätte ...

Sehr gern saß ich auch als Student, später mit meiner Freundin, dann Verlobten, schließlich Frau in »Lüttichs Weinstuben«. Unweit der Stasi-Rückfront. Frau Lüttich, in frisch gestärkter blütenweißer Schürze, betrieb die Gaststätte mit ihrem Sohn, manchmal half auch ihre Schwester mit. In den beiden Räumen standen höchstens sechs Tische, meist reserviert. Nach einem Kontroll-Blick von Herrn Lüttich ins Gesicht des Eintretenden blieben sie es oder wurden mit Schwung freigegeben.

Zum »Erlauer Stierblut« wurde ein Käsebrot mit einem verzierten Besteck serviert, das schon bessere Zeiten gesehen hatte. Als Frau Lüttich altershalber das Geschäft aufgeben mußte, wurde ihrem Sohn die Genehmigung zur Fortführung der Weinstube verweigert. Er mußte sich dann ausgerechnet im »Ratskeller« als Kellner verdingen.

Von den zu DDR-Zeiten entstandenen »gastronomischen Einrichtungen« war die »bodega« im Fünfziger-Jahre-Stil etwas ganz Besonderes. Eigentlich sollten ja die Werktätigen von früh bis spät fleißig arbeiten. Wieso brauchten sie da in der Messehofpassage eine Tagesbar?! Für die Messen, für das Spielchen, sich als eine internationale Stadt darstellen zu wollen.

Wolfgang S. stand mit seiner Frau hinter dem Tresen. Er war ein etwas stiller, lakonischer Typ. Wen er kannte, der wurde über den Tresen stets mit Handschlag begrüßt. Der schmale Raum bestand aus eben jenem Tresen mit den obligatorischen Barhockern. Dahinter war gerade noch genügend Platz für den Auf- und Abgang. Am Abend oder auch tagsüber während der Messen stand dort unverdrossen die zweite und manchmal dritte Reihe der Weintrinker. Wer dann vom Ende der Bar her sich einen Weg nach draußen bahnen wollte, mußte viel Zeit einplanen. Zumal man unterwegs noch Bekannte traf und sofort ins Erzählen kam, den Mantel mitunter nach einigen Minuten wieder ablegte und blieb.

Ursprünglich kannte hier buchstäblich jeder jeden, so daß ein Fremder sofort verschreckt das Lokal verließ, weil er dachte, in eine Familienfeier geraten zu sein. Die Stammgäste gliederten sich in kleinere Untergruppen, die zuweilen untereinander leichte Ressentiments hegten – die Zeit war eben die Zeit des Mißtrauens, aber man kannte sich. Schlagartig füllte sich das Haus, wenn 18 Uhr das Kultcafé Corso schloß, und leerte sich erst wieder zum Lokalschluß um 21 Uhr. Hier stritten erbittert Maler mit Kunsthistorikern, Marxismus-Leninismus-Dozenten mit Theologen, Schwule mit Heteros, jeder verdächtigte jeden, bei der Stasi zu sein (einige waren es auch), und nach der entsprechenden Anzahl von Getränken lag man sich verstehend und verzeihend in den Armen. Die neuesten politischen Witze wurden erzählt und todernst politische Hypothesen entworfen.

Ein Problem der »bodega« war: sie verfügte über keine Toilette. Es gab wohl eine lose Vereinbarung, daß man in der Milchbar in der Petersstraße seine dringendsten Bedürfnisse verrichten konnte. Manchem war das zu weit, der ging zu diesem Zweck um die Ecke, auf jenes Grundstück, auf dem heute das Gebäude von Peek & Cloppenburg steht. Dort befand sich der zentrale Obst- und Gemüsemarkt. An diesem Namen stimmte lediglich das Wort zentral – das war er wirklich. Das Angebot an Obst und Gemüse dagegen war mehr als spärlich. Meistens hatten die Kunden die Wahl zwischen Rotkraut und Weißkraut, und der »Gelbe Köstliche« leuchtete aus den Holzkisten. Heute befindet sich in der »bodega« ein Blumenladen, und die Verkäuferin, von mir darauf angesprochen, erzählte, daß schon mancher, der mit melancholischem Blick zwischen Chrysanthemen und Rosen stand, ihr mitgeteilt habe, an diesem Ort in schöner Runde diesen und jenen Schoppen genommen zu haben ...

Von der »bodega« zog ein Teil des trinkwilligen Volkes nach Ausschankschluß in die Schulstraße, zur »Csarda«. Besonders gegen Mitternacht strebten Besucher in Scharen in die Weinstube, da sie, von Nachtbars abgesehen, als einzige bis 1 Uhr geöffnet hatte.

Wer in der »Csarda« keinen Platz mehr fand, dem blieb nur das Mitropa-Restaurant im Hauptbahnhof. Allerdings mußte man dort vor 24 Uhr angekommen sein. Ab Mitternacht bis 6 Uhr früh wurde kein Alkohol ausgeschenkt. Manch Trinkfreudiger bestellte zu später Stunde gleich mehrere Bier, um genügend Stoff zu haben. Wer einen Kellner kannte, orderte bei dem konspirativ und fand dann im Mokkakännchen keine schwarze Brühe, sondern Kognak vor. Der wurde dann aus den dicken Tassen getrunken ...

In der »Csarda« jedenfalls versammelten sich, nachdem die bürgerlichen Essensgäste gegangen waren, unentwegte Szenetypen unterschiedlicher Altersklassen und Provenienzen. Das Markenzeichen der »Csarda« war ein halbes Menschenleben lang Harry, der Kellner. In harter Arbeit hatte er seiner Stupsnase unter Zuhilfenahme großer Mengen scharfer Essenzen eine leuchtende Erdbeerfarbe verliehen, und sein Gang verriet den klassischen Kellnerplattfuß. Für Spätankömmlinge rückte er konsequent, trotz inständigen Flehens nach trockenen, nur noch süße und teure Weißweine heraus, wohl wissend, daß wir keine Wahl hatten. Beim Kassieren konnte es schon mal vorkommen, daß er, vielleicht wegen des ewigen Verrutschens seiner Brille, zwei Flaschen zuviel aufschrieb, doch an anderen Tischen fanden sich immer wieder Schlitzohren, die die Gesamtbilanz zu ihren Gunsten ausglichen.

Wolfgang Siegenbruk hat Harry gemalt und damit für die Ewigkeit festgehalten. Ganz typisch nebst roter Nase. Sein Porträt »Nach der Arbeit« hat das Museum der bildenden Künste angekauft. So kann Ihnen gelegentlich der »Csarda«-Kellner in jenen heiligen Kunsthallen begegnen.

Eine Sensation war das »Intermezzo«. In der DDR wurde plötzlich ein großes privates Kaffeehaus am Dittrichring eröffnet. Serviert wurde mit noblem Weimar-Porzellan. Der Besitzer, so hieß es, sollte angeblich einen Riesen-Lottogewinn eingeheimst und deshalb die Genehmigung zur Eröffnung des Cafés erhalten haben. In der Mitte des Raumes befand sich ein stufenförmiges Becken. Das Wasser plätscherte unentwegt, und als ich mit meiner Mutter und meiner Freundin Doris seinerzeit im »Intermezzo« saß, sagte meine Mutter: »Das Plätschern erinnert mich sehr an die kaputte Dachrinne an unserem Haus.«

Kolportiert wurde immer wieder die Geschichte, daß ein trunkener Gast in dem flachen Becken in voller Montur zu schwimmen versuchte. Andere meinten jedoch, es hätte sich um eine Wette gehandelt; der Mann wäre nur durch das Becken gerobbt, um einen Preis zu kassieren.

Vor seinem Studium an der Karl-Marx-Universität arbeitete der Schriftsteller Christoph Hein ein Jahr als Kellner in diesem Etablissement. Hein war bis 1961 in Westberlin zur Oberschule gegangen, obwohl seine Eltern im Osten der Stadt lebten. Als die Mauer kam, war er während der Schulferien gerade in der DDR und saß damit in der Falle. Nach einigen Umwegen wurde er Student an der Filmhochschule in Babelsberg. Frisch geext kam er nach Leipzig und wollte vor Studienbeginn irgendwo arbeiten. Überall suchte man Arbeitskräfte, doch mit seiner Akte hatte er keine Chance. Im »Intermezzo«, diesem fein ausgestatteten Laden, hat es schließlich geklappt.

»Wenn es in der Küche schepperte, raste der Chef sofort los, erschrak zu Tode, weil das Porzellan fürchterlich teuer gewesen war.« Der Besitzer war kein Fachmann in der Gastronomie, bald gab es finanzielle Probleme. »Wir Kellner kriegten dort viel Trinkgeld. Wenn er sagte, daß er uns am 20. nicht das Gehalt zahlen konnte, sondern erst am 30., dann machte uns das überhaupt nichts aus, eher haben wir gelacht, und das hat ihn dann besonders geärgert.«

Christoph Hein hat erlebt, wie sich der rege Handel in Leipzig auch im Leben des Servierpersonals niederschlug: »Es gab Kellner, die in dem halben Jahr bis zur nächsten

Messe diverse Antiquitäten sammelten, die sie dann gegen Devisen an westliche Messegäste verscherbelten.«

Kellner lebten also für damalige Verhältnisse sehr gut im »Intermezzo«. Was man vom Besitzer nicht sagen konnte; irgendwann war er pleite, staatliche Gastronomen übernahmen das Kaffeehaus und funktionierten es zur Nachtbar um.

Sensationell war die Eröffnung einer anderen privaten Nachtbar: »Nancy« in der Mozartstraße im Musikviertel. Sehr schwierig, da hineinzukommen. Totale Gesichtskontrolle.

Der Besitzer, um den sich viele Gerüchte rankten, die sich nach 1989 mit einem Blick in die Akten auch bestätigten, besaß später ein Café in der Mädlerpassage. An seiner Seite oft ein Typ, der so aussah, als wäre er in jungen Jahren einmal Boxer gewesen. Nicht von der Statur, aber von der Nase her. Das war Felix, der Butler und Hofnarr. Manchmal trug er einen Hut mit kleiner Krempe. Er verkaufte in Bars und später in der Nikolaistraße Blumen. Von ihm kursierte folgende verbürgte Geschichte: Zur Messe weilte zum ersten Mal Otto Graf Lambsdorff in Leipzig und kam mit entsprechender Begleitung die Petersstraße entlang. Felix, der seinen Blumenstand gegenüber dem »Stadt Kiew« hatte, entdeckte den hohen westdeutschen Gast, schnappte sich einen Strauß, stürmte auf den überraschten Grafen zu und überreichte ihm die Blumen mit den Worten: »Herr Lambsdorff, ich begrüße Sie in der Reichsmessestadt Leipzig!«

Kurios war, daß in der Klostergasse, die vor Urzeiten zum Thomaskloster führte, die Gaststätte Paulaner unter diesem Namen auch in der DDR weitergeführt wurde. Das war ja nun quasi Werbung für den Klassenfeind – für Münchner Bier! Drinnen im »Paulaner« wurde natürlich längst nur Gerstensaft des volkseigenen Braukombinates ausgeschenkt, und die Kuriosität erreichte ihren Höhepunkt in der Bezeichnung *HO*-Gaststätte Paulaner.

Nach der Wende kam schnell wieder das echte »Paulaner« zum Ausschank. Leider wurden die unterirdischen Gewölbe – angeblich aus Sicherheitsgründen – wegrationalisiert. Wahrscheinlich rechnete es sich nicht, sie zu bewirtschaften. Nach der Übernahme des angrenzenden Lokals wurde der traditionelle Name »Altes Kloster«, zu DDR-Zeiten eine beliebte Wildgaststätte, leider zugunsten der Bezeichnung »Paulaner's« (sehr originell!) aufgegeben.

Auch im heute noch existierenden »Zills Tunnel«, in dem es damals aber ganz anders aussah, tranken wir ab und an ein Bier. Die neobarocke Gipsdecke ist schon lange verschwunden, *jene Decke unter der eine unermüdliche ältliche Pianistin den Flügel mißbrauchte, nur durch häufige Schnaps- und Zigarettenspenden war sie vorübergehend zum Schweigen zu bringen.*

Als ich mit Doris und Pepe einmal im »Tunnel« zechte, kam es zu einer »Anmache« durch einen Arbeiter, der offensichtlich etwas gegen Studenten hatte, die sich seiner Meinung nach auf Kosten der Werktätigen amüsierten. Ich versuchte ihn zu beruhigen, was mir aber nicht gelang. Schließlich sollte ich mit ihm rauskommen. Ich konnte ihm glaubhaft versichern, daß ich gerade (was wirklich stimmte!) eine Blinddarmoperation hinter mir hatte und um meine Narbe fürchten mußte. Mein Freund Pepe sprang ritterlich ein und wollte sich für mich schlagen, aber als der Kampfwillige aufstand, zeigte sich, daß er Mühe gehabt hätte, überhaupt einen Schlag zu landen.

Die Tradition des Leipziger Kneipenlebens der sechziger Jahre wäre nur fragmentarisch skizziert, ließe man die damalige Theaterszene außer Betracht. Da ist zunächst die Gaststätte der damaligen Kammerspiele zu nennen, in der der Generalintendant Arpe und der berühmte Professor Max Schwimmer im Kreis eines zahlreichen Gefolges von Schauspielern, Tänzern, Musikern und Malern gezecht haben. Es ist der toleranten süddeutschen Stimmungsnudel Zenzi zu danken, daß sie, als langjährige Wirtin, dem ausgelassenen Künstlervölkchen während der allgemeinen Tristesse noch Freiraum zum Austoben ihrer Talente gab. So kam es zu fast naturalistisch gespielten Eifersuchtstragödien einiger Mimen mit-

ten unter den entsetzten Zufallsbesuchern, die überstürzt aus der Kneipe flohen.

Unzählige Bierdeckel, die heute noch höchst begehrte Sammlerobjekte sind, wurden dort von Max Schwimmer mit genial hingekritzelten Skizzen versehen.

Professor Heinz Wagner lernte Max Schwimmer an diesem Kneiport kennen. Es hatte sich herumgesprochen, daß ein Neuer aus Weimar an der Hochschule für Grafik und Buchkunst war. »Bist du der Neue aus Weimar?«

»Ja.«

»Zensi, eine Flasche Sekt.« Die Truppe um Schwimmer leckte sich schon die Lippen. »Und zwei Gläser.«

Nach jeder Premiere trafen sich die beiden stadtbekannten Kritiker Georg Antosch und Dr. Eike Middell in der »Klause« vom Schauspielhaus, vermutlich argwöhnisch von der Schauspieltruppe beobachtet, um eine Bemerkung über die Inszenierung erhaschen zu können. Doch jegliches »Horchen« war umsonst. Das ungeschriebene Gesetz der beiden lautete: Nach der Premiere nie über das Stück zu reden. Sie sprachen bei erfrischendem Trunke über Gott und die Welt, doch nie über das eben Gesehene. Erst nachdem jeder seine Rezension abgeliefert hatte und man sich irgendwo zufällig traf, tauschte man sich zur Sache aus.

Auch in der »Kammer« wurde nach der offiziellen Polizeistunde hinter verschlossenen Türen oft noch lange weitergefeiert, doch völlig unter sich war man erst in der »Klause« des Schauspielhauses, kaum zwei Querstraßen entfernt. Nach dem Pausenbetrieb war die rustikale Kantine dem Fremdling gemeinhin verschlossen. Nur besonders gute Freunde wurden von den Theatermitgliedern via Bühneneingang, vorbei am Nachtpförtner und durch ein verwirrendes Labyrinth von Heizungskellergängen, ins Allerheiligste gelotst. Dort herrschte – jenseits von Raum und Zeit – der skurrile Zerberus des Hauses, der auch von den begabtesten Schauspielern nicht nachzuahmende Kellner Fritz Freund. Über Jahre, vielleicht sogar Jahrzehnte, begrüßte er seine Gäste mit der stereotypen Frage: »Hast du denn ooch'n Erlaubnisschein von dein'n Eltern mit? Sonst muß'ch dich nämlich zurück ins Heim schick'n!«

Es ist schier unmöglich, die Namen der prominenten und weniger prominenten Theaterleute aufzuzählen, die sich hier, abgeschirmt, vom Publikum, hemmungslos produzieren konnten. Daneben wurde der neueste Klatsch kolportiert und eine Unzahl von verrückten Streichen ausgeheckt. So zum Beispiel die Präparierung einer leichten Reisetasche, die ein Schauspieler in einer Vorstellung lässig zu schwenken hatte, mit einem zentnerschweren Bühnengewicht.

Anekdoten erzählte man vor allem über eine Gruppe von Erzkomödianten wie die Schauspieler Helmut Schreiber, »Macky« Neiß, Kurt Kachlicki und den Komponisten Uwe Ködderitzsch.

Von Kachlicki, der einem guten Trunke nicht abgeneigt war, berichtete man, daß er in angesäuseltem Zustand auf einer Probe vom autokratisch herrschenden Generalintendanten Karl Kayser zurechtgewiesen wurde: »Schämen Sie sich!« Darauf meinte der Mime schwankend: »Wieso ich? Ich hab doch die Inszenierung nicht gemacht!«

Zurück zu seinen speziellen Leipziger Zechkumpanen:

Die erwähnte Truppe waren ein eingespieltes Team, wenn es um Eulenspiegeleien ging. Vergleichsweise harmlos die nächtliche »Motivsuche« für einen fiktiven Film auf dem Leipziger Hauptbahnhof, wobei »Regisseur« Kachlicki und »Kameramann« Schreiber bis zum stellvertretenden Direktor des Bahnhofs vordrangen, sich dann über Laufgänge unter den Bahnsteigen führen und – man glaubt es kaum – vom dienstfertigen Stationsvorsteher eine Flasche Schnaps aus der Mitropa holen ließen. Bedenklicher war schon die überzeugend gespielte Suche der beiden Mimen unter dem Waggon eines abfahrbereiten »Interzonenzuges« nach einem gar nicht existierenden Freund, der sich angeblich wegen irgendwelcher Schwierigkeiten mit seiner Frau entleiben wollte. »Paul, komm raus, wir bringen das schon wieder in Ordnung mit Elfie«, riefen sie, unterstützt von Bahnpolizisten mit Taschenlampen und Hunden ... Als der Schwindel herauskam, hatte der Zug schon eine halbe Stunde Verspätung, und die Meisterkünstler erwartete am nächsten Tag ein schwerer Verweis ihres Intendanten.

Als ausgesprochenes Eigentor erwies sich eine Aktion während einer D-Zugfahrt nach Berlin zum Synchronstudio. Diesmal rei-

ste »Macky« Neiß mit, dem das ungeheure Gedränge im Waggon auf die Nerven ging. Als der Zug unterwegs hielt, stellte er sich auf den Bahnsteig und brüllte: »Der letzte Waggon wird hier abgehängt, bitte alle Reisenden in den vorderen Zugteil umsteigen!«

Nach kurzem, aber heftigem Durcheinander von Menschen, Koffern und Taschen saßen die Herren vom Leipziger Schauspiel allein und sehr bequem im letzten Waggon – wo sie allerdings noch lange bleiben sollten, denn ein Rangierer hatte »Mackys« Anweisungen wörtlich genommen und den Wagen abgekoppelt!

Eine Besonderheit unter den Theaterkneipen war die 1962 als Imbiß für Kabarettbesucher eröffnete in der »Pfeffermühle« am Thomaskirchhof, die viele Jahre von Inge Rosenblatt betrieben wurde. Die »Mühlen-Kneipe« von heute ist leider des alten Interieurs beraubt.

In den sechziger Jahren stand die Einrichtung noch in der Tradition alter deutscher Brettlkneipen. Das lag vor allem an den originellen Objekten des ehemaligen Requisiteurs Wolfgang Haarhaus, des letzten Kabarettmenschen aus den legendären zwanziger Jahren, der in jener Zeit für die »Litfaßsäule« und die »Retorte« gearbeitet hatte. Er war Größen wie Tucholsky, Weinert oder Kästner begegnet und hatte mit ihnen im Künstlercafé Merkur gezecht. In der »Retorte« hatte er die besondere Ehre, während des Vortrages Herrn Joachim Ringelnatz einen Schnaps auf die Bühne zu bringen, damit der Poet, dadurch angeregt, seinen Textfaden weiterspinnen konnte.

Die Wand der »Mühlen-Kneipe« zierte ein Objekt vom Technischen Leiter Artur Rosenblatt: ein präparierter Waran in einer riesigen getrockneten Semmel warb für »Belegte Brötchen«. Daneben kuriose Haarhaus-Schöpfungen: aus Blechdosen zauberte er Gesichter – Melancholie, Wut, Trauer. Zwei Masken zeigten das Gesicht eines Menschen, statt Augen zwei Schnapsgläser. Das Gesicht am Abend blau, am Morgen grün ...

Sein schönstes Stück war eine Standuhr, auf der in der Manier der Glockenmänner vom Krochhochhaus zwei Sandmännchen-Puppen standen, die zur vollen Stunde mit

Holzhämmerchen an zwei übereinandergestülpte Blumentöpfe schlugen. Eine mechanische Meisterleistung! Während am Original »Omnia vincit labor« steht – wie ich mir als Nichtlateiner habe übersetzen lassen: Alles entsteht durch Arbeit, schrieb Haarhaus an der Standuhr: Omnia vincit humor. Daß »humor« im Lateinischen auch »Flüssigkeit« bedeutet, machte die Aussage besonders doppelbödig.

Die kleine Schar der Auserwählten, die nach der Vorstellung noch »akkreditiert« war, beschränkte sich ursprünglich auf persönliche Freunde der »Müller« und gelegentlich einige Hausbewohner, denn zu dieser Zeit lebten im Bosehaus noch »richtige Menschen«. Mit der Herbstmesse 1968 entwickelte sich die »Mühlen-Kneipe« zum Treffpunkt der Westpresse, was natürlich die Genossen vom VEB Horch und Guck besonders zur Akkreditierung anregte. Dem Pfeffermüller Siegfried Mahler ist noch ein Mann in Erinnerung, der sich an einem der Stehtische mit dem Satz ins Gespräch mischte: »Ich gomme ooch aus Göln!«

Ein besonders schöner Ort für nächtliches Amüsement war in der Großen Fleischergasse die Regina-Bar – eine urgemütliche kleine private Tanzbar.

Sie gehörte einem reichen Antiquitätenliebhaber, war mit durchaus qualitätsvollen Gemälden des 19. Jahrhunderts und heute kaum noch zu bezahlendem Zinn ausgestattet. Die Bar erstreckte sich über zwei Etagen, die durch eine halsbrecherische Treppe verbunden waren, auf der nach unbestätigten Meldungen auch schon einige Trunkenbolde in die ewigen Zechgründe gestürzt waren. Man hielt dort sehr auf Etikette. Ein Entreéchef im Frack mit einem Gesicht, als hätte er gestern noch auf Schloß Windsor gearbeitet, achtete streng darauf, daß jeder männliche Gast eine Krawatte trug ... Als sich im Sommer einmal gar nichts Passendes finden wollte, verschwand einer unserer Kumpane kurzentschlossen auf der Toilette, von wo er nach einer halben Stunde, angetan mit einem zugegeben etwas extravaganten Kreppschlips wieder erschien. Er erzählte uns später, er habe knapp zwei Rollen Toilettenpapier zu dessen Anfertigung benötigt – wegen der mangelhaften Reißfestigkeit!

In der »Regina« feierte auch Rektor Georg Mayer mit prominenten Leipziger Wissenschaftlern oder anderen guten Bekannten. Folgende Anekdote ist von ihm aus jener Bar überliefert: Er sitzt bei einem Glas Wein, eine leicht angetrunkene Frau singt vor sich hin. Zwei Herren kommen in die Bar und bitten nach einer Zeit die Frau, doch etwas leiser zu singen. Der Mayer-Schorsch hört das und dröhnt durch das Lokal: »Singe, wem Gesang gegeben! Sind Sie denn keine Kavaliere?!«

Die Herren erschrecken, noch mehr, als der Kellner sie aufklärt, wer sie da zur Räson gerufen hat. Sofort ordern sie Kognak für ihren Canossagang, entschuldigen sich, und nach kurzer Zeit mündet alles in ein lebhaftes fröhliches Gespräch. Nicht lange hin und Mayer-Schorsch ruft der immer noch singenden Dame zu: »Nun hören Sie endlich mal auf! Man versteht ja sein eigenes Wort nicht mehr!«

Ein Bekannter von mir schwärmt noch heute vom edlen russischen Kognak und den guten Steaks in der Bar. Er entsinnt sich, daß zu seiner Überraschung eines Abends einer der Musiker der Zwei-Mann-Kapelle folgendes Lied sang:

Ick sah 'nen Mann am Bahnhof stehn,
mit glatt rasiertem Kinn.
Da dacht' ick mir in meinem Sinn,
da muß doch etwas hin!
Drum ließ ick mir 'nen Spitzbart stehn,
denn Spitzbart ist modern,
drum ließ ich mir 'nen Spitzbart stehn,
jawoll, mein' Damen und Herrn!

Viel erstaunlicher als die Tatsache, daß mitten in Leipzig ein Lied in leicht Berliner Dialekt gesungen wurde, weil es vermutlich auch von dort stammte, ist, daß dieses Liedchen in der »Regina«, also nur wenige Meter von der gefürchteten Staatssicherheit geträllert wurde und die Genossen nicht erfuhren, daß hier eindeutig unser gleichbärtiger Staatsratsvorsitzender verhohnepipelt wurde.

Daß man sich in der »Regina« so wohl fühlte, war vor allem auch der Beleuchtung geschuldet. An den Wänden hingen in einem dunkel gebeizten hölzernen Rahmen Lampenpaare mit Pergamentschirmen, die mildes schummriges Licht in den Raum zauberten. Ein großer grüner Kachelofen stiftete im Winter eine besonders heimelige Atmosphäre. Drum herum stand eine Ofenbank – wahrhaft ungewöhnlich für eine Nachtbar! Einige Kacheln zierte ein »R« mit einer Krone – vielleicht hatte der Besitzer mit diesem Namen der Königin seines Herzens ein Denkmal schaffen wollen. Als das Haus abgerissen wurde, gab es die »Regina« ohne Musik und Tanz noch einige Jahre zu ebener Erde in einem Hof, einem Übergang von der Hain- zur Katharinenstraße, und nun existiert sie schon lange nur noch in den Erinnerungen ihrer einstigen Besucher.

Unsere Zechtouren beschränkten sich nicht auf die Innenstadt, auch außerhalb des Rings existierten in Leipzig einige besondere Bars, Restaurants und Kneipen. Legendär seit Generationen war im Osten die »Grüne Schenke«. Weder ein Ort für Forstangestellte noch ein früher Treff von Umweltgruppen, sondern ein verrufenes Lokal mit Tanzsaal. Das Haus war berühmt für seinen Wechselball. Traditionell nach dem Motto: »Den Damen zur Freude, den Männern zur Qual – Damenwahl!« Viele Männer verließen daraufhin fluchtartig den Saal in Richtung Toilette. Sie trieb die schnöde Angst, daß sich Damen ihrer bemächtigen könnten, die sie nicht für Geld und gute Worte über das Parkett schieben wollten.

Professor Heinz Wagner war seinerzeit gerade frisch in Leipzig angekommen und fragte, wo denn in der Stadt etwas los wäre. Da bekam er den heißen Tip: »Gehn Se mal in die ›Grüne Schenke‹, da is immer was los!« Also ist er mit einem Freund dorthin. Als Wagner den Saal betrat, war gerade Damenwahl, eine Frau schnappte sich ihn mit den Worten: »Komm, ich hab heut Zeit, mein Mann hat Nachtschicht.«

Um einige Spuren feiner ging es in der Wintergartenstraße zu. Betrat man das Hotel Stadt Rom, wovon trotz schwerer Kriegsschäden noch ein Rest erhalten war, kam man in ein Foyer mit Marmorsäulen und Steinfußboden. Versunkene Pracht. Eine geschwungene Treppe führte in den ersten Stock. Nur noch wenige Zimmer wurden genutzt. Ein Bekannter erinnert sich: »Links befand sich eine Bar. Die Bardame trug damals schon enganliegende schwarze Lederhosen, die die Figur betonten. Sie hatte rote Haare, sah also genauso aus, wie man sich solch eine Frau hinter dem Tresen vorstellte. Durchquerte man die Bar, stieß man auf einen Raum mit einer kleinen Tanzfläche und einem Séparéé.«

Ich war einmal dort, in der Tusculum-Bar, habe viel bordeauxroten Plüsch in Erinnerung, Pärchen besuchten jene Bar gern, weil sie offensichtlich nicht gesehen werden wollten, ein paar schillernde Nachtmenschen amüsierten sich und vielfach auch Homosexuelle.

Um die Ecke vom »Tusculum« stand noch das Hotel Fröhlich, der letzte Gosenausschank. Das Gebäude verschwand, als das Wintergartenhochhaus errichtet wurde, vermutlich um die berühmte Baufreiheit zu schaffen.

Drei Kneipen außerhalb des Stadtzentrums, die alle im Süden lagen, sollen unbedingt noch erwähnt werden. Da wäre zunächst das in der Shakespearestraße gelegene »Bräustübl«. Die Bierstube betrieb ein Chinese. Die haben bekanntlich im Deutschen Probleme mit dem Aussprechen eines »r«. Es rutscht ihnen dafür ein »l« aus dem Mund. Und dadurch wurde quasi aus dem »Bräustübl« ein »Bläustübl«.

Kurioserweise hatte der chinesische Wirt meist einen bläulichen Dederonkittel an und addierte bei der Rechnung mit einem Kopierstift, den er mit der Zunge befeuchtete. Hätte meine Mutter dies jemals gesehen, so hätte sie ihn gewarnt, daß der Stift doch giftig sei! Aber so schlimm scheint es mit dem Gift nicht gewesen zu sein, denn er hat das über Jahre praktiziert. Kurze Striche verliefen wegen dieser Angewohnheit jeweils senkrecht über seine Unterlippe und waren auch links oben an der Tasche seines Kittels zu sehen, in die er nach der Rechnerei den Stift wieder hineinsteckte.

Unvergeßlich ist mir seine Zusammenfassung meiner Zeche, als ich bezahlen wollte: »Ein Bockwulst, ein Biel!«

Ein urgemütliches Lokal waren die holzgetäfelten »Horns Weinstuben« in der Arndtstraße. Wie der Name schon sagt, gehörte die Gaststätte dem Hornano-Produzenten. Die Firma Wilhelm Horn war und ist wieder eine Branntwein- und Likörfabrik, Weinhandlung und Wermutkellerei. So sah man in den hölzernen runden Deckenlampen ebenso das berühmte Horn-Zeichen wie auf den Glasscheiben der laternenähnlichen Lampen. An der Theke Reliefs von Weinglas und Weintraube. Die dunklen Holzstühle erinnerten in der Form an einen mittelalterlichen Weinausschank. Das Restaurant, 1931 eingerichtet, war komplett erhalten. Auch hier vernichtete erst die letzte große Verstaatlichungswelle Anfang der siebziger Jahre ein Stück Leipziger Lokalgeschichte.

Die dritte Kneipe im Süden war gar keine, sondern eine Nachtbar. Sie firmierte unter »Haus Connewitz«, aber so sagte kein Mensch. Man ging zu »Schorschl« – eine heiße Adresse für Tanzwütige und solche, die noch von etwas mehr träumten. Theoretisch mußte hier keiner allein nach Hause gehen. Es sei denn, er wollte es mit Macht.

Zur Messe schwirrten bei »Schorschl« alle Dialekte der Bundesrepublik durch den Raum, und den Ausstellern und Kaufleuten klebten vom hitzigen Tanz die Nylonhemden auf der Haut. Schwer atmend ließen sich die älteren Herren aus Dortmund und Castrop-Rauxel und von woher sie sonst noch nach Sachsen geströmt waren, auf ihrem Stuhl nieder. Zu Hause erzählten sie wohl ihrer lieben Frau, wie sie sich zur Leipziger Messe wieder von früh bis abends für die Firma geschunden hatten und daß sie sich nun erst einmal von diesem Streß erholen müßten. Und all die Herren waren jedes Jahr von Herzen froh, daß ihre Frauen allesamt nicht das geringste Interesse zeigten, die Ehemänner in den grauen kommunistischen Osten zu begleiten ...

Wenn sie sich im Jahr darauf wieder fröhlich von der

Gattin verabschiedeten, keimte vielleicht doch irgendwo in der großen Bundesrepublik, in einem Einfamilienhaus mitten im Grünen ein leiser Verdacht: Weshalb wollte der treue Gatte wohl ums Verrecken nicht auf Leipzig verzichten?

Nachtfee

Die Straßenbahn war für uns Studenten in den Sechzigern *das* Verkehrsmittel. Ich kannte niemanden, der ein Fahrrad mit in Leipzig gehabt hätte oder ein Motorrad. Nicht mal einen runtergekommenen Trabant besaß jemand in meinem Freundeskreis. Geschweige denn ein richtiges Auto!

Den Fahrplan kannten wir auswendig; trotzdem blieb uns das Warten an der Haltestelle oft nicht erspart. Aus unterschiedlichen Gründen fielen immer wieder Bahnen aus. Im Winter war Straßenbahnfahren besonders riskant. War irgendwo eine Weiche eingefroren oder die Bahn hatte aus anderen Gründen schlappgemacht, hieß es: warten! Ein Taxi war uns zu teuer. Ich bin ein einziges Mal während des Studiums mit meinem Freund Pepe zu nächtlicher oder eher morgendlicher Stunde Taxi gefahren. Wir hatten uns einen großen Abend geleistet – in der Nachtbar des Hotels Deutschland! Und waren sogar noch mit der dort gastierenden westdeutschen Sängerin Nana Gualdi ins Gespräch gekommen. Wahnsinn!

Mehrmals bin ich vom Zentrum bis nach Leutzsch gelaufen. Einmal ging dem Marsch in den Leipziger Westen ein unvergeßliches Erlebnis voraus.

Ich stand zu später Stunde, gegen zwei Uhr, an der Haltestelle Karl-Tauchnitz-Straße. Es war kalt, ich fror, und keine Bahn in Sicht. Ich lief auf und ab, um mich etwas zu erwärmen, und betrachtete die ehemals herrschaftlichen Häuser auf der anderen Straßenseite. In einem residierte das Institut für Literatur. Es war der Traum vieler junger Schreiber, dort aufgenommen zu werden.

In dem Gebäude daneben sah ich ein erleuchtetes Kellerfenster. Souterrain hatte man in den Glanzzeiten dieses Hauses dazu gesagt. In der DDR wurden solche vornehmen Ausdrücke aus dem Sprachgebrauch getilgt. Das klang viel zu bürgerlich.

Ich lief also hin und her, kein Mensch war weit und breit zu sehen, und ich schaute immer mal zu dem Kellerfenster, das sogar geöffnet war. Schließlich trieb mich die Neugier über die Straße, getreu der alten Weisheit: Licht lockt Leute.

Ich blickte in eine bescheiden eingerichtete Küche. Das Haus wurde als Internat genutzt. Als ich näher ans Fenster trat, entdeckte ich eine junge Frau, die am Gasherd stand, und nun roch ich auch den verführerischen Duft von gebratenem Fleisch. Nachts um zwei!

»Entschuldigung, wissen Sie, wann die nächste Straßenbahn fährt?« Das Mädchen drehte sich schnell um. Sie war etwas erschrocken. »Nein, leider nicht.«

Sie kam näher ans Fenster, wir lächelten uns an. Ich sah nun, daß sie Rouladen briet. Ein Duft war das! Sie wissen, so ein Duft kann einem durch und durch gehen – zumal, wenn man, wie ich, Hunger hatte.

»Warum braten Sie denn so spät nach Mitternacht noch Rouladen?«

»Ich habe bis jetzt gelernt. Und morgen bekomme ich Besuch.« Wir unterhielten uns über ihr Studium, und ich erfuhr, daß sie Lehrerin für Kunstgeschichte und Deutsch werden wollte und in diesem Internat hier wohnte. Weiterhin bemerkte ich zu meiner großen Freude, daß sie über ein mitfühlendes Herz verfügte, denn sie fragte mich plötzlich: »Ist Ihnen kalt? Wollen Sie sich aufwärmen?«

Und ob ich das wollte! So schnell bin ich noch nie in ein Souterrain gelangt. Auf dem Küchentisch lag ein Band von Jean Paul. Doch im Moment interessierte mich der alte Schulmeister überhaupt nicht, selbst die Roulade rückte etwas in den Hintergrund, konnte ich mir doch nun die nächtliche Braterin näher betrachten. Ihr schwarzes langes Haar war mir als erstes aufgefallen, aber nun sah ich, daß sie grüne Augen hatte. Grüne Augen waren auch in Leipzig sehr selten. Wo hatte ich das letzte Mal welche gesehen?

Mir fiel ein Film mit Rita Tushingham ein. Der hieß wohl sogar »Das Mädchen mit den grünen Augen«.

Während wir uns über Bücher unterhielten, überwachte sie den Bratvorgang mit einer Gabel. Ich vermute mal, daß ich dann für eine Zeit die gerollten Fleischstücke sehr intensiv und etwas versunken betrachtet habe, denn plötzlich fragte sie: »Haben Sie Hunger?«

Wie eine gute Fee, dachte ich, die Gedanken lesen kann. Ich zierte mich eine angemessene Zeit, aber nicht zu lange ... »Ich kann Ihnen doch jetzt keine Roulade wegessen.« Mich interessierte inzwischen auch überhaupt nicht mehr, wann die nächste Bahn in Richtung Leutzsch fahren würde.

Wir setzten uns in die ehemalige Diele der großbürgerlichen Villa. Neben dem längst nicht mehr benutzten Kamin hing eine Wandzeitung, die berühmte »Rote Ecke«, die es in Schulen, Betrieben und Institutionen überall gab. In diesem Gründerzeithaus wirkte die sozialistische Agitation besonders deplaziert.

Ich aß mit großem Genuß. In der Diele brannte keine Lampe. Nur oben, über dem Holzgeländer des ersten Stockwerks schimmerte etwas Licht. Sie freute sich, daß ich mit Appetit die Roulade verspeiste. Dann ließ sie mich allein und kam nach kurzer Zeit mit einer Flasche Rotwein zurück.

Ich strahlte beim Anblick der Flasche. »Ein Service ist das hier!«

»Die hab ich von meiner Freundin geborgt.«

»Ist sie denn noch wach?«

Sie lachte. »Nein, ich sag's ihr morgen.«

Wir stießen an, in jener Diele, die einst bestimmt rauschende Feste erlebt hatte; und von einem Moment zum anderen war dieses berühmte Verstehen zwischen uns, dieses Gefühl, daß man sich schon ewig kennt. Nach einer halben Stunde war jegliche Fremdheit verflogen.

»Du warst plötzlich mitten in der Nacht da – wie eine gute Fee.« Sie lächelte mich an. »Eine Nachtfee geht wieder, wenn es Tag wird. Und zeigt sich nie wieder.«

Als ich das Haus verließ, dämmerte es schon. Ich hörte die Vögel singen, mich kümmerte keine Straßenbahn, und ich lief nach Hause. Unterwegs mußte ich bei dem Gedanken lächeln, daß sich ihr Verlobter wohl wundern würde, warum sie für sich keine Roulade gemacht hatte. Ihre war die beste, die ich in meinem Leben gegessen habe!

Und meine Nachtfee habe ich tatsächlich nie wieder gesehen.

Ein bißchen Westen, zweimal im Jahr

Transparente mit sinnlosen Sprüchen hielten sich bis zum Ende der DDR. Sie waren einfach nicht totzukriegen! In den sechziger Jahren hing man kurz vor einer Herbstmesse im Leipziger Zentrum folgende Losung auf: Ohne Kapitalisten lebt es sich besser!

Doch war der kernige Merksatz in den Regen geraten, und einige Buchstaben hatten sich gelöst. Als eine Abnahmekommission vor Messebeginn das Zentrum besichtigte, entschied man sich allerdings nicht dafür, den Schaden zu beheben, sondern im wahrsten Sinne für die Abnahme, weil irgend jemand bemerkte, daß der Satz für diesen Anlaß nicht sehr glücklich gewählt sei, denn man wolle schließlich mit jenen Kapitalisten Geschäfte machen ...

Mein erster Besuch in der Messestadt Anfang der sechziger Jahre ist mir unvergeßlich geblieben! Eine Verwandte arbeitete als Standhilfe bei einer ausländischen Firma. Ich besuchte sie und bekam französischen Kognak angeboten! Wahnsinn! Wahrscheinlich sah ich den gläsernen Aschenbecher auf dem Tisch so verzückt an, daß sie ihn mir schließlich nebst »Westzigaretten« schenkte! In meiner Zwickauer Junggesellenbude erregte er über Jahre Aufsehen durch den Schriftzug »Cognac Martell«.

Als ich dann in Leipzig wohnte, verbrachte ich unzählige Stunden auf der Buchmesse. Ein Bekannter erzählte mir einst Unglaubliches. Er hatte unbedingt ein bestimmtes Buch haben wollen und bekam von einem westdeutschen Verlagsmitarbeiter folgendes gesagt: »Ich darf es Ihnen weder verkaufen noch schenken – ich kann mich nur mal umdrehen ...«

Und man drehte sich oft um auf der Buchmesse!

Am Schluß gab es an einigen Ständen fast nur leere Regale, obwohl sie mehrmals aufgefüllt worden waren. Natürlich liefen Aufpasser durch die Gänge, und die allgegenwärtige Stasi schlich auch um die Kojen, aber sie konnten eben doch nicht überall sein. Wenn ein Student erwischt wurde, drohte die Exmatrikulation. Und so waren Hitzewellen und Herzklopfen angesagt, ehe ein Grass, ein Sartre oder ein Kafka in der weiten Kutte verschwand.

Bücherklauen zu DDR-Zeiten war quasi geistiger Mundraub!

Am beliebtesten waren Taschenbücher, weil sie, wie der Name schon sagt, hervorragend in Taschen paßten.

»Glombi«, der Maler Günter Glombitza, besaß einen »Messe-Mantel«. Die beiden M, die in Leipzig für Muster-Messe stehen, bekamen hier eine völlig andere Bedeutung. Und wofür brauchte er ein solches Kleidungsstück? Ganz einfach: An den Innenseiten hatte er sich zusätzliche Taschen eingenäht, um die begehrten Bücher blitzschnell verschwinden zu lassen. Es gab echte Meister im Klauen. Manche hatten einen Schnellhefter in der Hand, schrieben sich ein paar Passagen oder Angaben ab, standen auf, legten das Buch unter die Mappe und gingen seelenruhig aus dem Messestand. Das war die Variante für Leute mit stahlharten Nerven.

Viele Stände der Westverlage waren ewig überfüllt und mit einem Seil am Eingang abgesperrt, weil die Leute nur schubweise eingelassen werden konnten.

Studenten verdienten sich zu den Messen gern ein paar Mark dazu. In einem kalten, verschneiten Frühjahr verkaufte ich mit einem Buchhändler auf der Technischen Messe für die Franz-Mehring-Buchhandlung Literatur. Der Verkauf fand im Vorraum der Kollektivausstellung von Großbritannien statt. Dort zog es mörderisch! Eine sympathische und hübsche Medizinstudentin, die am Stand einer britischen Firma arbeitete, war um unser Wohl bemüht und versorgte uns mit Getränken, die den Ausbruch von Erkältungskrankheiten verhindern sollten. Nie werde ich die Pausen mit Corned-Beef-Brötchen und nahezu randvollen

Whisky-Gläsern vergessen! Daß die Abrechnung scheinbar doch gestimmt hat, zählt zu den Wundern dieser eisigen Frühjahrsmesse.

Sowohl in den Messehäusern der Innenstadt als auch auf dem Gelände der Technischen Messe brach jeden Tag das Sammelfieber aus. Alt und jung grabschte nach Prospekten. Plastiktüten (heute unvorstellbar!) waren damals eine begehrte Beute. Beim Verteilen von Kugelschreibern wurden sogar schon mal die Ellenbogen eingesetzt. Und wenn gar bei Café do Brasil die geliebte schwarze Brühe in Plastikbecher floß, dann drängelte die gierige Masse, als käme das süffige Getränk erstmals in der DDR zum Ausschank.

»Auf die Messe« durfte man erst ab 14 Jahre. So kletterten mutige Kinder über die Zäune und schlichen sich in die Messehäuser. Mein Freund Guido fand als 12jähriger mit Kumpels einen Weg über die Toilette vom Capitol in den Petershof, um am Matchbox-Stand die heißersehnten Prospekte abzufassen. Sie drückten sich auch gern vor dem Ausländertreffpunkt am Neuen Rathaus herum, um dort die Autos in die Parklücken einzuweisen. Ihr Winken war letztlich nur eines mit dem Zaunspfahl, um ein paar Münzen, Schokolade oder Zigaretten zu schnorren.

Stefanie, meine spätere Frau, half jahrelang im Messehof an einem Stand. Leider bei keiner für uns attraktiven Firma – weder Käse noch Rotwein oder Obst wurden gehandelt, sondern nur Sämereien. Wir besaßen aber nicht ein einziges Stückchen Land, wo wir den West-Grassamen hätten ausstreuen können. Damit hatte sie auch kein Äquivalent für den heftig florierenden Interkojenhandel auf der Lebensmittelschau.

Die Modalitäten für die Anstellung von Personal wurden vom Messeamt geregelt: Der Aussteller mußte eine Standhilfe für eine festgelegte Zeit anfordern. Den Lohn bekamen die Aushilfskräfte natürlich in Ost-Mark gezahlt, aber der Aussteller mußte ein Vielfaches in D-Mark nach dem üblichen Tarif für West-Hostessen an das Messeamt zahlen.

An den Ständen gab es Kontrollen, und wenn sich dort

jemand unbefugt aufhielt, mußte sie oder er gehen. Ausstellern wurden auch Strafen angedroht, wenn sie sich nicht an die Regelung mit dem Messeamt hielten.

Unglaublich, wie sich Geschäftspartner, speziell vom DDR-Außenhandel, während der Verhandlungen mit den West-Kaufleuten aufführten. Die Abschlüsse wurden meist von denselben Leuten ausgehandelt. Dadurch entstanden lockere Kontakte. Der Messechef meiner Frau brachte – zumeist illegal – über die Grenze mit, was sich die DDR-Herren wünschten. So erhielten sie beispielsweise Medikamente, Uhren oder Spirituosen geschenkt. Bei Genex, wo nur Aussteller einkaufen konnten, wurden reichlich Genußmittel erworben, und ein Teil der besten Sachen wanderte heimlich in die Aktentaschen der DDR-Außenhandels-Kaufleute. Stefanie mußte den Herren dann die Taschen zum Parkplatz tragen, dabei reichlich Abstand wahren, denn von den Geschenken durfte im Messehaus niemand wissen. Vermutlich wurden auch die Außenhandelsleute überwacht, um zu verhindern, daß bestochen wurde.

Weil ich gerade Genex erwähnt habe ... Diese Firma organisierte für die Aussteller die Messeversorgung. Große Lager existierten an verschiedenen Punkten der Stadt, um die Genexläden in den Messehäusern zu beliefern. Ein Freund von mir studierte Wirtschaftswissenschaften und arbeitete Mitte der sechziger Jahre mit Kommilitonen zur Messe in einem Genex-Lager im Neuen Rathaus. Da wurden beispielsweise Kartons aus Holland angeliefert, in denen sich Herren- und Damenpullover befanden. Andere enthielten Strümpfe, Unterwäsche, Schirme, kleine Radios und Genußmittel. Die jungen Leute überlegten nun inmitten dieser Schätze, wie sie zum Beispiel eine edle Spirituose trinken könnten, ohne sie zu stehlen. Die, sagen wir ... einfach zu Bruch gegangen wäre ... Wie konstruierte man einen Versicherungsschaden? Denn die Versicherung zahlte nur, wenn die Verschraubung, also der Verschluß unversehrt war.

In dem Lager arbeiteten Studenten aller Fachrichtungen.

Bei der gestellten Aufgabe war Physik vonnöten. Sie setzten sich zusammen und konnten schließlich »Heureka!« rufen: eine Schnur wurde in Benzin getaucht – das war von einem Feuerzeug abgezapft worden –, sehr straff um den Hals der Flasche gewickelt und angezündet. Die Flammen erwärmten natürlich das Glas enorm, und mit einem klirrenden »Klick« wurde das Oberteil der Flasche abgesprengt. Es lag wie abgeschnitten auf dem Boden. Wieder einmal hatte das Improvisationstalent des DDR-Bürgers gesiegt!

Aus einem kleinen Aluminiumtöppel hat man dann die feinsten Whiskys und Cognacs dieser Welt genossen.

Ich partizipierte eines Tages auch von den schönen Dingen dort im Lager. »Den hab ich weggefunden«, sagte mein Freund und schenkte mir einen West-Rasierapparat. Aus Metall! Drehte man am Griff, öffnete er sich oben, und man konnte bequem die Gillette-Klinge einlegen. Toll! Mit jedem Drehen öffnete sich für mich auch eine andere Welt!

Was man damals gern entgegennahm, waren tatsächlich Rasierklingen aus dem Westen. Nach einer Ost-Klingen-Rasur sahen Männer mit starkem Bartwuchs aus, als gehörten sie einer schlagenden Verbindung an.

Da im Lager keine Warenlisten existierten, wurden natürlich ab und an von den Mitarbeitern auch Textilien für den Eigenbedarf abgezweigt. Das mußte man geschickt anstellen. Hemden oder Pullover zog man sich kurz vor Feierabend auf der Toilette drunter. Es war aber in jeder Beziehung riskant, weil ertappten Sündern die Exmatrikulation drohte.

Mein Freund war einmal zum Messeschluß mit Aufräumungsarbeiten beschäftigt. In einem Raum entdeckte er einen Karton, auf dem ein Telefon stand. Der Karton diente quasi als Tisch. Als er das Telefon herunternahm, um den Karton zusammenzuklappen, merkte er, daß der noch voller Zigaretten-Stangen war.

10 000 Zigaretten!

Irgendeine unbekannte Sorte. Aber aus dem Westen!

Der Karton war vergessen worden – weil darauf eben immer das Telefon gestanden hatte! Mein Freund zermarterte sich das Gehirn, ihm ging die berühmte Frage von Lenin »Was tun?« durch den Kopf. Mit einem Handkarren fuhr er den Karton schließlich an jenen Ort, wo das Altpapier und die Kartonagen gesammelt wurden. (Die jährlich zweimal anfallenden Messe-Sekundärrohstoffe waren ja ein einziger Segen für die papierarme DDR!) Dort wurde der Tabak-Schatz zwischengelagert und nach Feierabend abtransportiert. »Stoff« für viele Monate!

Das älteste Gewerbe der Welt hatte auch im sozialistischen Leipzig Hochkonjunktur. Da besuchten Frauen die Ausstellungskojen und gingen aus gutem Grund vom dortigen Chef reich beschenkt wieder ihrer Wege. Andere kamen jede Messe für ein paar Tage aus Kreisstädten angereist. Sie übernachteten im Quartier der Aussteller bei den sehr toleranten Vermietern. Eine attraktive Berlinerin feierte nach und nach in verschiedenen Ständen des Messehofs und zeigte Stefanie einmal ein dickes Geldbündel mit drei verschiedenen Währungen.

Währenddessen schoben sich die Besucher mit großen Augen durch die Gänge, drückten sich an den Scheiben der Ausstellungsvitrinen mit den Nahrungs- und Genußmitteln die Nase platt und träumten vom Besitz dieser Köstlichkeiten. Manche Messebesucher klopften zaghaft und bettelten um »ä baar Banahn fiern Ängkl« oder »Pampelmusen für den zuckerkranken Mann«, andere standen gleich im Stand, erzählten von ihren Schwierigkeiten in der DDR und wollten Geld für den Intershop.

Nach 18.00 Uhr, wenn die Ausstellungen ihre Pforten geschlossen hatten, wurde im Messehaus oft noch heftig gefeiert. Die Etagenmeister drückten sofort ein Auge zu, wenn ihnen etwas in die aufgehaltene Hand gedrückt wurde. Energisch sorgten sie allerdings dafür, daß die einheimischen Messebesucher die Etage schnell verließen. Gegenüber den Westdeutschen bekamen sie freundliche Nasenlöcher. Es konnte ja immer etwas für sie abfallen. Direkt in ihren Dederonbeutel, den sie nach Dienstschluß wohl gefüllt nach Hause trugen. Der hing auch bei den Fahrstuhlführern an einem Haken in der Kabine. Man kannte sich seit Jahren, und so gab es da mal eine Tafel Schokolade oder dort ein Päckchen Kaffee für die Liftdienste.

Die schönste Zeit für die Standhilfen war gegen Messeende. Die Geschäfte waren erledigt, die Chefs fuhren meist schon etwas eher nach Hause, und die Standhilfen hatten das Kommando. Wenn der Messechef abgereist war, lud meine Frau unsere Freunde zum Restetrinken ein. Was für herrliche Feten haben wir an diesem Stand gefeiert!

Leipzig lebte eigentlich immer von Messe zu Messe. »Vor der Messe nicht mehr!« und »Aber erst nach der Messe!« waren *die* Sätze in der Stadt. In allen Familien grassierte das Messefieber. Es gab kaum jemanden, der nicht damit infiziert war. Schließlich lief die älteste Messe der Welt auch zu DDR-Zeiten wie früher ab. Tausende Besucher wohnten privat, viele Menschen zogen in schlichte Gemächer, um möglichst devisenträchtige »Messeonkels« zu beherbergen. Es wurde »rausgearbeitet«, Urlaub genommen, die Wohnung gemalert und auf Hochglanz gebracht. Die Läden waren zu Messezeiten immer etwas besser gefüllt, und jeder Leipziger hatte den berühmten DDR-Beutel parat, um sich die Chance eines besonderen Einkaufs nicht entgehen zu lassen. Durch die Gänge der Messehäuser rollten Verkaufswagen mit seltenen Köstlichkeiten: ungarische Salami, Wernesgrüner oder Radeberger Bier, Schinken in Dosen oder Gänseleberpastete.

Der Nepp grassierte in diesen Tagen in Leipzig, es gab in den Gaststätten saftige Sonderpreise und DM-Betten in den Hotels. Die Gastronomen waren zu Messezeiten die Könige, jeder Platz war gefragt. Ohne Beziehungen und Bestellungen lief nichts. Westliche Devisen mußten theoretisch abgegeben werden, aber es fanden sich schon Mittel und Wege, dies und jenes abzuzweigen ...

Selbst der letzte Parkplatzwächter profitierte vom Mangel und hielt für Westmünzen die Hand und den Parkplatz offen.

Wie viele Ost-West-Liebesgeschichten nahmen in Leipzig ihren Anfang! Die Pärchen trafen sich später in Prag, Budapest oder am Balaton. Und wenn die Liebe gar zu groß war, dann reisten die hübschen Sächsinnen eines Tages aus – nach München, St. Gallen oder Wien.

»Zur Messe is in Leipzig alles andersch« – unter diesem Titel schrieb ich in den siebziger Jahren ein Lied für die »Sächsische Hitparade«, das auf der Messewelle des Senders Leipzig auf dem ersten Platz landete. Einige Leute vom Funk hatten damit aber »ideologische Bauchschmerzen«, und so wurde die weitere Ausstrahlung untersagt. Ich hatte mir nur erlaubt, die zweimal jährlich stattfindende Verwandlung von der Provinz zur Weltstadt etwas kritisch zu beschreiben. Im Refrain hieß es:

»… Zwee Mal im Jahr is Leibzisch indernadsional.
Dann liechd de City widder schdill, verdreimd und
gahl.«

Und über den bescheidenen Airport reimte ich:

»Ä Fluhchblads hammer ooch zu unsern Messen,
midd braun', schwarzen, blonden Schduardessen.
Die Hiehner jaach morr vorher schnell vom Fäld,
denn in Schgeiditz landet dann de ganze Wäld …«

Das war zu »digge«. Das Lied verschwand im Archiv.

Von den alten Messehäusern, die das besondere Flair dieser berühmten Leipziger Mustermesse ausmachten, künden heute nur noch Namen an der Fassade, und spätere Generationen werden kaum wissen, was sich dahinter einmal verborgen hat. Ich finde es bedauerlich, daß die neuen Messemacher das traditionsreiche Gelände der Technischen Messe aufgaben, zumal dort viele Möglichkeiten der Erweiterung bestanden. Aber ich habe inzwischen gelernt, daß es in der Marktwirtschaft nicht um Traditionen, sondern um Geld geht. Es muß sich rechnen.

Bloß: manchmal verrechnet man sich auch …

Alte Antiquariate

Zu den romantischsten Orten dieser Welt zählen für mich Antiquariate. Ich meine nicht die nüchtern aufgeräumten piekfeinen und sauteuren Edelsortimente, sondern Läden, die ein liebenswertes Durcheinander prägt. Unaufgeräumt erscheinen sie nur dem Pedanten, der Besitzer kennt sich hervorragend darin aus. Ich meine Läden wie den vom alten Stein in Jerusalem, der aus Frankfurt am Main stammte. Oder das Antiquariat, das ich beim Bummeln mit meiner Frau im Marais fand, dem jüdischen Viertel von Paris. Mit dem alten Liebermann schwatzte ich zwischen Bücherbergen über Gott und die Welt. Und ich erinnere mich an ein verwinkeltes Geschäft in Amsterdam. Selbst auf den Stufen der schmalen Treppe in den ersten Stock, die ein gedrechseltes, weiß gestrichenes Geländer flankierte, stapelten sich noch Bücher, so daß nur ein schmales Stück für den Benutzer übrig blieb. Die Räume wirkten klein und eng wie auf einem Schiff.

Staub stört mich in diesen Geschäften überhaupt nicht. Der gehört zur Patina solch eines verwunschenen Ortes. Dort kann ich in Minuten den Tag vergessen, tauche in die geräuschlose Welt der Buchstaben. Regal für Regal suche ich ab, hole mir einen Hocker oder eine kleine Leiter heran, um auch die höher stehenden Bücher in Augenschein zu nehmen. In allen europäischen Städten und in Israel lautet meine erste Frage nach dem Eintritt ins Geschäft: »Do you have any books in German language?« Und in jene Ecke verwiesen, stöbere ich dann mit Freude im Bestand, entdecke Bücher, die tatsächlich ihre Schicksale haben.

Das einzige, was mir in solchen Momenten noch zu meinem Glück fehlt, wäre beim Blättern und Lesen ein Glas

Rotwein in Reichweite. Aber ein Antiquariat mit Weinausschank habe ich leider noch nirgendwo entdeckt. Wer füllt die Marktlücke ... und das Glas?

Drei solche bejahrte, gemütliche Refugien gab es auch im Leipzig der sechziger Jahre.

Am romantischsten war es beim alten Engewald im inzwischen abgerissenen barocken »Hotel de Saxe« in der Klostergasse 9. Ich entsinne mich an viele Stunden, die ich in dem Laden im Erdgeschoß zugebracht habe. Kurt Engewald betrieb dort Kunsthandel, Buchhandlung und Antiquariat. Und ich hatte nie den Eindruck, daß es den Besitzer störte, wenn man lediglich schaute und nichts kaufte. Natürlich kamen auch vermögende Leute zu ihm und erwarben bei ihm Bildbände, Gemälde und Grafik. Aber ihm war jeder Besucher gleich lieb.

Öffnete man die Tür, ertönte Glockengeläut, das sich erst nach einer Weile beruhigte. Ich werde nie diese Stimmung vergessen, als ich an einem kalten Wintertag, durch das Barfußgäßchen kommend, in die verschneite Klostergasse einbog, durch die Tür trat und mich diese Klänge stimmungsvoll an das nahende Weihnachtsfest erinnerten.

Eine Atmosphäre wie in einem Roman von Dickens.

Die alte Zeit hatte dort noch eine Bastion; die Uhr im Geschäft schien sich langsamer zu drehen. Drinnen saß der alte Engewald, ein seriöser Herr, an einem Schreibtisch, den man nach getaner Arbeit mit einem Rolladen verschließen konnte. Der Antiquar blickte auf und grüßte den Eintretenden. Er hatte langes, gewelltes weißes Haar und war deshalb dem alten Mommsen ähnlich. Stets trug er einen weißen Kittel, wirkte wie ein Professor in einem Forschungslabor um die Jahrhundertwende. Er lief in leicht gebückter Haltung durch den Laden, fragte nach den Wünschen. Die mußte man etwas lauter äußern, da sein Gehör schon sehr ramponiert war. Engewald betrieb auch einen Verleih, verborgte gegen eine kleine Gebühr Kunstdrucke an Hotels oder Gaststätten.

Dem großen Ladenlokal schlossen sich drei hintereinanderliegende Räume an, dort fanden immer Ausstellungen statt. Überall im Laden standen Tische mit Büchern, Grafiken, Zeitschriften und vielen Kunstpostkarten. Dort sah ich zum ersten Mal Bilder von Roland Frenzel, einem Leipziger Maler. Ich mag seine Arbeiten, die farblich sehr atmosphärischen, sehr intensiven Stadtlandschaften und Natursujets, und habe viel später einige direkt vom Künstler erworben.

Bei Engewald sah ich auch eine Ausstellung mit Bildern von Max Schwimmer und Hermann Naumann, Maler und Grafiker aus Dresden. Schwimmer war bekanntlich einem guten Tropfen nicht abgeneigt. »Und es ging die Sage«, so erzählte mir Christiane Otto, Leipzigs kundige und universal gebildete Antiquariatsseniorin, »daß Engewald den Schwimmer einlud. Er legte auf den Tafeln alle Bücher des Meisters aus, stellte eine Flasche Wodka auf den Tisch und bat ihn, die gedruckten Zeichnungen zu kolorieren. Schwimmer schritt dann in seiner flotten Weise von Buch zu Buch, mit Rot und Gelb und was für Farben immer, und so konnte man beim alten Engewald kolorierte und signierte Ausgaben des Meisters erwerben. Engewald war der Mann, der für Kunsthandel in Leipzig zuständig war, er hatte die besten Verbindungen zu Künstlern.«

Arnd Schultheiß war eine Zeit Meisterschüler bei Schwimmer: »Er war ein Filou. Der hat mit beiden Händen gezeichnet. In seinem Atelier roch es in den Nachkriegsjahren immer nach Wodka oder Kognak, nach Äpfeln und Chesterfield.«

Nicht die schlechteste Duftmischung!

Auch mit den phantasievollen Bildern von Gil Schlesinger, einem Maler, der 1955 aus Israel in die DDR gekommen war, schloß ich bei Engewald Bekanntschaft. Er übersiedelte 1980 nach München. Die Kulturpolitiker der DDR konnten mit seinen Bildern überhaupt nichts anfangen.

Der alte Engewald hatte in den Räumen einen Freiraum für Kunst geschaffen. Selbst in Zeiten der Formalismus-Debatten. In jener Zeit der – wie es Arnd Schultheiß ausdrückt – »Revolutionskultur, die dem Zwecke der überdimensionierten Parteipolitik entsprach und Kunst zum Mitläufergewerbe degradierte, die lediglich den Sozialismus und die DDR stärken sollte«.

Und zu welchen Preisen war damals große Kunst in jener Handlung zu erwerben ...? Unvergeßlich ist mir eine Farblithographie von Otto Dix im Fenster, die für 400 Mark angeboten wurde! Damals für mich unerschwinglich. Dix ließ in Dresden drucken. Dr. Roland Jäger erinnert sich, daß er von Engewald in den fünfziger Jahren einmal zwei Dürer-Holzschnitte angeboten bekam, auch ein Liebermann-Pastell für 1200 Mark, und er weiß noch genau, daß im Fenster in der Klostergasse eine Plastik von Renée Sintenis für 1000 Mark stand. Lothar Otto sagte mir, daß er Zeichnungen von George Grosz bei Engewald gesehen habe. Und Herbert Kästner von den Leipziger Bibliophilen wird bis ans Ende seiner Tage nicht vergessen, daß er nicht die Barschaft besaß, um ein Bauernkriegsblatt von Käthe Kollwitz zu erstehen: für 60 Mark!

Auch aus den Text- und Grafikmappen »Die Schaffenden«, die von 1918 bis 1922 im Gustav Kiepenheuer Verlag erschienen waren, tauchten bei Engewald Blätter auf. Und vom »Pan«, der heute so gesuchten Jugendstil-Kunstzeitschrift, waren selbstverständlich Exemplare am Lager. Jedem Heft lagen Originalgrafiken bedeutender Künstler bei.

All das zusammenzutragen war möglich, weil der sozialistische Kunsthandel noch nicht das Monopol besaß, weil noch nicht alles in den Westen verscherbelt wurde, um Devisen für den Staat zu ergattern.

Arnd Schultheiß berichtete von einem Freund, der eine signierte Lithographie von Karl Hofer für 40 Mark erwarb; ein früher Holzschnitt von Gerhard Marcks kostete 60 Mark. Schultheiß selbst hatte 1951, kurz nach dem Studium, seine erste Ausstellung bei Engewald. Für sein Debüt wurden allerdings nicht die Ausstellungsräume geöffnet, sondern nur die Schaukästen am Haus. Mit Stecknadeln wurden darin die Blätter befestigt. Drei Wochen später kam eine Karte von Engewald, der Museumsdirektor Professor Johannes Jahn habe drei Zeichnungen für das Museum angekauft. Pro Stück 40 Mark. Das waren stolze 120 Mark. Sein 20-Quadratmeter-Atelier in Schleußig kostete monatlich 10 Mark Miete. Also hatte Schultheiß damit auf einen Schlag die Miete für ein reichliches Jahr verdient!

Engewald hatte in seiner Wohnung einige Arbeiten der Expressionisten, darunter eine Dresdner Stadtlandschaft von Oskar Kokoschka. Die Zeit der Expressionisten war auch die Zeit seiner Jugend gewesen, und er hatte erlebt, wie ihre Arbeiten von den Nazis vernichtet und von den Kommunisten als Formalismus aufs neue zurückgewiesen worden waren.

Menschen wie Engewald ging es nicht allein um Handel, sondern mehr um das Gespräch; wer interessiert war, profitierte von seinem enormen Wissen. Er hatte immer Zeit, um über Kunst und über die Messestadt zu plaudern. Der Kabarettist Siegfried Mahler erinnert sich: »Er wußte unglaublich viel über Leipzig. Er war ein wandelnder Baedeker und weit über die Stadt hinaus bekannt.« Arnd Schultheiß erzählte mir, daß bei ihm als jungem Künstler das Geld immer nur für das Nötigste reichte und er sich manchen Bücherkauf verkneifen mußte. Als das der Buchhändler Engewald merkte, sagte er zu ihm: »Nehm' Se's mit, lesen Sie es über's Wochenende und bringen Sie es mir am Montag wieder!«

Und als sich die beiden einmal über die Probleme im volkseigenen Handel unterhielten, wie lange dort beispielsweise an einem Geschäft »herumrenoviert« wurde, da erzählte ihm der genaue Beobachter Engewald, wie er die Räume in der Klostergasse seinerzeit eingerichtet hatte: »Am Freitag kamen die Maler und haben die Wände geweißt, am Sonnabend die Tischler, die haben die Regale aus Fichtenholz eingebaut, am Sonntag lieh ich mir Karren der Pelzjuden, um die Bücher zu transportieren, und am Montag habe ich aufgemacht.«

Als das Hotel de Saxe abgerissen wurde, nutzte er eine Westreise, um zu bleiben. Man versprach ihm ein neues Geschäft, er kam zurück. Einige Zeit betrieb Engewald im Thomaskirchhof tatsächlich noch einmal ein Antiquariat. Aber einem Vergleich mit dem vorigen hielt es nicht stand, die Patina war verschwunden, der Zauber dahin.

In Gesprächen erinnern sich viele Kunstfreunde immer noch gern an Engewalds romantischen Laden in der Klostergasse. Sie denken an die Preise, für die sie wertvolle Blätter hätten erstehen können, und seufzen. Doch so ist das halt im Leben. Immer fehlt was. Und manchmal ist es nur – das Geld ...

Eines Tages entdeckte ich in der Querstraße, Ecke Wintergartenstraße, ein Antiquariat. Nach meiner Erinnerung besaß es zu jeder Straßenseite ein Schaufenster, alles in der Auslage war ein wenig verstaubt – wie auch die Schätze im Laden. Ein paar vergilbte Drucke, die sich schon wellten, hingen an der Wand, ein eiserner Kanonenofen schaffte im Winter wohlige Wärme. In diesem Reich herrschte der alte Koehler, wie Engewald im weißen Kittel. 1965 feierte er seinen 80. Geburtstag und konnte auf 65 Jahre beruflicher Tätigkeit zurückblicken. Kein Grund zum Aufhören! Nicht für einen Antiquar mit Leib und Seele! Paul Koehler hatte natürlich auch schlohweißes Haar, trug eine randlose Brille, und wenn er saß, war er hinter Bücherstapeln fast verschwunden. Sein besonderes Markenzeichen waren zwei Bärtchen. Eines unter der Nase und eines unter der Unterlippe. Nie fehlte die gepunktete Fliege, und ein weißes Kavalierstuch lugte aus der Jackettasche unter dem Kittel. Mittags aß er oft ein Süppchen am Schreibtisch. Ging mit seinem Personal nicht gerade pfleglich um, er konnte grob sein. Ich wurde Augenzeuge, wie er einen Mitarbeiter anraunzte. Seine Stimme klang dann ziemlich knarrig und knurrig. Christiane Otto: »Der wurde im Ausdruck auch gleich mal zoologisch.«

Eine Frau und ein Mann waren bei ihm angestellt. Die huschten wie verschüchterte graue Mäuse, das wurde durch

Kittel in jener Farbe unterstrichen, im Laden herum. Der Chef war vermutlich eher ein Bücher- denn ein Menschenfreund.

Als ich im Geschäft herumstöberte, merkte ich, daß es sich um ein wissenschaftliches Antiquariat handelte, Belletristik kam nicht vor. Ein Kunde betrat den Laden und sagte: »Ich würde gern wieder mal drüben die Bücher durchsehen.«

Die Angestellte fragte: »Welches Gebiet interessiert Sie?«
»Philosophie.«

Sie nahm einen Schlüssel von einem Haken und sagte zu ihrem weißhaarigen Chef: »Ich geh mal mit dem Herrn rüber.«

Der sah flüchtig auf, nickte und widmete sich wieder seinen Büchern.

Da mußte es also noch weitere Räume mit Schätzen geben. Am nächsten Tag suchte ich das Geschäft sofort wieder auf und meinte nach meinem Gruß zu der Frau: »Ich würde gern wieder mal drüben die Bücher durchsehen.«

»Welches Gebiet interessiert Sie?«
»Kunstgeschichte.«

Die Prozedur wiederholte sich. Die Frau nahm den Schlüssel, sagte ihrem Chef Bescheid, wir verließen den Laden, liefen die Querstraße hinauf und bogen in die Gellertstraße ein. Dort gingen wir durch einen Hausflur, über einen Hof und stiegen die Treppe hoch. Die Frau schloß in einem Stockwerk, nachdem wir an Büros vorbeigegangen waren, eine Tür auf und fragte mich: »Wie lange wollen Sie bleiben?«

Die Frage überraschte mich etwas, ich überlegte kurz und sagte dann: »Eine Stunde.«

»Gut.« Sie nickte mir zu, schloß die Tür, und plötzlich hörte ich, wie sich der Schlüssel im Schloß drehte. Der Bücherfreund war eine Stunde im Lager festgehalten. Fünf, sechs Räume sind mir in Erinnerung geblieben, und die habe ich Regal für Regal durchforstet. Auf viele interessante Sachen stieß ich. Kunstzeitschriften der Jahrhundertwende, auch in mehreren Mappen alte Stiche und Grafik. Nach meinem Studium, als die Finanzen zwar spärlich, aber immerhin wuchsen, hab ich deshalb dort manches Stück erworben. Viele Bücher hatte schon ewig niemand mehr in der Hand gehabt. Staub überall. Gunter Böhnke erinnert sich, daß er nach kurzer Zeit beim Stöbern immer nießen mußte.

Auf einem alten Sofa schienen neben erschöpften Bücherfreunden ab und an auch Tauben auszuruhen. Ich bemerkte ihre Spuren und hörte sie vor dem geöffneten Fenster gurren.

Der Kauf wurde nicht am gleichen Tag perfekt gemacht. Man mußte ein paar Tage später wieder in den Laden kommen. Der alte Koehler nahm jedes Buch in die Hand, musterte den Kunden, wiegte den Kopf und sagte dann laut den Preis, der sich meist vom Ausgezeichneten nach unten bewegte.

»Na ... ein Taler?!«

Bei ihm lernte ich, daß ein Taler drei Mark bedeutete. Und daß er viele Bücher für diesen Preis verkaufte. Als Wolfgang U. Schütte das erste Mal einen größeren Posten erwarb und der alte Koehler ebenfalls jedes Buch in die Hand nahm, seinen Kopf leicht hin und her wiegte und immer wieder vor sich hin murmelte: »Das wird teuer!« und nach einer Weile wieder: »Oh, das wird teuer«, zu rechnen anfing, da wurde es Schütte heiß und kalt, ob er überhaupt so viel Geld einstecken habe. »So ... das und das und das ...« Und dann verlangte der Antiquar für zehn Bücher, erschienen zwischen 1910 und 1922: »35 Mark!«

Eines Tages entdeckte ich, in halb zerrissenem Packpapier eingewickelt, diverse Stiche aus dem 18. Jahrhundert. Ich kaufte zum Beispiel eine Radierung mit dem Bildnis von Johann Adolf Hasse, dem Hofkapellmeister vom König August von Sachsen, in einem schlichten Biedermeierrahmen für sage und schreibe zwei Taler! Ein Freund von mir erwarb für ein paar Mark eine Landschaft. Beim genaueren Hinsehen zu Hause entdeckte er, daß die Radierung vom Künstler mit Bleistift signiert war: H. Zille!

Der bereits erwähnte Mitarbeiter, sein Name ist mir leider entfallen, erzählte mir vor Jahren noch einiges über den alten Koehler. Er hatte das Geschäft 1918 gegründet, nach 15jähriger Tätigkeit in Leipzig, Oxford und Paris. Sein Lehrherr war seinerzeit Alexander Twietmeyer, eine Buchhändlerpersönlichkeit des 19. und 20. Jahrhunderts. Twietmeyer weckte in ihm die Liebe zum wissenschaftlichen internationalen Sortiment. Paul Koehler hatte ein gutes Gedächtnis, gründliche Kenntnisse auf vielen Wissensgebieten, einen Blick für den Wert wissenschaftlicher Arbeit, eine lebendige Beziehung zu den Schrift- und Kulturdenkmälern aller Zeiten und Völker. Dazu kamen hervorragende Sprachkenntnisse und Sorgfalt selbst im Kleinsten.

Koehlers Fundus ging in die Hunderttausende, in den Kriegsjahren 1943/44 verbrannten über 200 000 seiner Bücher und Zeitschriften. Mit unerschöpflicher Energie begann er von vorn und sah seine Aufgabe vor allem in der Auffüllung der Bibliotheksbestände. Er beschaffte einzelne schwer erhältliche Schriften, kaufte von Privatleuten, um die Schätze für andere nutzbar zu machen.

Bis 1968, seinem 50jährigen Bestehen, hatte er über 100 umfangreiche Kataloge herausgegeben, Literatur für Historiker, Philosophen, Archäologen, Philologen, Geographen, Orientalisten usw. Paul Koehler starb in seinem 95. Lebensjahr.

Als Legende unter den Antiquaren Leipzigs galt auch Bodo Becker, ein Original. Er handelte mit Musikalien und betrieb ein solches Antiquariat. Ich war einmal in seinem Laden in der Kolonadenstraße. Furchtbar wüst. Berge von Noten. Christiane Otto: »Der nahm jedes Fetzlein, wo eine Note drauf war, und brachte das noch an den Mann.«

Sein Geheimnis war, daß er einen untrüglichen Instinkt besaß, wo sich in seinem Geschäft welche Partituren befanden. Er hatte ein phänomenales Gedächtnis. Nachdem der Kunde seinen Wunsch geäußert hatte, stieg er die Leiter hoch, pfiff und griff sich aus einem Packen den gewünschten Druck. Bei seinem Pfeifen handelte es sich nicht um eine Melodie, sondern um eine Art Erfolgspfiff.

Die Fotografin Barbara Stroff sagte mir über Händler wie Engewald oder Becker: »Solche Menschen gibt es nicht mehr, mit solch einem universalen Bildungsstand.« Und sie weiß: »Bodo Becker hat manchmal auch Noten verschenkt, wenn der Musikliebhaber nicht das Geld hatte.«

Michael Rosenthal, Inhaber der Musikalienhandlung Oelsner, erzählte, daß ihm Professor Blomstedt berichtet habe, wie er seinerzeit bei Bodo Becker eine Musikalie erwarb, nach der er in der ganzen Welt schon gefahndet hatte, etwas Außergewöhnliches. Dies bekräftigt nur den seinerzeit in Musikerkreisen üblichen Satz: »Wenn du das nirgends bekommst, mußt du zu Bodo Becker gehen.« Bekker hatte übrigens bei Kurt Oelsner, dem Großvater von Michael Rosenthal, gelernt. Rosenthal über Becker: »Eine Spitzweg-Figur, ein Unikum.«

Engewald, Koehler und Becker – drei Originale des alten Leipzig, in jeder Branche gab es eine Vielzahl solcher Unternehmer, solcher Handelstraditionen, die einmal den Ruhm der Stadt ausmachten. Bei diesen dreien setzte das System auf die biologische Lösung, andere wurden enteignet, gingen in den Westen oder der Staat verweigerte den Besitzern von Firmen, Geschäften und Lokalen die Fortführung des Gewerbes in der folgenden Generation. Die Weitergabe langjähriger Erfahrungen wurde verhindert. Vorbei.

Polen war ganz anders

Polen war für den DDR-Bürger ... was für eine Formulierung ...! Kein Mensch sagte VRP-Bürger – das waren eben Polen. Wir jedoch waren nun schon einige Zeit keine Deutschen mehr, sondern eben Bürger der DDR.

Polen also erschien uns viel freier, aufgeschlossener, es lag zwar östlicher, war aber westlicher, war für uns so etwas wie ein Frankreich-Ersatz. Wenn in Paris maxi Mode wurde, schneiderten sich die Frauen in Warschau lange Mäntel, standen die Zeichen auf mini, sah man schöne Polinnen mit den kürzesten Röcken auf der Nowy Świat promenieren. Verglichen mit der DDR wirkte das Land in kulturellen Dingen aufgeschlossener. Literatur, Theater, die Musik, vor allem Jazz, bildende Kunst – alles schien uns weniger gemaßregelt.

Es gab Denkmäler, die wären in der DDR als zu modernistisch abgelehnt worden. Überall abstrakte Kunst, wo in unserem Land noch vielfach der sogenannte sozialistische Realismus triumphierte. Natürlich wurde auch in der DDR abstrakt gemalt, doch hingen die Arbeiten in den sechziger Jahren zumeist noch in den Ateliers. Polnische Plakate begeisterten uns. Auf diesem Gebiet waren die Künstler aus dem Nachbarland führend in Europa.

Umwerfend war für mich die Gastfreundschaft der Polen. Durch meinen Leipziger Freund Siegfried Hillert lernte ich sie kennen, als wir gemeinsam mit seinem Bruder Rainer und einem weiteren Leipziger, den wir wegen seiner Frisur »Beatle« nannten, nach Bydgoszcz, dem früheren Bromberg, fuhren.

»Polen glaubt an Christus« – dieser Satz begegnete uns in der Stadt mehrmals. Wir spazierten durch die Straßen und schauten uns verwundert um. Alle Kirchen standen 1966 im Zeichen der 1000jährigen Christianisierung. Solch ein Satz in einem sozialistischen Land – das war in unserer Heimat unvorstellbar, abgesehen davon, daß die Aussage in der DDR völlig an den Tatsachen vorbeigegangen wäre. Ich fragte mich mitunter, woran wohl die Ostdeutschen glaubten. Natürlich gab es auch Christen beider Konfessionen, aber insgesamt hätte eine Losung bei uns eher heißen müssen: »Die DDR glaubt an gar nischt!«

Oft begegneten uns in der Stadt Priester, Nonnen und Mönche in ihren langen Gewändern. Solche Bilder kannte ich bis dahin nur aus italienischen Filmen. Ich hatte auch noch nie außerhalb eines Gottesdienstes in einer Kirche betende Menschen gesehen. Alle Altäre waren mit frischen Blumen geschmückt. Als ehemaliger Gärtner war ich von der Vielfalt des Schnittblumenangebotes, als eifriger Kinogänger von der Vielfalt des Filmangebotes im Land begeistert. Das erste Mal in meinem Leben ging ich an einem Tag zweimal ins Kino. Am Vormittag sahen wir »Der Tod der Bella« nach einem Szenarium von Jean Anouilh, abends den amerikanischen Western »Die Ranch im Tal« mit Glenn Ford. Wir jungen westernausgehungerten Ostdeutschen veranstalteten in den nächsten Tagen regelrechte Cowboy-Film-Festspiele. Nur einen Streifen habe ich mir aus triftigen Gründen schenken müssen.

Warum? Ich muß dazu etwas ausholen. Also: Siegfried war von Haus aus Slawist und ein Polnisch-Naturtalent. Ich erlebte, wie er in einem Imbiß mit zwei Polen Ärger bekam, weil man ihm nicht glaubte, daß er Deutscher war, und die beiden sich veralbert fühlten. Seine Aussprache war so perfekt, daß er sich schließlich mit dem Ausweis rechtfertigen mußte. Als der Konflikt ausgeräumt war, gerieten wir an die besondere Form polnischer Gastfreundschaft und mußten das berühmte glasklare Nationalgetränk der Polen probieren: auf die Freundschaft, die Gesundheit, die Liebe nebst allen schönen Frauen des Landes. Nach reichlichem Genuß des durchsichtigen Getränks blickten wir nicht mehr durch.

Wir hatten zwar Karten für »Zwei goldene Colts« und stolperten noch in das Lichtspieltheater, doch sah ich die glänzenden Waffen nur einmal kurz aufblitzen. Als der Sieger in den unvermeidlichen Sonnenuntergang hineinritt, wurde ich wieder wach.

Was fiel uns jungen Burschen in Polen am meisten auf? Natürlich die berühmten schönen Mädchen! Das Klischee wurde überall mit prallem Leben erfüllt: der Polin Reiz ist unerreicht. Oft sorgten Kleinigkeiten für den Pfiff: der Schal, die Brosche, der Gürtel. Ich behaupte: Nur die Sächsin kann da in Deutschland mithalten. Vielleicht gibt es zwischen Sachsen und Polen eine sich aus der Historie begründende noch nicht aufgearbeitete Verbundenheit. Schließlich herrschte August der Starke über beide Völker.

In Bromberg sah ich den ersten Presseklub. Auch das war für mich sensationell. In meinem Tagebuch listete ich alle »Westzeitungen« auf, die ich dort entdeckte. Es war für mich ein unvergeßliches Erlebnis, als ich mir zum ersten Mal einen »Spiegel« von der Aufsicht holte und als Pfand meinen DDR-Personalausweis hinterlegen mußte.

Wenn das mein Abschnittsbevollmächtigter wüßte! Das Heiligtum eines DDR-Bürgers im Austausch für solch ein Lügen-Nachrichtenmagazin!

In meinem Tagebuch ist mir – wie ich sehe – tatsächlich wichtig gewesen zu vermerken, daß wir bei unserem Gastgeber diverse Exemplare der westdeutschen Frauenzeitschrift »Constanze« lasen. Nicht etwa, weil uns die Probleme der bundesdeutschen Frau im Jahre 1966 interessierten, sondern weil wir den Inhalt jeder Westgazette aufsogen. Bis zum ersten eignen Fernsehapparat würden noch drei Jahre vergehen; erst dann sind die bundesdeutschen Bilder und Informationen üppiger geflossen.

Der Konditor Roman, Siegfrieds Freund, hatte uns an unserem Ankunftstag in Bromberg nach Hause zum Mittagessen eingeladen. Es beeindruckte mich sehr, als seine alte Mutter vom Tisch aufstand und »dziękuje« (danke) sagte. Siegfried erklärte mir, daß es üblich sei, sich für die Gemeinsamkeit, die Gesellschaft zu bedanken. Auch der oft beobachtete Handkuß imponierte mir. Den kannte ich ja nur aus UFA-Filmen.

Wie hat wohl eine DDR-Funktionärin reagiert, wenn ihr dergleichen in Polen widerfahren ist ...?

Hat sie die Hand zurückgezogen oder genoß die Genossin plötzlich das Gefühl, eine Dame von Welt zu sein, wenn auch nur der östlichen? Ach, diese Polen mit ihren bürgerlichen Überbleibseln ...?!

Ich weiß noch, wie wir zur Kaffeestunde bei Gebäck aus Romans hauseigener Produktion mit einem fabelhaft deutsch sprechenden Priester plauderten. Er hatte vier Jahre in Dachau leiden müssen, empfand aber keinen Haß gegen seine Peiniger. Wohl tauchten im Land aus gutem Grund da und dort Antipathien auf, schließlich lag das Ende des Zweiten Weltkriegs erst etwas mehr als zwanzig Jahre zurück. Dem Kirchenmann waren solche Gefühle fremd, er lebte seinen Glauben.

In Klammern findet sich in meinem Tagebuch zur Vita des Priesters der vorsichtige Vermerk »Komm. – Lager«, was nichts anderes bedeutet, als daß ihn die Kommunisten auch in ein Lager gesperrt hatten. Einen ebenfalls konspirativ abgekürzten politischen Witz im Tagebuch mit dem amerikanischen, sowjetischen und polnischen Regierungschef kann ich leider nicht mehr entschlüsseln. Wie manches andere auch, stichpunktartig notiert. Die Jahrzehnte haben mich das Aufgeschriebene vergessen lassen.

»Autostop« war eine offizielle Bewegung in Polen, während bei uns zu Hause das Fahren »per Anhalter« mehr oder weniger nur geduldet war. Die jungen Polen gaben dem Fahrzeugführer nach der Mitnahme Bons, und der war dann am Jahresende an einer großen Lotterie beteiligt. Nicht immer fuhren wir auf unseren Reisen durch die Volksrepublik Polsterklasse, wir nahmen auch mit luftigen, dreckigen, holpernden LKWs vorlieb. Und das sogar über Hunderte Kilometer.

Einmal begrüßte uns auf einem Lastkraftwagen ein ganzer Trupp Polen. Um die dreißig junge Leute. Tolle Typen dabei. Sie boten den Niemcy, uns Deutschen, sofort die windgeschützten Plätze hinter dem Fahrerhaus an.

Neben mir saß in jenem Sommer 1966 Mirek, ein Student aus Kraków, und erzählte mir, daß er eine unvergeßliche, schmerzliche Erinnerung an die Kriegszeit habe. Vom Fenster der Nachbarn hatte er als kleines Kind gesehen, wie seine Eltern auf einen Lastkraftwagen gestoßen worden waren. Mirek sah sie nie wieder. Unser LKW hielt gerade an einem Bahnübergang, als er mir das erzählte. Wir nutzten die Windstille, um uns eine Zigarette anzuzünden. Mirek gab mir Feuer. Das Auto ruckte an. Schnell wirbelte der Wind den Rauch von uns weg.

Als wir nach Malbork, also in das ehemalige Marienburg trampten, wurden wir von einem Mann mitgenommen, der sich sofort als »zurückgebliebener Deitscher« zu erkennen gab. Er klärte uns auf, daß nach Kriegsende von deutschstämmigen Bewohnern nur in Polen hatte bleiben dürfen, wer die polnische Nationalität annahm. Er war sehr stolz auf seinen Hof, sagte uns, daß er einen deutschen Hof unter polnischer Herrschaft führen würde, und war ganz versessen darauf, ihn uns zu zeigen. Wir nahmen das Angebot an, er führte uns auf seinem deutschen Hof herum, und wir hätten uns gefreut, wenn dieser Deutsche ein wenig die polnische Gastfreundschaft beherzigt hätte, denn er bot uns an diesem heißen Sommertag nicht mal ein Glas Saft an.

Eben ein zurückgebliebener Deutscher.

Die Marienburg faszinierte uns. Da hatte einst der Großmeister der Kreuzritter gelebt; deshalb wurde auch der »Kreuzritter«-Film in weiten Teilen dort gedreht. Die SS verteidigte im Zweiten Weltkrieg diese Anlage besonders erbittert, die Polen restaurierten den wertvollen Bau.

In meinem Tagebuch hielt ich unter diesem Tag in Malbork außerdem das für mich sensationelle Angebot eines Feinkostgeschäftes fest. Ich staunte über Hennessy und Scharlachberg, Cinzano und Black and White, Nescafé und Nesquick, und zu allem Überfluß gab es am Abend auch noch »Das süße Leben«. La dolce vita! Anita Ekberg zeigte ihre zwei stattlichen Eckberge. Es lebe Polen!

Die Reise führte uns weiter nach Gdańsk, Danzig. Mein Tagebuch erzählt: »Mittags nach Sopot, bei herrlichem Wetter am Strand des größten Ostseeluxusbadeortes. Europa gibt sich ein Stelldichein. Weltatmosphäre.« Wir hatten kein vergleichbares internationales Leben, und so mußte uns das imponieren.

Wodurch waren diese Eindrücke noch zu übertreffen? »Abends das große Filmerlebnis: Winnetou.«

Danzig hat uns unheimlich gut gefallen. Das Streben, das zerstörte Stadtzentrum im alten Stil wieder aufzubauen, mußten die Polen allerdings teuer bezahlen. Sie haben sich mit diesem Willen, auch in der Altstadt von Warschau und anderen Orten, finanziell übernommen.

In jenen Augusttagen sahen wir vom Ufer aus ein gestrandetes Schiff. War es auf eine Sandbank gelaufen? Wir erfuhren, daß es aus gutem Grund dort lag. Dreharbeiten. Am Strand lernten wir den westdeutschen Aufnahmeleiter einer Filmgesellschaft kennen. Sie verfilmten vor Ort und auf dem Wasser das Günter-Grass-Buch »Katz und Maus«.

Das war natürlich für uns Literaturfreunde, die wir das West-Taschenbuch gelesen hatten, ein besonderes Erlebnis. Zumal wir erfuhren, daß die beiden Brandt-Söhne und Wolfgang Neuss im Film mitspielten. Auch Ingrid van Bergen, der wir im Grand Hotel Sopot hinterhergeschaut hatten. Nun, nach 35 Jahren, hab ich den Film tatsächlich einmal zu später Stunde – wann werden sonst solche Literaturverfilmungen im Fernsehen gezeigt – gesehen. Und wenn die Kamera vom Schiff zum Strand geschwenkt wäre, dann hätte ich mich im Glanz meiner ganzen kernigen Jugendlichkeit bewundern können!

Siegfried berichtete uns am Abend, daß er ein paar Leute am Strand angesprochen hatte, die den »Spiegel« lasen. Mit einem unterhielt er sich länger. Das war Peter Brandt, der sich in einer Drehpause entspannte. Er war der ältere von den beiden Brandt-Söhnen, die im Wechsel eine Rolle spielten, als jüngerer Lars, als älterer Peter. Siegfried fragte, was der Vater zu ihrer Filmarbeit sage. Er habe sich nicht groß darum gekümmert, habe sie nur gebeten, darauf zu achten, daß es nicht zu irgendwelchen Belastungen kommt.

Die berühmte Onanier-Stelle im Buch interessierte Willy Brandt garantiert weniger als etwaige politische Verwicklungen mit dem damals noch sensiblen Thema »Deutsche in Polen«.

Siegfried ist übrigens nach der Wende durch seine Arbeit an der Universität Leipzig wieder mit diesem Sohn von Brandt in Kontakt gekommen. Peter Brandt ist Historiker, hat – was Wunder! – über die Geschichte der Sozialdemokratie gearbeitet und lehrt als Professor in Hagen.

Als ich die schönen Bürgerhäuser der Danziger Altstadt zum ersten Mal gesehen hatte, wünschte ich mir, die romantischen Gassen mit einer hübschen Polin an meiner Seite zu durchstreifen. Auch dieser Wunsch ging in Erfüllung, ich verabredete mich für den frühen Abend mit einer Krystyna am Neptunbrunnen. Da ich tagsüber ebenfalls mit einer Krystyna unter azurblauem Himmel am Strand entlangspazierte, schien mir, daß alle Polinnen Krystyna heißen ... bis auf die, die Ewa heißen ...

Mit der schöneren Krystyna saß ich abends beim Wermut. Als ich sie bitte, ein Transparent zu übersetzen, sagt sie mir: »Wir vergessen nicht, wir vergeben nicht!« Und sie fügt auch gleich in gebrochenem Deutsch hinzu, daß sie den Text nicht gut findet. Als junger Deutscher weiß ich natürlich, was mit dieser Aussage gemeint ist. Und dann lenkt sie mich ab und meint, wir sollten ins »Szak« zum Tanz im Freien gehen.

Am nächsten Tag begrüße ich sie am Neptunbrunnen nach polnischer Sitte mit Handkuß. Es ist unser Abschiedstag, wir streifen durch die Stadt, sitzen in einem Park. Sie faßt eine Brennessel an und sagt: »Heiß!« Wie soll man da nicht sentimental werden, wenn sie mir mitten im schönsten Sonnenuntergang sagt: »Lutz – wie die Abend ist kikommen.« Vor lauter Aufregung hat sie das Ganze gleich hundert Jahre zurückverlegt und den Satz auf einen Zettel mit der Jahresangabe 1866 geschrieben. Und Krystyna zog auch sofort Bilanz für den nächsten Tag: »Morgen – die Abend ist kikommen, aber Lutz nje.«

Und so war's dann leider.

»Ich die Nacht denken an dich.«

Es ging weiter nach Warschau, in die Hauptstadt der 30 Millionen Polen. 85 Prozent der Bevölkerung sind katholisch. Ich mochte kaum glauben, daß ein Ostblockland das katholischste der Welt sein soll. Wir saßen im Hotel Europa, im gleichnamigen Haus in Prag war ich auch schon gewesen, und ich grübelte, ob es irgendwo in der DDR ein Hotel mit diesem Namen gab. Mir war keins bekannt, nicht mal in unserer internationalen Messestadt Leipzig. Die DDR war auf sich reduziert, auf den Warschauer Pakt, Europa existierte zwar als Kontinent, aber wir hatten eigentlich nichts mehr damit zu tun.

Ein Besuch in den internationalen Studentenklubs in Warschau hätte unseren Funktionären wohl den ideologischen Angstschweiß auf die fortschrittliche Stirn getrieben. Im »Hybrydy«, im »Stodoła« saß tatsächlich Europa beisammen, und fast die Hälfte kam aus dem anderen Teil Deutschlands.

N.R.D. traf N.R.F.

Kraków

Als ich ein andermal mit meinem Freund Crassus (den Spitznamen hatte er bekommen, weil er im Gesicht und in der Statur einem römischen Legionär ähnelte) nach Polen aufgebrochen war, trafen wir im Zug B., einen Zwickauer Bekannten, einen großen Kunstsammler und -kenner. Er war mit einer katholischen Jugendgruppe unterwegs. Durch seine Vermittlung kamen wir – zu unserer großen Freude auch noch kostenlos – in einem Nonnenkloster unter. Dazu gehörte eine Schule, und in einem der Klassenräume schliefen wir. Für unseren Geldbeutel war das sehr erfreulich, für unser Nachtleben nicht, denn wir mußten 22.00 Uhr im Haus sein. Und das ist in diesem Alter noch sehr früh!

Deshalb beschlossen Crassus und ich, eine Nacht einmal ordentlich durchzusumpfen; die Studentenklubs mit den vielen schönen Mädchen machten uns mächtig unruhig. Wir sagten also nach einigen Tagen im Kloster, wir wollten einen Ausflug unternehmen und kämen am nächsten Tag zurück. Wir stopften einen Beutel mit Papier aus, daß es schien, wir hätten wirklich das Nötigste für eine Nacht mit, verabschiedeten uns brav an der Pforte von der Schwester, und so stand dem Genuß des Krakauer Nachtlebens nichts mehr im Wege. Nach dem Besuch eines Stundentenklubs versuchten wir, noch in der Bar des Hotels Cracovia zu landen. First class! 100 Złoty Eintritt! Unerschwinglich!

Fassungslos nahmen wir im Foyer Platz. Was nun? Ins Kloster konnten wir um diese Zeit nicht mehr zurück ... Der Türsteher kam uns entgegen: »50 Złoty.«

Für uns immer noch viel zuviel. Wir sagten ihm, daß wir doch in der Bar nur einen Schnaps trinken wollten. Schließlich drückten wir uns so lange im Foyer herum, bis der Mann meinte: »Na los – einen Schnaps trinken!« Wir freuten uns, stürmten in die Bar, in der ein Wahnsinnstrubel herrschte. Auch viele westdeutsche Touristen und Geschäftsleute feierten hier. Es war für uns alles sündhaft teuer, wir besahen uns schöne Damen, die vermutlich intensiv freischaffend der Sünde zugetan waren und einen ebensolchen Preis hatten. Dann tranken wir den Schnaps und machten uns nach einiger Zeit wieder auf unsere Ostsocken.

Nun mußten wir in die Rolle von Pennern schlüpfen, um pennen zu können. Wir schlugen uns die restliche Nacht auf einer Parkbank um die Ohren und schliefen irgendwann tatsächlich ein; ich erinnere mich noch, wie mich Sonnenstrahlen und fröhliches Vogelgezwitscher weckten. So fröhlich war uns allerdings nicht zumute. Wir erwachten ziemlich zerschlagen und beschlossen, um die schönen Abende in den Studentenklubs ausgeruht genießen zu können, doch ein Zimmer zu mieten.

Es gab in der Krakauer Innenstadt eine Stelle, so hatten wir erfahren, an der Frauen standen, die nicht etwa sich, sondern lediglich ein Privatquartier anboten. Natürlich illegal, aber geduldet. Polen war in vielerlei Hinsicht weit von der DDR entfernt. Wir folgten einer Frau mit unserem Gepäck, liefen und liefen, warfen einen Blick in das Zimmer und liefen entsetzt an den Ausgangspunkt zurück.

Das Zimmer war eine einzige Hornsje!

Nun unternahmen wir einen zweiten Versuch. Müde, fast schon apathisch, stapften wir der nächsten Frau hinterher.

Das Zimmer war in Ordnung. Wir erfrischten uns im Bad und wollten dann schlafen, aber das liebe Kind des Hauses trampelte inzwischen auf unseren Schuhen herum und schleppte unsere eingekauften Brezeln weg. Es tauchte unentwegt wieder auf, so daß wir keine Chance für eine Ruhepause hatten. Die Frau konnte nicht ahnen, daß wir am hellerlichten Tage nichts sehnlicher wünschten, als zu schlafen. Sie sprach kein Wort deutsch. Mit dem Wörterbuch klärten wir dann die Schlüsselfrage. Unsere Vermieterin händigte uns einen Schlüssel zur Wohnung aus. Wir fragten pantomimisch nach dem für die Haustür. Sie schaffte es schließlich, uns in der gleichen Kleinstkunstform klarzumachen, daß wir für diese Tür keinen Schlüssel brauchten. Die wäre immer auf. Wir parlierten mit unserem Restrussisch: »Nje sakruitch?!«

»Nje, nje.« Und zur Bestätigung zeigte sie aus dem dritten Stockwerk mit dem Finger durch die Dielen zur imaginären Haustür. Als wir nachts zurückkehrten, war die Tür natürlich zu!!!

So verschlossen, wie eine Haustür nur sein kann. Was tun?

Es war schon sehr spät. An der Türfüllung befand sich nur eine einzige Klingel. Wir waren müde und hatten bloß einen Wunsch: endlich ins Bett zu kommen! Also drückten wir auf diesen Klingelknopf. Einmal, zweimal.

Nach dem dritten Drücken ging in einem Stockwerk das Licht an. Einige Zeit darauf näherte sich, das konnten wir durch die Glasscheiben in der Haustür sehen, ein Mann im Nachthemd! Wir mußten beide grinsen, denn Männer im Nachthemd kannten wir nur aus alten UFA-Filmen. Der hier wollte uns jedenfalls zu unserem Glück verhelfen, steckte einen Schlüssel ins Schloß, und wir kamen aus dem Lachen nicht heraus, denn der Bart drehte sich auf unserer Seite. Lachend, immerhin hatten wir etwas Alkohol genossen, versuchten wir nun, den Bart mit den Fingern ins Schloß zurückzudrücken, aber die Tür wollte sich nicht öffnen lassen.

Der Mann gab uns mit Gesten zu verstehen, daß wir es mit unserem Wohnungsschlüssel von außen probieren sollten. Nun lachte er, denn der Bart kreiste auf seiner Seite.

Plötzlich war der Mann weg. Wir hofften, daß er Hilfe holen würde. Nach einiger Zeit erschien er tatsächlich mit unseren Wirtsleuten. Dasselbe Spiel. Fröhliche Menschen auf beiden Seiten, aber die Tür blieb verschlossen. Einer der drei hatte schließlich die erlösende Idee: das Haustürfenster ließ sich von innen öffnen. So blieb uns nichts weiter übrig, als zu später Stunde dort hindurchzuklettern.

Wir werden nie erfahren, welcher Schlüssel im Haus es schaffte, die Tür zu verschließen und zu öffnen. Am nächsten Morgen war jedenfalls wieder aufgeschlossen.

Die Entdeckung in Kraków war das »Jama Michalika«!

Das schönste Jugendstil-Kaffeehaus, das ich je gesehen habe. Darin hatte sich um 1900 auch ein Kabarett etabliert. Bis heute sind im hinteren Raum die Möbel aus der Zeit erhalten. Mit Crassus tauchte ich ein in diese Stätte, und wir hielten uns dort ewig an einem Kaffee und einem Mineralwasser fest. Da der Kaffee türkisch serviert wurde, kamen wir auf die Idee, wir könnten uns doch heißes Wasser kommen lassen, um den Satz noch einmal aufzubrühen. Wir verwarfen den Gedanken jedoch wieder, weil die Kellnerin in Anbetracht unserer üppigen Zeche sowieso schon etwas streng dreinblickte.

Im diesem Kaffeehaus las mir Crassus vor, was an jenem 13. August 1967 in seinem Jahreskalender stand: »Die Maßnahme der Regierung der Deutschen Demokratischen Republik zum Schutz der Staatsgrenzen rettet den Frieden in Europa.«

Wir lachten. Hier schien die DDR weit weg zu sein, so intensiv fühlten wir den Urlaub von Ulbricht & Co. Und ich fragte mich, ob es in unserem Land tatsächlich Leute gab, die glaubten, daß der Mauerbau irgend etwas mit der Sicherung des Friedens in Europa zu tun hätte ...?

Immer wieder stieß ich in Polen unvermutet auf die Vergangenheit. Von einer Alexandra erfuhr ich irgendwann, daß ihr Vater auch in einem deutschen Konzentrationslager gewesen war. Und wir beide wanderten nun Hand in Hand auf den Wawel, genossen den herrlichen Blick auf Kraków und die Weichsel und sangen zweistimmig »Viva la compagnie ...«.

Zwischendurch mußten Crassus und ich unsere Haushaltskasse aufbessern. Wir gingen an unsere »Reserven«, denn auch in Polen wurde alles gebraucht. So verkauften wir mitten im Zentrum, gegenüber den schönen Renaissance-Tuchhallen, mitgebrachte DDR-Socken, die bei uns sehr billig waren, ein Hemd und eine Jeans. Nach einer kurzen Phase der Überwindung hielten wir die Sachen mitten auf dem Bürgersteig einfach in die Höhe. Schon bald umringten uns Menschen, in kurzer Zeit hatten wir alles verhökert, und die eingenommenen Złoty ließen unsere Portemonnaies anschwellen.

Neben Prag ist Kraków für mich im Osten Europas die Stadt, in der ich mich von Anfang an immer wohl gefühlt habe. Da wie dort ist Geschichte an so vielen Bauten ablesbar. Seitdem ich italienische Städte gesehen habe, weiß ich, daß Kraków etwas Italienisches hat. Baumeister aus diesem Land wirkten auch dort im südlichen Polen.

Beiden Städten, Kraków wie Prag, habe ich viel zu verdanken in Zeiten der Tristesse: dort wurde mir eine Lebensart vermittelt, die es in der DDR nicht gab. Und ich vergesse auch nicht, was die mutigen Bewohner dieser beiden Länder frühzeitig für Reformen und Freiheit geleistet haben.

Auschwitz

In einem Studentenklub in Kraków hatten wir Westdeutsche kennengelernt, die uns im Reisebus nach Auschwitz mitnahmen. Es war für mich eine eigenartige Vorstellung, daß wir weich gefedert und klimatisiert zu diesem Ort des Grauens fahren würden.

Der Reiseleiter sammelte während der Fahrt in einem Hut Geld für einen Kranz, der an einem Mahnmal niedergelegt werden sollte. Im hinteren Teil des Busses kam es plötzlich zu einer heftigen Diskussion. Verlegen, es war ihm sichtlich peinlich, daß wir Zeuge dieser Auseinandersetzung geworden waren, erklärte uns der Leiter und SPD-Mann, daß nicht alle bereit wären, zu geben.

Das war für mich unvorstellbar! Ich kannte in meiner Heimat niemanden, der für diesen Zweck eine Spende verweigert hätte. Aber Erlebnisse wie das geschilderte bestätigten mir letztlich, daß es in der BRD mit der Aufarbeitung des Nationalsozialismus nicht zum besten stand. Erst 1963(!) kam es in Frankfurt am Main zum sogenannten Auschwitz-Prozeß. Endlich wurden 21 Angehörige des SS-Wachpersonals angeklagt. Die Staatsanwaltschaft hatte für 16 Angeklagte wegen »Mordes in mehreren Fällen und der Beihilfe zum Mord in mehreren hundert oder mehreren tausend Fällen« 16 Mal lebenslanges Zuchthaus gefordert. Nur sechs wurden dazu verurteilt. Und wie lange saßen sie wirklich ein?

Wohl war mir klar, daß nicht alle Nazis in den Westen Deutschlands geflohen waren, einige hatten schnell die Kurve ins System gekriegt, in dem sie auf die neue Fahne schworen, aber höhere Funktionäre aus der NS-Zeit waren doch in der DDR nicht zu Amt und Würden gekommen.

Zurück zu unserer Reise: Wir rollten in unserem klimatisierten Bus einem Hauptort der Nazi-Verbrechen entgegen, und ein paar Leute der westdeutschen Reisegesellschaft gaben nichts zu einem Kranz ...

Erst wenige Jahre vor meiner Reise hatte der Organisator der Shoa, des Massenmordes an den Juden, endlich vor Gericht gestanden. 1961 begann in Israel der Prozeß gegen den »Buchhalter des Todes«, Adolf Eichmann, den der israelische Geheimdienst in Argentinien aufgespürt und entführt hatte. In allen Zeitungen, auf allen Bildschirmen war er in seinem kugelsicheren Glaskasten zu sehen gewesen. Mit Hornbrille und Kopfhörer. Ab und an lief ein nervöses Zucken über sein Gesicht. Harry Mulisch hat damals den Prozeß verfolgt und schreibt in seiner Reportage »Strafsache 40/61«:

»Wer Eichmann in den letzten Wochen auf dem Bildschirm gesehen hat, weiß, daß er in das Gesicht eines Mannes geblickt hat, der fast wahnsinnig geworden ist. Augen, Mund, ja das ganze Gesicht sind dauernd in zitternder, zuckender Bewegung, aber niemals bildet sich ein ›Ausdruck‹, jede Bewegung an sich ist sinnlos, keine hat etwas mit einer anderen zu tun: der Mann ist in tausend Stücke zerschlagen. Es wird durch die völlige Ratlosigkeit des übrigen Körpers unterstrichen. Das vollzieht sich an einem Menschen, der zum Teufel erhöht wird. Das Gesicht verzerrt sich, nicht, weil ihm endlich die Abscheulichkeit seiner Taten aufgeht, sondern weil ihm nichts aufgeht.«

Manchmal wirkte er wie am Schreibtisch in Berlin, in den Akten blätternd, er spielte mit dem Kugelschreiber, sprach das perfekte Dienstdeutsch wie in seinem Büro, putzte seine zwei Brillen, richtete die Akten – Ordnung und Sauberkeit am Arbeitsplatz. Bei Fragen stand er schnell auf, eilfertig, nur daß er nicht dem Führer, sondern einem israelischen Ankläger Rede und Antwort stehen mußte. Sein »Jawoll, jawoll!« klang, als ob er sich durch die schnelle Bestätigung noch eine Vergünstigung erhoffte. Menschen brachen unter der Last ihrer Aussage zusammen, weinten, Eichmann blieb ungerührt, nur hin und wieder zuckte es im Gesicht.

1962 wurde Eichmann gehängt, seine Leiche auf einem Polizeiboot eingeäschert und die Asche im Mittelmeer verstreut.

Und nun stand ich an diesem Ort, vor diesem Tor, an dem auch er gestanden hatte, als er damals das Lager besuchte. Die verlogene Losung – nachdem ich tagelang polnische Namen buchstabiert hatte, erschrak ich plötzlich vor den drei deutschen Wörtern ARBEIT MACHT FREI.

Wie hätte das je ein Häftling glauben sollen – im Angesicht eines elektrisch geladenen Doppelzaunes ...

Das Mahnmal für die Millionen Opfer dieses Vernichtungslagers war im April jenes Jahres eingeweiht worden; 120000 Menschen waren gekommen. 300 gewaltige Granitblöcke bildeten symbolisch eine Gräberstraße für die Getöteten, die kein Grab hatten. In der Mitte ragte ein großer Steinkoloß aus schwarzem Marmor in den Himmel, wohl ein Symbol für das Krematorium.

An dieser Gedenkstätte in Auschwitz wurde der Kranz der Gruppe mit einer Schleife, auf der »Versöhnung« stand, niedergelegt. Wind kam auf und schlug die Schleife um, »Versöhnung« war nicht mehr zu lesen. Ein pensionierter Pfarrer ging zum Kranz und strich die Schleife wieder glatt. Dann sprach er ein paar Worte. Ich war 23, als ich Auschwitz sah, und alles, was hier geschehen war, lag gerade erst etwas mehr als 20 Jahre zurück.

Ich weiß noch, daß ich immer stiller wurde beim Anblick der Haare, Schuhe, Rasierpinsel, Zahnbürsten, der künstlichen Gliedmaßen und der Koffer. Auf jedem Koffer standen ein Name und der Herkunftsort des Besitzers, und keiner hatte beim Beschriften seines Behältnisses daran gedacht, daß es schon in diesem Moment zum Museumsstück geworden war.

Ich bemerkte hinter der Glasscheibe einen braunen Lederkoffer, der einer Ruth aus Falkenstein im Vogtland gehört hatte, las den vertrauten Ortsnamen im fernen Polen.

An den Schluß seiner Reportage über den Eichmann-Prozeß stellt Harry Mulisch folgende Information:

»Die Krematorien wurden von der Firma J. A. Topf & Söhne, Wiesbaden, geliefert, die am 5. Januar 1953 in der Bundesrepublik das Patent, Nr. 861 731, erwarb für: ›Verfahren und Vorrichtung zur Verbrennung von Leichen, Kadavern und Teilen davon‹.«

Ich war schon einige Wochen wieder in Leipzig, als mir der Leiter der Gruppe einen Beitrag aus der Kreiszeitung jenes kleinen westdeutschen Ortes schickte. Eine andächtige Gruppe sah ich, die »Versöhnungsschleife« am Kranz war vor dem Fotografieren glattgestrichen worden. Daß einige Teilnehmer nichts für diesen Kranz gegeben hatten, erwähnte der Autor des Artikels nicht.

4 Bodo Becker in seinem romantischen Musikalienreich

25 Die Kunsthandlung Engewald im barocken Hotel de Saxe in der Klostergasse. Im linken Gebäude befand sich die Gaststätte Altes Kloster.

26 Das Warenhaus »konsument« am Brühl vor der Verkleidung

7 Die Universitätskirche mit dem Augusteum

28 Er wirkte verhängnisvoll für Leipzig: der SED-Bezirkschef Paul Fröhlich.

29 Der aus der Klosterzeit erhalten gebliebene Teil des Kreuzgangs

10 Gottesdienst in der Universitätskirche im Mai 1968, kurz vor der Sprengung

1–33 Die Sprengung der Universitätskirche: Augenzeugen des traurigen Geschehens

34 Das Albertinum, in dem sich der legendäre Hörsaal 40 befand

5 1909 – zum 500jährigen Bestehen der Alma mater – gestiftetes Schweizer Wappenfenster

36 Blick auf den Umgang in der Wandelhalle

7 Atlantenpaar im Treppenhaus des Albertinums

38 Giebel des Augusteums nach der Sprengung am 20. Juni 1968

39/40 Als Josip Broz Tito 1968 Prag besuchte, strömten Tausende zur Prager Burg.

41–43 Die Rote Armee im »Bruderland« ČSSR. Aufnahmen vom 21. August 1968 in Prag

14 Junge Männer trugen eine blutige Fahne durch die Straßen.

45 Demonstranten in Prag

46 »Dubček« in Leipzig: Die Länge des Wortes wird vermessen. Original aus den Stasi-Akten des Autors

Ein sinnloser Versuch

Meine Freundin Annelie ging schon im Oktober 1960 in den Westen. Sie reiste quasi ihrer großen Liebe hinterher, und die beiden wurden ein Paar. Aber wie die meisten großen Lieben war auch ihre eines Tages viel kleiner geworden, bis sie schließlich verschwunden war, oder wie es Konstantin Wecker sagte: »Uns ging die Liebe wie ein Taschentuch verloren ...«

Sie hatte nach wie vor einen großen Freundeskreis in Zwickau und kam immer gern zu Besuch in ihre Heimatstadt. Schick angezogen, voller Charme und Lebensfreude. Unser alter Zwickauer Freundeskreis improvisierte dann sofort ein Fest mit dem gemeinsamen Absingen von Schlagern. Die haben wir – bis jetzt jedenfalls! – über die Jahrzehnte im Kopf behalten, und wenn wir einmal im Jahr zusammensitzen, dann werden sie traditionell angestimmt. Nach wie vor begleitet vom inzwischen über 60jährigen, immer noch schlanken und ranken Axel. Dann erklingt »Brauner Bär und weiße Taube ...« oder »Auf der Insel Villalila dort im Märchenland, am weißen Palmenstrand ein braunes Mädchen stand ...« oder »Fraulein, Fraulein, siehst nachts du die Sterne, dann bin im Gedanken ich dein ...«, und was es seinerzeit noch alles für Hits gab. Die Truppe mit Rosmarie, Karl-Heinz, Steffi, Uli, Peter, Tine, den beiden Helgas, Jochen und Gerd, diese Truppe hält bis heute zusammen.

Annelie, die wir eigentlich Ali nannten, wurde am 26. Januar 1968 25 Jahre, und sie wollte sich ein besonderes Geschenk machen. Von ihrer Freundin Rosmarie hatte sie erfahren, daß ich am 27. einen Auftritt im Zwickauer Club der Intelligenz hatte. Man beachte: Die Arbeiter hatten Klubhäuser, die Intellektuellen einen Club. Die Intelligenz war allerdings in der DDR keine Klasse, sondern eine

Schicht, obwohl nur die Arbeiterklasse zur Schicht ging, aber das wissen Sie bestimmt noch.

Annelie wollte also ihre Zwickauer Freunde überraschen, indem sie im Club der Intelligenz wie Phoenix aus der Asche auftauchte. Und Asche gab es – nebenbei gesagt – in der Bergarbeiterstadt reichlich. Anfang Januar hatte sie eine Aufenthaltserlaubnis beantragen lassen, und obwohl sie die Papiere nicht bekam, fuhr sie an ihrem Geburtstag trotzdem einfach los – von Düsseldorf Richtung Grenze. Im Gepäck vor allem viel Hoffnung.

Doch die Grenzbeamten hielten sie entweder für eine Agentin, die sich eine ganz besondere Taktik ausgeklügelt hatte, oder für leicht geistesgestört. Der Genosse Offizier vom Dienst meinte, das wäre ihm noch nie passiert, daß jemand, um angeblich in Zwickau irgendwelche Freunde zu treffen, ohne Einreiseerlaubnis in Oebisfelde ankommt und auch noch denkt, daß eine Weiterreise möglich ist.

Nicht zu fassen!

Ohne gültige Papiere will eine junge Frau in die Deutsche Demokratische Republik einreisen!

Er konnte ja auch nicht wissen, daß es nicht jener Staat war, den Ali besuchen wollte, sondern nur ganz bestimmte, ihr nahestehende Menschen, die darin lebten.

Nun gab es über längere Zeit einiges Hin und Her mit dem Offizier; eine liebe ältere Freundin kümmerte sich inzwischen in Zwickau bei der Volkspolizei, damit die Aufenthaltsgenehmigung telegrafisch geschickt würde.

Von 16.00 bis 24.00 Uhr wartete Annelie.

Dann kam der Genosse Grenzoffizier: »Sie können die Einreise erst in ein paar Tagen bekommen und müssen mit dem nächsten Zug wieder nach Hause fahren.«

Weinend stieg Annelie nachts um eins in den Zug nach Köln.

Diese kleine Geschichte möge ins Gedächtnis rufen, daß zwischen 1961 und 1989 neben vielem anderen in den beiden deutschen Staaten auch keine Überraschungsbesuche unter Freunden möglich waren.

Die Unikirche

Bereits drei Jahre nach dem Krieg, dem in der Messestadt unersetzliche Bauwerke zum Opfer fielen, erschien die Broschüre »Leipzig – ein neuer Führer« von Karl Baedeker. Darin ist beschrieben, was die Bombennächte überstand, was zerstört wurde. So konstatiert der Autor: »Die erhalten gebliebene Paulinerkirche (Universitätskirche) ist mit einem Stück des Kreuzganges der letzte Rest des 1229 gegründeten Dominikanerklosters.« Zwanzig Jahre nach Erscheinen dieses Stadtführers, im Jahre 1968, behaupteten Funktionäre, die Kirche stünde einem Neubau der Leipziger Universität im Wege. Sie verstiegen sich sogar zu dem Urteil: An einem *Karl-Marx-Platz* könne keine Kirche stehen. Was hätte Marx dazu gesagt? Als Jude geboren, getauft, zum Atheisten geworden. Und Pate von Liebknecht! Dessen Taufe fand in der Thomaskirche statt. Aber selbst wenn er mit dem geweihten Wasser in der Unikirche benetzt worden wäre, der Bau wäre wohl noch lange nicht gerettet gewesen.

Wenn allerdings schon 1968 vorhersehbar gewesen wäre, daß sich die DDR-Führung einmal – 1983 anläßlich seines 500. Geburtstages – auch Martin Luther in ihr »humanistisches Erbteil« einverleiben würde, dann wäre das natürlich die Chance der Unikirche gewesen! Schließlich hatte Luther sie 1545 zur evangelischen Kirche geweiht.

Doch 1968 war Luther für die Partei noch ein unsicherer Kandidat, eher reaktionär, denn hatte er sich nicht sogar »wider die räuberischen Horden« der Bauern ausgesprochen? Nur Thomas Müntzer fand mit seiner Haltung Gnade in den Augen der Genossen, die die reine Lehre hüteten.

Auch Bach hatte in dieser Kirche gewirkt. So wurde hier

die Motette »Der Geist hilft unser Schwachheit auf« zum ersten Male aufgeführt.

Felix Mendelssohn Bartholdy hatte dort sein Oratorium »Paulus« der Öffentlichkeit vorgestellt, denn 1240 war die Kirche ja zu Ehren des Apostels Paulus geweiht worden. Auch die Totenfeier des großen Komponisten fand 1847 in der Paulinerkirche statt. Nun war die Totenfeier der Kirche nahe. Es war für viele Menschen in Leipzig unvorstellbar, daß dieses Haus, vom Krieg verschont, nachträglich zerstört werden sollte. Ein religiöser, ein kultureller Mittelpunkt der Stadt.

Rektor war damals, erzählte mir Manfred Unger, Ernst Werner, ein international angesehener Wissenschaftler, der über Jan Hus gearbeitet und dafür einen tschechischen Preis erhalten hatte. Er hatte über Klosterreformen im 11. Jahrhundert promoviert, nun sollte er mit durchsetzen, daß eine ehemalige Klosterkirche gesprengt wurde? Eine Kirche, die neben den Protestanten auch die heimatlose katholische Propsteigemeinde beherbergte, nachdem deren Kirche in der Nähe des Neuen Rathauses 1943 zerbombt worden war.

Und dieses Gotteshaus sollte zerstört werden? Wie seinerzeit Kirchen nach der Oktoberrevolution? Das wäre doch ein Rückfall in den schlimmsten Stalinismus, 15 Jahre nach Stalins Tod. Walter Ulbricht, ein sehr ungeliebter Sohn der Messestadt, soll den Anstoß zur Beseitigung der Kirche gegeben haben. Folgende bittere Anekdote wurde in Leipzig erzählt: Ulbricht hätte angeblich in einer Pause auf dem Balkon der Oper gestanden und gesehen, wie Hunderte junger Menschen aus der Unikirche strömten.

»Was war denn dort los?«

»Ein Gottesdienst mit Pater Gordian.«

Und Ulbricht hätte nach kurzem Nachdenken gesagt: »Die Kirche muß weg, ja?!«

Der Dominikanerprediger Pater Gordian Landwehr zählte zu den von der Parteiführung besonders gehaßten Menschen. Er war der letzte, der sich bewußt in die Tradition des ehemaligen Dominikanerklosters stellte. Einmal im Monat hielt er eine Jugendpredigt, und die Kirche war bis auf den letzten Platz gefüllt. Weit über 1000 junge Leute pilgerten zu ihm. Er sprach sehr temperamentvoll. Seine Predigten waren eigentlich kleine Ein-Personen-Stücke. Die Kanzel wurde zur Bühne.

In mein Tagesplanbuch von 1965 schrieb ich, daß seine Stimme eine Mischung von Willy Brandt und Satchmo sei. Und: »Hervorragender Rhetoriker«. In jener Predigt sprach er über »Was ist anders in der anderen Welt«. Auch Begriffe wie »Mauer und Stacheldraht« kamen darin vor. Und er sprach über die drei Erkenntnisstufen:

Mensch/Geist-Gottesglaube-Gott. Daß wir ein zu buntes Bild von der andern Welt hätten, das wäre biblisch nicht vertretbar. Sein Blick auf das Diesseits jedenfalls gefiel der Partei ganz und gar nicht. Wenn Ulbricht wüßte, daß es nunmehr in Leipzig eine Pater-Gordian-Straße gibt ...!

Die Universitätsleitung verbot Pater Gordian eine Predigt in der Paulinerkirche, die er über die Geschichte des gefährdeten Gotteshauses halten wollte. So sprach er in der Liebfrauenkirche. Über tausend Menschen kamen. Eine Predigt, in der es vor allem um den Begriff Heimat ging. Und daß die Universitätskirche für uns ein Stück Heimat ist, das nun zerstört werden soll.

Pater Gordian wurde danach von der »Arbeitsgruppe ›Christliche Kreise‹ der Nationalen Front des Demokratischen Deutschlands« attackiert: »... Sie, Hochwürden, hielten es für nützlich, kein Wort über die alle friedliebenden Menschen, auch Katholiken bewegenden Probleme zu äußern, sondern Ihren Vortrag über Geschichte und Gegenwart der Universitätskirche mit einer Erörterung über den ›Heimatbegriff, über Heimatgefühl, Heimatliebe‹ zu verbinden, womit Sie den humanistischen Gedanken des Heiligen Vaters entgegenwirken. Wollten Sie sich damit zum Fürsprecher der reaktionären westdeutschen Kräfte machen, die den Revanchismus zur offiziellen Staatspolitik erhoben haben? Wir meinen, in Ihrem Vortrag wäre gerade von Ihnen als Seelsorger ein mahnendes Wort geboten gewesen, allen jenen Kräften Einhalt zu gebieten, die auf einen neuen Krieg hinarbeiten. Es ist mehr als unverständlich, daß Sie Fragen um die Universitätskirche, bei der es sich um staatliches Eigentum handelt, mit revanchistischem Gedankengut verkomplizieren wollen.«

So »christlich« argumentierten diese Kreise.

Am 23. Mai, es war der Himmelfahrtstag, beschlossen im Neuen Rathaus Atheisten und auch ein paar »Christen« der CDU die Himmelfahrt der spätgotischen Universitätskirche. Die Stadtverordneten faßten bei einer Gegenstimme von Pfarrer Hans-Georg Rausch den Beschluß zur Neugestaltung des Karl-Marx-Platzes. Nach der Wende stellte sich heraus, daß Rausch IM war.

Die vielen Gegenstimmen außerhalb des Rathauses fielen nicht ins Gewicht.

Gerüchte machten die Runde: Der Papst persönlich hätte gegen die Sprengung der Kirche protestiert ... und der Bundespräsident ... und und und ... Die Proteste von draußen hielten sich in Grenzen. Ulbricht sorgte dafür, daß seine Heimatstadt eines dominanten Kleinods beraubt wurde. Und er hatte in dieser Stadt einen treuen Vasallen, einen bedingungslosen Vollstrecker, einen kleinen Leipziger Stalin: Paul Fröhlich. Er war Mitglied des Politbüros des Zentralkomitees der SED, 1. Sekretär der Bezirksleitung Leipzig und Volkskammerabgeordneter.

Er hatte also viele Möglichkeiten, um Unheil zu stiften. Und das tat er nach Kräften.

Fröhlich stammte aus meiner Heimatstadt Zwickau. Ein Bergarbeitersohn aus Planitz.

Hans Mayer schreibt in seinem Buch »Der Turm zu Babel«: »Wie war es möglich, daß ein Mann namens Paul Fröhlich nicht nur allmächtiger Bezirksleiter der SED in einer Stadt wie Leipzig werden konnte, sondern auch ordentliches Mitglied in Ulbrichts Politbüro? Dieser Fröhlich war kein Sozialist oder Kommunist. Feldwebel in Hitlers Wehrmacht, wie verlautete. Das war er geblieben. Intellektuelle hat er gehaßt, alle und alles, was er nicht kommandieren konnte. Da bewies er Instinkt.«

Wer dachte, war ihm von vornherein suspekt.

»Überliefert wurde auch neuerdings, an der Authentizität ist nicht zu zweifeln, ein Ausspruch jenes Paul Fröhlich, als sich Ulbricht durchgesetzt hatte mit seinem Todesurteil gegen das noch gut erhaltene Gebäude der alten Leipziger Universität und die benachbarte Paulinerkirche. Es sollte das neue Gebäude der neuen faustischen Universität entstehen: der Weisheitszahn. Damals wurde im Rektorat der Karl-Marx-Universität vom Architekten der Grundriß der neuen Universität vorgelegt. Paul Fröhlich war natürlich anwesend. Seine einzige Frage war: ›Wie können die Panzer in den Innenhof fahren?‹ Der Architekt machte sich ans Erläutern der Skizzen. Fröhlich unterbrach ungeduldig: ›Die Panzer ... die Panzer ...‹«

Hätte der weitgehend studentische Protest des Jahres 1968 auf die Bevölkerung Leipzigs übergegriffen, hätten sich Szenen wie 1989 im Zentrum abgespielt – dann wären die Panzer wohl gekommen. Fröhlich hätte sie garantiert eingesetzt.

Himmelfahrt. Die letzte Abendmesse in der Paulinerkirche.

Es gab einigen Hickhack, ob die Gläubigen noch einmal in die Kirche durften. Der Abbruchleiter des Gotteshauses, der stellvertretende Verwaltungsdirektor der Universität, war vor Ort. Er hieß tragischerweise Paulus. Genau so wie der Schutzheilige der Dominikaner.

Die innerliche Erregung der Besucher war groß. Ich stand hinten neben einer Säule, ich sah nach oben, sah das majestätische Kirchenschiff und wußte, es wird untergehen, und konnte und konnte es nicht fassen.

»Mir ist alle Gewalt gegeben im Himmel und auf Erden ...« Das war in diesem Moment schwer zu akzeptieren. Das Wunder, ein Wunder wollten wir sehen! Wenn doch in diesem Moment der rettende rollende Bote in einer schwarzen Tatra-Limousine aus Berlin erschienen wäre! Hier in den Raum treten würde mit der frohen Botschaft:

»Fürchtet euch nicht! Die Kirche bleibt stehen!« Aber der rettende Bote erschien nicht.

»Und siehe, ich bin bei euch alle Tage bis zum Weltende.« Das war für die riesige versammelte Gemeinde nur ein kleiner, aber auch trotziger Trost. Diesen Glauben könnt ihr uns wenigstens nicht nehmen, selbst wenn für uns mit dem Tag der Zerstörung ein Stück unserer Welt verloren ist.

Professor Trexler spielte am Ende des Gottesdienstes »Ein Haus voll Glorie schauet«. Ein letzter Blick. Ein schmerzliches Gefühl der Ohnmacht. Druck im Magen. Traurige Mienen, fassungslose Gesichter. Karfreitag und Totensonntag in einem. Niemand sagte ein Wort.

Nach dem Ende des Gottesdienstes strömten sofort Zivilisten in die Kirche. Das waren nicht etwa zu spät gekommene Christen, sondern rechtzeitig erschienene Antichristen aus jenem Haus am Ring, in dem heute ihres unseligen Wirkens mit einer Dauerausstellung gedacht wird. Sie drängten die Besucher energisch aus dem Gotteshaus. Wir gingen ihnen alle zu langsam. Einer schob mich, stieß mir sogar seinen Ellbogen in die Seite: »Schneller gehen!«

»Ich gehe so, wie ich will.«

Sofort nahm er mich am Arm, zog mich in eine Ecke, verlangte meinen Ausweis und notierte meinen Namen. Meine Freunde hatten Angst, daß ich verhaftet würde. Draußen standen LKWs, Absperrgitter wurden abgeladen, und die ganze Kirche wurde damit eingezäunt.

Als uns an diesem 23. Mai klar wurde, daß es kein Erbarmen für das Gotteshaus gab, als das Unfaßbare allmählich in unser Denken eindrang, kam mit der Ohnmacht die Wut.

Metallgitterzäune sperrten nun den Platz um die Kirche ab. Was sollten wir tun? Wir konnten nur deren Nähe suchen, unseren stummen Protest durch Anwesenheit zeigen. Es begann wohl mit einem Sitzstreik durch Studenten am Mendebrunnen. Sie warfen Blumen in Richtung Kirche.

Ich sah tagsüber, wie eine junge Frau an diesem Zaun Blumen niederlegte. Ein dunkles Fahrzeug rollte heran, die Türe ging auf, und die Blumen verschwanden im Inneren des Wagens. An der Absperrung in der Universitätsstraße sah ich fünf katholische Geistliche mit Gebetbüchern in der Hand. Sie lasen der Todgeweihten eine Messe. Nach einer Weile wurden sie von Polizeikräften vertrieben. Eine ältere Frau schob ihr Fahrrad über den Karl-Marx-Platz. Auf dem Gepäckträger hatte sie einen Kunstband aufgeschlagen – mit einem Foto der Universitätskirche. Studenten liefen mit Filmstreifen um den Hals. Sie hatten sich die Filme umgehängt, nachdem man sie ihnen aus dem Fotoapparat herausgerissen hatte. Der Protest formierte sich vorwiegend aus Kreisen der studentischen Jugend. Sie hatte in den sechziger Jahren, völlig anders als in den Achtzigern, in der DDR ein ganz besonderes Verhältnis zum Christentum. Die Mehrheit war noch konfirmiert.

Die Masse der Leipziger hingegen blieb zu Hause. Die älteren zumal, sie erinnerten sich noch zu genau an den 17. Juni 1953. Es war ja erst 15 Jahre her, daß in Leipzig geschossen worden war. Die Leipziger blieben, wie Christoph Hein sein Lustspiel aus jenen Tagen mit ernstem Hintergrund überschrieb: »Zaungäste«. Zwei Frauen unterhalten sich in einem Kaffeehaus:

Lotte: Demonschtriern is eben verboten.

Luise: Awer wenn se de Paulinerkirche ooch schbrengn wolln, da isses doch mutich, dasse demonschtriern.

Lotte: Freilich isses mutich, awer es is verbotn.

Luise: Darum isses ja mutich, weils verboten is. Kurasche habn de jungschen Leude, den Hut möcht man ziehn.

Lotte: Wie gehts denn nu weiter. Es passiert ja gar nischt da draußen.

Luise: Wär zu schade, wenn se de Kirche bis uffn Grund niedermachn. Ä so scheenes Gebäude.

Lotte: Wenn die oben entschiedn habn, kannste nischt machn. Das wern de jungen Leude ooch noch lärn.

Abend für Abend kamen in den Tagen danach junge Leute auf den Karl-Marx-Platz. Hunderte waren unterwegs. Bekannte von mir liefen durch die Innenstadt, wollten in die Oper und wurden schon in der Ritterstraße angehalten, man wollte die Ausweise und die Theaterkarten sehen.

»Seit wann reißt denn jetzt die Polizei die Karten ab?«

Ich erlebte, wie eine Straßenbahn vom Bahnhof die Goethestraße hochgefahren kam. Als die Bahn auf dem Karl-Marx-Platz hielt, tönte aus einem Lautsprecherwagen sinngemäß: »Bürger! Bleiben Sie im Wagen! Steigen Sie nicht aus! Sie machen sich sonst einer Zuführung durch die Deutsche Volkspolizei schuldig!«

Und trotzdem strömten die Menschen aus der Bahn, fuhr sie nahezu leer weiter. Polizei trieb die Menge mit Gummiknüppeln Richtung Bahnhof. Ich lief demselben Stasi-Mann wieder in die Arme, der nach dem letzten Gottesdienst meinen Namen aufgeschrieben hatte. Er erkannte mich nicht, verlangte wieder den Ausweis und notierte sich meine Personenangaben zum zweiten Mal in sein Vokabelheft. Die Leute wurden vertrieben und strömten aus allen Richtungen wieder auf den Karl-Marx-Platz zurück.

Lutz Herrmann erzählte mir: »Die Schläge spüre ich noch, die ich erhalten habe, nicht als Schmerz, sondern als Gefühl der Ohnmacht. Wir haben am Vorabend der Sprengung zu fünft die Kirche umkreist. Zunächst standen wir am Hotel Deutschland, dann am Europahaus. In einer Grünanlage haben wir Blumen gepflückt und uns an das Jackett gesteckt. Wir gingen zurück und riefen, auf uns gemünzt: ›Kirchengänger!‹ und in Richtung der Sicherheitskräfte: ›Kirchensprenger!‹

Sofort waren wir von Zivilisten umringt: ›Ausweis!‹ Ich hatte meinen nicht mit, und man führte mich hinter das Hotel Deutschland. Einer sagte: ›Ihr habt genug Kirchen in Leipzig!‹ Ich sagte: ›Weisen Sie sich mal aus.‹

›Wenn ihr noch mal kommt, schlagen wir euch zusammen.‹

Zur Bekräftigung des Gesagten schlugen sie mir mehrmals mit der Faust ins Gesicht.«

Dieser »Ausweis« war deutlich.

»Ich ging zurück zur Post. Dort wurde gerade ein junger Mann an Armen und Beinen in das Gebäude gezerrt. Ich kannte so etwas nur von Berichten über Demonstrationen im Westen. Ich wurde wieder verhaftet, durchsucht, hinter dem Hotel Deutschland an die Wand gestellt. Limousinen brachten die Verhafteten weg. Auch ich wurde mit einem Auto in die Dimitroffstraße gebracht, in jenes Häuserquartier, in dem sich auf der einen Seite die Polizei, auf der anderen die Theologische Fakultät befand. Dort wurde ich verhört. Morgens gegen fünf bekam ich eine Strafverfügung über 150 Mark wegen Aufruhr und Störung der öffentlichen Sicherheit.«

Siegfried Hillert schrieb in jenen Tagen in sein Tagebuch: »Man könnte weinen, wenn man an seine Hilflosigkeit denkt. Aber auf der anderen Seite bin ich sehr froh, daß in diesem Fall wirklich Gegnerschaft der Bevölkerung demonstriert wurde. Die ›Karl-Marx-Platz-Aktion‹ erreichte gestern ihren Höhepunkt: bestimmt 1000 Personen liefen am Karl-Marx-Platz auf und ab. Die Polizei war sehr nervös und ging mit Hunden und Schlägertruppen gegen die Massen vor. Es gab eine große Anzahl von Verhafteten und Aufnotierten. Aber trotzdem flaute die ›Prozession‹ keinen Moment ab. Es ist befreiend zu sehen, daß es auch bei uns viele Leute gibt, die sich mit den Zuständen nicht einfach abgefunden haben und zur Aktivität streben. Diese lautlose und gewaltlose Demonstration der Leipziger Studenten bedeutet wohl mehr als Straßenschlacht und Barrikadenbau im Westen.«

Die »Leipziger Volkszeitung« sah das natürlich ganz anders. Sie formulierte, auf die Proteste der Demonstranten verweisend, wie »unsere Menschen« das angeblich sahen: »Sie wandten sich empört gegen jene Gammler und Nichtstuer, die im Stadtzentrum rumkriechen und vermutlich nicht wissen, wo ihre Arbeitsstelle ist. Viele Bauarbeiter erklärten: Man sollte ihnen das Arbeiten lernen, auch dort, wo schwierige und nicht immer saubere Arbeit zu verrichten ist. Wir müssen den Mut haben, sie zu anständigen Menschen zu erziehen!«

Es tat regelrecht weh, zu sehen und zu hören, wie martialisch die Sprenglöcher in das altehrwürdige Gebäude gebohrt wurden. Über 500 waren nötig. Aus sprengtechnischen Gründen wurden dann plötzlich Hunderte Fichten angefahren und rings um die Kirche an das Gemäuer gelehnt. Nun roch es beim Vorbeigehen Ende Mai dort nach Weihnachten.

Am 29. Mai informierte der Oberbürgermeister in der »Leipziger Volkszeitung«: »Der unmittelbare Sprengbeginn wird durch ein Hornsignal bekanntgegeben, ebenso das Ende ...«

Ein Hornsignal. Wie bei einer Jagd.

Claus Baumann, damals Student der Kunstgeschichte, erhielt am Tag der Sprengung früh halb sieben ein Telegramm, daß sich alle Studenten halb acht im Institut einzufinden hätten. Wer nicht käme, dem wurde die Exmatrikulation angedroht. »Von früh um acht bis sechzehn Uhr wurden wir dann dort in einem Raum eingesperrt.« Sie wurden sozusagen in Tages-Schutzhaft genommen.

Zur Sprengung bin ich nicht gegangen. Das wollte ich nicht sehen. Schon der Gedanke daran schmerzte.

Einen Tag später hieß es in der »Leipziger Volkszeitung«: »Bauarbeiter leisteten Maßarbeit«.

Bauarbeiter bauen normalerweise etwas auf. Hier hatten Sprengmeister ein Todesurteil vollstreckt.

LKWs fuhren ununterbrochen die Trümmer weg. Polizei bewachte selbst mit Hunden Tag und Nacht die Stelle des Abkippens. Wahrscheinlich hatte man Angst, daß die Bevölkerung dorthin pilgerte, um Steine zu bergen. Einige Wagen transportierten auch Schutt zum Fockeberg. In einer Kurve fielen einige Ziegelbrocken auf die Straße. Dort fand ich eine metallene Sperre von einem Fenster – ein Stück Unikirche.

Wer sich über den Jahre anhaltenden Kampf um die Kirche informieren will, der lese das hervorragend recherchierte Buch von Katrin Löffler »Die Zerstörung«. Dort schreibt sie u.a.: »Städtebauliche Ideen und die Forderungen der Universität nach neuen Gebäuden gaben den Anstoß. Die Zerstörung der Universitätskirche muß auf dem Hintergrund der gesamten Stadtplanung dieser Zeit gesehen werden. Mit dem Widerstand aus der Bevölkerung entwickelte sich außerdem ein Machtkampf, der ganz nach den damaligen Spielregeln ablief. Politische Ziele und persönliche Machtinteressen verflochten sich. Es gab ›Überzeugungstäter‹ und solche, die Beschlüsse ausführten; es gab diejenigen, die um ihre Position fürchteten, und diejenigen, die blieben, weil sie nichts verhindern konnten oder Schlimmeres verhüten wollten.«

Warum ich die Protestierer von 1968 für besonders mutig halte? In den fünfziger Jahren konnte man über Nacht die DDR verlassen. Mit den Vereinbarungen von Helsinki im Jahre 1974 gab es die Möglichkeit der Ausreise aus dem ungeliebten Land, aber zwischen 1961 und 1974 waren die Menschen tatsächlich eingemauert, und wer gegen irgend etwas protestierte, mußte damit rechnen, daß die Tat für ihn einschneidende Konsequenzen haben konnte. Sich trotzdem zu wehren, dazu gehörte viel Mut.

Paul Fröhlich, so hieß es, habe große Ambitionen gehabt, wollte der Nachfolger von Ulbricht werden. Davor hat uns der liebe Gott bewahrt. Fröhlich hat den Tod der Kirche nur zwei Jahre überlebt, er starb 1970. Er wurde begraben wie ein großer Herrscher. Eine Lafette transportierte seinen Leichnam zum Südfriedhof. An der Leninstraße stand alle paar Meter ein NVA-Soldat. Und wohl auch einige Leipziger, die man zum Paradestehen abkommandiert hatte. Fröhlich hat nur eine große Liebe gehabt: propagandistische Großveranstaltungen. Und in diesem Stil ist er auch begraben worden.

Nachdem sie erst einmal beseitigt war, wurde »Universitätskirche« zu einer Art Unwort, der Begriff sollte, möglichst für immer, verschwinden.

In dem 1979 im VEB Verlag für Bauwesen Berlin erschienenen großen Bild-Textband »Leipzig – Historische Plätze und Straßen heute« wird die Unikirche gar nicht mehr erwähnt. Das neue Universitätsgebäude wird folgendermaßen lokalisiert: »Mittelpunkt der Anlage ist der große, gepflasterte Innenhof, der nach dem Karl-Marx-Platz von dem Hauptgebäude begrenzt wird, das etwa die Grundstücke einnimmt, auf denen das Café Felsche und das Augusteum gestanden haben.«

Stand dort nicht einige Jahrhunderte lang noch ein Gebäude? Fälschung durch Weglassen.

1986 erschien mein erstes Buch: »Liederliches Leipzig«. Darin schrieb ich über die Universität: »Leider fiel dem Neubau die Kirche mit dem letzten Teil des Kreuzgangs und Gewölben aus der Klosterzeit zum Opfer.«

Über den Begriff »Opfer« stolperte der Lektor, wir diskutierten darüber, aber das Wort blieb stehen. Ein Foto im Buch aus den sechziger Jahren zeigte das bis 1968 genutzte Albertinum. Ins Bild ragte der Dachreiter mit dem Kreuz von der Universitätskirche ... 1988 zeigten wir dann im »academixer«-Keller in einer Ausstellung ein Foto der Unikirche von Gudrun Vogel mit ihrer Bildunterschrift: »Davor«.

Im Mai 1988 rief ich Roland Wötzel in der SED-Bezirksleitung an. Er war damals Sekretär für Wissenschaft, und ich kannte ihn durch meine Arbeit als Kabarettist. Ich sagte ihm, daß sich in diesem Monat die Sprengung der Unikirche zum 20. Mal jähren würde, und ich fände, das wäre doch ein Anlaß für ein Gedenkblatt, das ich gern für die »Leipziger Volkszeitung« schreiben würde.

Am anderen Ende der Leitung war erst mal Stille, dann kam die zögernde Antwort sinngemäß so: »Also ... wenn ich mich da hier so umsehe ... da finde ich niemanden, der das mit unterstützen würde ...«

Die Kirche ist in Leipzig nie vergessen worden. In vielen Wohnzimmern hing ein Stich oder ein Foto, und immer wieder, wenn Leipziger zusammensaßen, kam die Rede auf jenes Jahr 1968.

Auch wenn der Verlust noch heute schmerzt – die Idee, jene Kirche wieder zu errichten, erinnert mich ans Disneyland, nicht zu vergleichen mit dem Wiederaufbau der Frauenkirche, von der viel mehr Originalsubstanz existierte.

Wollte man den Sakralbau am vollgerümpelten Augustusplatz trotzdem wieder errichten, wäre das genauso ein Fremdkörper, wie es mittlerweile der Mendebrunnen ist. Es spielt sowieso fast keine Rolle mehr, was dort gebaut wird. Egal ob die Metallpergola, die auf mich wie ein überdimensionierter Busbahnhof wirkt, die legendären »Milchtöpfe« oder das »Mauer-Café« – der Platz ist nun mal verhunzt.

So schnell können Bäume gar nicht wachsen, um den Anblick zu mildern. Die Unikirche würde an diesem »vergorgsdn« Platz wie eine filigrane Brosche an einem ausgeleierten Jogginganzug wirken.

Die Presse

Am 24. Mai 1968 erschien eine LVZ-Sonderbeilage: darin das Modell der neuen Universität – und die Kirche war weg!

Als hätte sie nie dort gestanden. Auf der Abbildung ist ein total aufgeräumter steriler Karl-Marx-Platz zu sehen.

Ausführlich wurde über die Baupläne für die Messestadt geschrieben. Von den Hochhausdominanten am Ring, von der Messemagistrale Straße des 18. Oktober; und der Text endet mit jenem oft gebrauchten größenwahnsinnigen Satz: »Leipzig wird schöner, als es je war!«

Die »Leipziger Volkszeitung« druckte am 28. 5. 68 folgenden Brief an die Redaktion ab: »Ich bin gebürtige Leipzigerin und kenne noch das alte Stadtzentrum. Das hält natürlich keinem Vergleich mehr stand. Jetzt wird es schöner, als es jemals gewesen ist. Diesem Vorhaben gebe ich aus ganzem Herzen meine volle Zustimmung«, schreibt Vera Schatz, Verkaufsstellenleiterin.

Es gab sie tatsächlich, jene Menschen, denen ein häßlicher Neubaublock besser gefiel als eine spätgotische Kirche. Viele dieser Zeitgenossen, denen die Baustile vergangener Epochen nichts sagten, waren an der Macht, denn es hieß ja auch schon in den fünfziger Jahren in Dresden: »Wir bauen Dresden schöner denn je!« Die LVZ schrieb über die Neubaupläne »Viele werden helfen« und wurde auch gleich konkret: »Der Anstreicher Oswald Kittel sprach für seine sozialistische Brigade: ›Die Entwürfe sind einfach Klasse, eben Weltklasse. Unser Kollektiv ist dabei, wir wollen zu den Schrittmachern zählen.‹« Und dann hat der Oswald wohl forsch seinen Kittel angezogen.

Im »Casino« lief am 29. Mai jenes Jahres der polnische Film »Asche und Diamant«. Zufall? Am Karl-Marx-Platz würde ja tatsächlich ein Diamant zu Asche werden.

Die Kinos zeigten in jenen Tagen auffallend viele westliche Produktionen. Sollten sie die Demonstranten vom Platz weglocken? Es gab »Ein Mann und eine Frau«, »Manche mögen's heiß«, »My fair Lady«, »Das große Rennen rund um die Welt«, »Cheyenne« ...

Am 30. Mai war der »AZET« die Sprengung der Universitätskirche keine Schlagzeile wert.

Was war die »AZET«?

Eine sozialistische Boulevardzeitung, eine Abendzeitung, die mittags für zehn Pfennige verkauft wurde, meist von Rentnern. Einen der Verkäufer sehe ich noch vor mir. Er rief sie immer nuschelnd aus. Nuschelnd deshalb, weil er stets eine Zigarre im Mund hatte. Ich erinnere mich sogar noch an die Marke. Die Sorte hieß SWIRTIGAL.

Mitunter verkauften auch Studenten die »AZET«. Ich kannte einen, der Schlagzeilen erfand und die dann ausrief. Etwa: »AZET – der Papst boxt wieder!«

In dieser Gazette stand also am 30. Mai unten links auf der Titelseite lediglich: »Baufreiheit für die neue Uni«. Die Redakteure interessierte, wie sich die Mitarbeiter des Hotels Deutschland auf diesen Tag vorbereitet hatten. Direktor Wirsig erzählte: »Das Frühstück wurde von allen Gästen heute etwas früher eingenommen als gewöhnlich ... Unser Hotel ist voll belegt, und wir sprachen mit fast allen Gästen persönlich. Dabei hörten wir immer wieder, daß sie für den Aufbau eines solch schönen Stadtzentrums gern zwei Stunden Unbequemlichkeit in Kauf nehmen.«

Auf der nächsten Seite eine Karikatur. Petrus auf einer Wolke, durch die der Bauplan für die neue Karl-Marx-Universität mit der Silhouette des Hochhauses stößt. »Die woll'n ja hoch hinaus ...« Und die Sonne lacht dazu. Positive Satire.

Über Dresden wird in dieser Ausgabe geschrieben: »Großbaustelle Nr. 1 im Zentrum ist die Prager Straße, die 1970 eine der schönsten Fußgängermagistralen Europas sein wird.« Da ist er wieder, dieser Größenwahn des Politbüros. Die triste Prager Straße, diese Wohnungen und Hotels in Plattenbauweise waren automatisch sozialistisch und darum schön.

Noch eine Notiz aus jener Ausgabe: »Heute setzt das Zentralkomitee der Kommunistischen Partei der Tschechoslowakei seine Plenartagung auf dem Hradschin fort. Der Erste Sekretär des ZK, Alexander Dubček, hatte sie gestern mit seinem Referat eröffnet.« Ende der Durchsage. Kein Wort, kein Satz aus dem Referat.

Am 31. Mai ist in der LVZ von Prof. em. Hugo Müller zu lesen: »Hier hat der sozialistische Mensch die Umwelt geschaffen, in der er zu leben gedenkt. Hier wird ein Teil der Riesenschuld des Kapitalismus gestrichen und den Leipziger Bürgern das Bewußtsein von dem sozialistischen Wohlbefinden wiedergegeben, das der Kapitalismus ihnen geraubt und vorenthalten hat.«

Und Ruth Hoffmann jubelt: »Wie schön wird nun erst unser Stadtzentrum, und was nicht zum neuen Stadtbild mehr paßt, muß eben nach und nach verschwinden.«

Da gäbe es ja noch einiges, was nicht mehr zum neuen Stadtbild paßt ... zum Beispiel ... Das *Alte Rathaus* ... wie das schon klingt. Oder die *Alte*(!) Börse ... auch so ein kapitalistisches Überbleibsel.

Robert Sauer (NDPD), Inhaber der Gaststätte Thüringer Hof, in dem es eigentlich gutbürgerlich zugeht, dieser Herr Sauer also verbeugt sich ebenfalls vor der Macht: »Endlich werden in der Weltmessemetropole konsequent die Überreste der Vergangenheit beseitigt.« Vorsicht, Herr Sauer, das könnte ein Eigentor werden, denn der »Thüringer Hof« ist auch so ein Überrest!

Professor Albert Kapr, Rektor der Hochschule für Grafik und Buchkunst und Mitglied einer Jury zur Begutachtung der Entwürfe, »war beeindruckt von der Großzügigkeit und dem Ideenreichtum der beteiligten Architektenkollektive«. Und er schreibt weiter:

»Selbstverständlich bedauere ich, daß die historische Universitätskirche den neuen Bauten weichen muß, aber ich ließ mich von den Argumenten der Architekten überzeugen, die klar nachwiesen, daß sich mit der Kirche zusammen kein gutes Ensemble bilden läßt ... Mit der Neugestaltung des Karl-Marx-Platzes wird eine Epoche im Baugeschehen der Stadt Leipzig eingeleitet, auf die alle Einwohner stolz sein können.«

Dr. Paul Ullmann (CDU) führt aus: »Als Christen, die wir unsere sozialistische Gesellschaftsordnung mitgestalten, können wir uns nicht von Sonderinteressen leiten lassen. Wir haben unsere Entscheidung vom Standpunkt unserer Verantwortung für das Ganze zu treffen.«

Kleiner Nachtrag zur Unikirche
oder Warum ich kein CDU-Mitglied wurde

Eines DDR-Tages, in den achtziger Jahren, sprach mich der Journalist A. an. Er war etwas verlegen, kam aber gleich zur Sache. Seine Partei, also die CDU, habe ihn beauftragt, mich für ein Gespräch zu gewinnen: »Du weißt doch, wie das ist.«

Ich wußte es nicht, aber ich rede prinzipiell mit jedem Menschen, der mich sprechen will. Außerdem interessierte mich schon, was die Unionsfreunde von mir wollten.

In der Käthe-Kollwitz-Straße residierte jene Partei in einem Gebäude, in dem vor dem Krieg ein Konsul seine Amtsgeschäfte geführt hatte. Die bürgerliche Atmosphäre der Jahrhundertwende war im Haus noch zu spüren.

Ich wurde vom Bezirksvorsitzenden der CDU empfangen, an seiner Seite der stadtbekannte Rezensent, der mich angesprochen hatte, und schließlich ein Mann, der sich mir als der Verantwortliche für Agitation und Propaganda vorstellte. Darüber mußte ich doch lachen und konnte mir die Bemerkung nicht verkneifen, daß ich mich sehr wunderte, weshalb man dafür keinen anderen Begriff gefunden habe als jenen, den die Genossen der SED benutzten.

Der Vorsitzende verzog keine Miene, der Agitprop-Mensch lächelte verlegen, A. grinste. Belegte Brötchen wurden offeriert. »Kaffee? Wein?«

Zunächst unverbindliches Geplauder, man sprach über dies und jenes. Schließlich näherten wir uns den Problemen, die die Leipziger beschäftigten: Die Wohnungssituation, das Bauwesen, vor allem der Verfall im Stadtzentrum, die Umweltsorgen ...

Als wir das Konfliktpotential der Messestadt erörterten, kam der Bezirksvorsitzende zur Sache. Bei meinen Interessen und meinem kritischen Engagement für die Stadt ... als

Kabarettist, der an der Veränderung der Gesellschaft mitwirkt ... als Autor, der sich mit der Geschichte der Juden in Leipzig befaßt ... und als Mitglied einer Leipziger Kirchgemeinde könne es doch nur eine Partei für mich in der DDR geben, die genau für diese meine Ziele eintrete und sie verwirkliche: die CDU.

Ich war überrascht!

Ich hatte bisher nicht festgestellt, daß diese Partei tatsächlich dasselbe wollte wie ich. Im öffentlichen Leben der Stadt war mir derlei nie aufgefallen.

Erst recht nicht in den zurückliegenden Jahrzehnten. Wie man sich doch täuschen kann!

Ich sagte dem Bezirksvorsitzenden: »Wenn Sie jetzt aus diesem schönen alten Einbauschrank dort drüben eine Mappe nehmen und mir den Protestbrief des Bezirksvorstandes der CDU aus dem Jahr 1968 gegen die Sprengung der Universitätskirche zeigen, dann würde ich Ihre Partei in einem anderen Licht sehen und mir die Sache überlegen.«

Pause.

Dann kam von ihm ein leises, aber genervtes: »Nein, da gibt's nichts.«

Die Ost-CDU wurde 1990 von der West-CDU herzlich umarmt. Und die Ostler konnten und können nun aus sicherem Hafen auf die ehemaligen SED-Genossen, mit denen sie als Blockpartei einst brüderlich verbunden waren und die heute zum Teil Mitglieder der PDS sind, frank und frei einhacken.

Diese Replik führt zwar etwas vom Thema weg, aber wiederum auch heran. So widersprüchlich und absurd geht es zu, wenn man sich in unserem Land mit Politik beschäftigt. Zum Schluß will ich die Absurdität noch ein wenig auf die Spitze treiben: theoretisch ist also möglich, daß ein junges CDU-Mitglied, das 1968 die Hand für die Zerstörung der Kirche hob, sich im Jahre 2002 vehement für den Wiederaufbau der Universitätskirche einsetzt ...

Die alte Universität

Nicht lange nach der Sprengung der Universitätskirche fielen auch die angrenzenden Universitätsgebäude. An der Stelle des Paulinerklosters war seinerzeit das sogenannte Augusteum nach Plänen von Schinkel und Geutebrück entstanden. Dieses Gebäude war zum Teil zerstört, die Fassade von Arwed Roßbach allerdings sehr gut erhalten, sie stand auf der zentralen Denkmalsliste.

Wie oft habe ich am Hauptgebäude der Universität die Lettern UNIVERSITAS LITTERARUM LIPSIENSIS gelesen, den Giebel im Stil der Antike mit reichem Figurenschmuck von Ernst Rietschel betrachtet?

»AUGUSTEUM« stand über den drei Eingängen. Seit den Bombenangriffen im Dezember 1943 waren es Eingänge ins Nichts. Die Fenster im Erdgeschoß waren zugemauert. Hinter der klassizistischen Fassade das nazistische Erbe – Trümmer, aber auch viel Substanz.

Wenn ich auf die Straßenbahn wartete, die damals noch durch die Schillerstraße fuhr, besah ich mir die vier Damen am Hauptportal mit ihren langen, fließenden Gewändern und üppigen Brüsten. Sie schauten alle ernst drein wie unsere Germania. Figuren in Deutschland lächeln nicht. Viel später las ich, daß man solche würdigen Frauen Karyatiden nennt.

In Erinnerung ihrer Oberweite fiel mir dazu »Karyatitten« ein. Aber das ist schon wieder so ein Berufsschaden aus einem langen Kabarettistenleben ...

Einen besonderen Kontrast zu den klassischen Schönen, die an dieser Fassade eine heile Welt vorgaukelten, bildeten Transparente an ihrer Seite, die ebenfalls mit einer heilen Welt operierten: »Alle Kraft für ...« und »Vorwärts zum ...«. So gesellte sich zur Antike der Kommunismus, der nun die

Menschheit ins ewige Glück führen wollte. Allein Wind und Wetter nagten immer wieder an manchem Spruchband, Symbol für die Vergänglichkeit menschlichen Tuns, und so wechselten die Parolen an der Ruine mit den Jahreszeiten. Der Leninismus war zwar der Marxismus unserer Epoche – aber eben nur einen Sommer lang. Danach hieß es, der Marxismus-Leninismus sei allmächtig, weil er wahr wäre. Ein Stückchen daneben, in der Unikirche, wurde allerdings ein anderer als allmächtig verehrt, und das gefiel wiederum den Priestern der neuen Religion nicht. Die Kirche mußte weichen, wie wir wissen.

Obwohl 1959 das Politbüro den Wiederaufbau des Augusteums beschlossen hatte, kam es nicht dazu. Kräfte in der Universität und der Partei beharrten auf einem Neubau. Katrin Löffler zitiert in ihrem Buch »Die Zerstörung« auch aus einem Brief vom 27. April 1963, den Rektor Georg Mayer an den Leipziger Oberbürgermeister schrieb. Und da gibt es leider keinen Grund, den allseits beliebten »Mayer-Schorsch« in Sachen Universität zu loben. Die »einhellige Meinung des Senats« läßt uns schnell Böses ahnen: »... daß es richtig ist, die Altbausubstanz zu beseitigen und im Bereich Westseite, Karl-Marx-Platz-Universitätsstraße, einen Neubau zu errichten«. Der trinkfeste, lebensfrohe »Mayer-Schorsch«, der einem das Gefühl vermittelte, er hinge an Traditionen – bei der alten Uni war es damit leider vorbei ...

Dabei wurden ja eine Reihe Räumlichkeiten des Albertinums noch für den Lehrbetrieb genutzt. Dieses Gebäude mit der angrenzenden Kirche war der letzte übriggebliebene Teil zum Universitätshof hin, der seit den Bombennächten kein Innenhof mehr war. Das Bornerianum und das Paulinum, jene Flügel zur Grimmaischen Straße und zur Universitätsstraße hin, hatte der Krieg zerstört. Das Denkmal für Gottfried Wilhelm Leibniz stand noch am alten Platz, auf den Treppen sonnten sich die Studenten, ein beliebter Treffpunkt.

Legendär ist der Hörsaal 40, immer überfüllt, wenn Professoren wie Mayer oder Bloch ihre Vorlesungen hielten. Günter Lohse erinnert sich an folgende Begebenheit aus Leipziger Studententagen: »Eines Tages war Karl Marx an der Reihe. Das mußte sich in der Stadt Leipzig herumgesprochen haben, denn hohe Funktionäre kamen mit steinernen Gesichtern und nahmen in den ersten Sitzreihen Platz. Ernst Bloch kam herein und sagte mit gedämpfter Stimme, wörtlich: ›Meine Damen und Herren, wir sprechen heute über Karl Marx. Der Marxismus ist schön, aber bei uns ist er leider Idioten in die Hände gefallen!‹ Ich schwöre, daß er das gesagt hat. Es muß um 1955 gewesen sein, als noch der ›Pförtner der Oper‹ in zyklopischer Steifheit auf dem Karl-Marx-Platz stand.«

Wer versah dort seinen Dienst als »Pförtner«?

Der Volksmund meinte die Stalin-Statue, die auf dem Platz stand. Ich sah ein Foto: trauernde Werktätige legten nach Stalins Tod dort Kränze nieder. Nicht weit davon entfernt stand ein monumentaler Flaggenmast aus der Kaiserzeit, auf dem eine rote Fahne halbmast aufgezogen war. Hinter der Stalin-Statue ein riesiger Bühnenprospekt mit dem Kreml darauf. Diese Kulisse mußte die Ruine des Neuen Theaters verdecken, an dessen Stelle dann von 1956 bis 1960 die Oper als erster Theaterneubau der DDR errichtet wurde. 1955 wurde das Denkmal wegen der Bauarbeiten eingelagert. Nach einer Renovierung sollte es in der Stalin-Allee (Ludwig-Jahn-Allee) wieder aufgestellt werden. Doch weil Chruschtschow auf dem XX. Parteitag der KPdSU die Verbrechen Stalins enthüllt hatte, kam es nicht mehr dazu. Claus Uhlrich recherchierte für sein Buch »Verschwunden« das Schicksal von Leipziger Denkmalen und hat herausgefunden, daß Stalin im Dimitroffmuseum gelandet war.

»Hier schienen sich seine weiteren Spuren zu verlieren. Aber nach einem Diavortrag über dieses und andere verschwundene Denkmale erhielt der Verfasser von einer Dame den Hinweis, eine bestimmte Telefonnummer anzurufen. Es meldete sich ein Herr, der damals im VEB Sachsenguß gearbeitet hatte und berichtete, daß im Jahre 1962 an einem Sonnabend nach Arbeitsschluß einige ausgesuchte Arbeiter dieses Betriebes noch dableiben mußten. Ein Polizeiauto (!) brachte die Denkmalsteile, die an Ort und Stelle geglüht, zerschlagen und auch gleich eingeschmolzen wurden.«

Damit war zwar in Leipzig Stalin verschwunden, nicht aber der Stalinismus, der sich noch einige Jahre länger hielt. Das bekam auch Ernst Bloch zu spüren. Zurück zu seinem Vortrag und den »Idioten«: »Die Wirkung ist kaum zu beschreiben. Der Saal explodierte, es ging ein Höllenlärm los. Wir haben geklopft und getrampelt wie besessen, minutenlang kam er nicht mehr zu Wort. In den ersten Reihen herrschte die Ruhe eines Kirchhofs, um Marquis Posa zu zitieren. Die Herren schlichen wie geprügelte Hunde aus dem Saal, und Ernst Bloch ist nichts passiert, rein gar nichts. So groß war die geistige Macht, die dieser Philosoph besaß. Vom Dozenten Schulze oder Lehmann geäußert, hätte der Satz ewiges Verschwinden seines Formulierers bedeutet.«

Auch Bloch mußte bald verschwinden – die Partei, die immer recht hatte, vergaß nichts. Sein Schülerkreis wurde als konterrevolutionär gebrandmarkt, das Blochsche Institut zerschlagen, und der große Denker ging nach dem Westen. Wie so viele.

Horst Drescher schreibt über jene Jahre in seinem Text »Hörsaal 40«:

»Hörsaal 40 gibt es nur noch in unseren Erinnerungen, und diese Erinnerungen zerfallen mit uns, wie so vieles mit unseren Erinnerungen zerfallen wird, wie sie mit einer Generation zerfallen sind, unerinnerbar. Da, wo heute ein kleiner Wald hoher stählerner Fahnenmasten steht an der Grimmaischen Straße, da hat bis zu den Bombennächten der italienische Palast des ›Café Felsche‹ gestanden, das renommierte Kaffeehaus des Leipziger Bürgertums, die feinsten Kapellen und rote Läufer in allen Etagen und Teppiche; vorher war da mal ein Stück Botanischer Garten der Universität. Vor dem Dreißigjährigen Krieg war das ein Friedhof gewesen. Wechselnde Kulissen ...«

In jenem Gebäude, in dem der Hörsaal 40 lag, wurde im Frühsommer 1964 ein Spielfilm gedreht: »Studenten«. Das Drehbuch stammte von Horst Drescher. Die Hauptrollen spielten Doris Thalmer, Jutta Wachowiak und Winfried Wagner.

»In den Gängen der zwei umlaufenden Obergeschosse lagen Seminarräume, die soliden Türen sind mir erinnerlich; auch sie wären vergessen, wenn nicht die Schienen für Kamerafahrten an einer Reihe dieser dunklen Eichentüren entlang ausgelegt gewesen wären ... Durch die tiefen Fenster der umlaufenden Galerien fiel das Sonnenlicht in den ewig düsteren Raum in grellen, phantastisch gebrochenen Schwaden! Die Erinnerung an diese noch als Ruine imposante antikisierende Architektur, die nun wiederum einem antikisierenden Schicksal zum Opfer gefallen war, die Erinnerung wäre mir nicht so bildhaft gegenwärtig, wenn nicht unser Kameramann in einen Berufs- und Berufungsrausch geraten wäre angesichts dieser erstarrten Wasserfälle von Schatten und Licht. Immer wieder zeigt er uns begeistert diese Fluten gebrochener Lichtschwaden in dieser ungeheuren Architektur, mit den Minuten wechselte der Sonnenstand des Szenariums ... Bei einer nächtlichen Rohschnitt-Vorführung wurden auch Passagen der Kür unseres Kameramannes gezeigt und zur allgemeinen Begeisterung. Es war eine faszinierende Huldigung an eine nun endgültig zum Untergang verurteilte Universität ...«

Mit diesem Film gäbe es also ein Dokument des geretteten Teils der alten Leipziger Universität. Welcher Leipziger, welcher Studierende aus jenen Zeiten möchte ihn nicht gern sehen?! Leider ist das nicht möglich, denn 1965 fand bekanntlich das 11. Plenum statt.

»Der Film wurde denunziert und daraufhin liquidiert ... Unzulässige Sicht auf unsere Gesellschaft dürfte das Verdikt gelautet haben, eine Kollision von realistischer Literatur mit der Realität ... Meine Arbeit von zwei Jahren wurde durch einen Griff aus dem Dunklen heraus auf den Abfall getan. Niemals wieder habe ich etwas vernommen über den

Film ›Studenten‹ ...« Selbst die Nachforschungen nach dem Herbst 1989 blieben ohne Erfolg. So ist auch das letzte Filmdokument über das ehrwürdige Gebäude verloren, die Bilder sind nur in den Köpfen der letzten Besucher des Hauses abrufbar.

Kirche und Universität paßten nicht mehr in die Pläne der komplexen Gestaltung sogenannter sozialistischer Stadtzentren. Man ließ sich etwas einfallen als »Argumentation zur Neugestaltung des Karl-Marx-Platzes«. Das klang dann von Oberbürgermeister Kresse in einer Rede vor den Stadtverordneten so: »Traditionen bewahren und pflegen, heißt doch nicht nur, von vergangenen Generationen Überkommenes zu bewahren, zu konservieren. Das stellt uns doch vielmehr die Aufgabe, der Tradition würdig kühn voranzuschreiten, kleine Beschränktheit zu überwinden. Schöngeisterei und passive Ehrfurcht vor der Historie haben mit der Pflege der Traditionen nichts zu tun ...«

Die Trümmerkugel

Am 9. Mai 1963 wurde in Leipzig in einem Piratenakt der barocke Turm der Johanniskirche gesprengt. Das Kirchenschiff war im Krieg zerstört worden, der Turm hatte – denkmalsgeschützt – die Jahre überstanden. Professor Dr. Renate Drucker, damals Leiterin des Universitätsarchivs: »Ich habe immer gesagt: Das war Fröhlichs Generalprobe!«

Sie meinte damit, daß nun zum Halali gegen störendes Altes geblasen wurde. In den sechziger Jahren ging in Leipzig die Trümmerkugel um. Das Wort an sich ist schon falsch. Sie brachte nämlich bei weitem nicht nur Trümmer zum Einsturz, sondern auch intakte Häuser. Die offizielle Vorgabe war, sich von viel Altem zu trennen; in Leipzig sollten »sichtbare Kriegsschäden beseitigt« werden. Aber in einem sozialistischen Land ist alles knapp – auch die Abbruchtechnik. Und deshalb verzögerte sich etliches. Zur 800-Jahr-Feier Leipzigs 1965 stand noch manches Gebäude, das die verantwortlichen Funktionäre gern als Schutt auf einer Halde gesehen hätten.

Paul Fröhlich forderte 1967 bei einem Stadtrundgang die Verantwortlichen auf, den Abriß zu beschleunigen. Die »Pfeffermühle« vermutete in jenen Jahren, Stadtplanung würde in Leipzig am Billardtisch betrieben: Wo die rote Kugel hinrollt, wird abgerissen, wo die weiße anhielt, blieb das Haus stehen. Bei den »academixern« spielte ich über Jahre in verschiedenen Programmen einen Stadtführer, der mit einer imaginären Reisegruppe durch das Zentrum spaziert. Am Markt angekommen, sagte ich: »Und hier, meine Damen und Herren, sehen Sie das Alte Rathaus, es wurde durch den Übereifer der Aktivisten der ersten Stunde bereits wenige Jahre nach dem Krieg wieder aufgebaut. So ist es dem Abriß entgangen!«

Das verstand jeder.

In den Sechzigern stürzte manches alte Haus. Das barocke Hotel de Saxe in der Klostergasse wurde abgetragen, durch eine Schütte polterte die historische Substanz auf LKWs. Die Delfter Kacheln wurden auf dem Schwarzmarkt verkauft oder landeten auch im Müll. Im Haus sollen noch originale barocke Kachelöfen gestanden haben! Wurden sie gerettet? Zuviel Hoffnung ist fehl am Platze. Mancher Fachmann versuchte sich in der Rettung des Hotels de Saxe – ohne Erfolg. Eine häßliche triste DDR-Lückenbebauung war das anschließende Ergebnis. Die alte Porphyr-Umrandung des Portals wurde in den farblosen Neubau integriert. Ein jämmerlicher Anblick. Dabei hätte es viele Gründe für den Erhalt dieses Gebäudes gegeben. Auf einer Tafel an der Hauswand liest der Betrachter: »1813 weilten hier Blücher und Gneisenau. Ludwig Würkert betrieb 1859 eine ›Restauration für Volksbildung, Volksveredelung und Volksermutigung‹.«

Solch eine Restauration hätten wir beizeiten in der DDR gebraucht!

»Zugleich war es Sitz des Vereins ›Vorwärts‹, aus dem unter August Bebels Leitung 1865 der Leipziger Arbeiterbildungsverein hervorging.«

Nicht einmal die angeblich so verehrte und respektierte Geschichte der Arbeiterbewegung war den Funktionären Grund genug, das Gebäude stehenzulassen.

Auch das älteste Bürgerhaus der Stadt, Deutrichs Hof, erbaut im Stil der Renaissance, entkam der Abrißbirne nicht. Ein Freund (oder war es eine Freundin?) hat mir eine der wenigen aus dem Haus geretteten Delfter Kacheln geschenkt, die anderen landeten im Schutt oder wurden nach einer nächtlichen Zechtour geklaut. Der gesamte Treppenturm war gekachelt.

Deutrichs Hof besaß die älteste Stuckdecke aller Gebäude in Leipzig. Vor dem Abriß wurde die Galerie aus besonderen Hölzern, die um den Innenhof lief, geborgen. Wo ist sie geblieben? Das weiß heute niemand mehr.

In dem Haus befand sich im Erdgeschoß »Waffen-Moritz«, eine der ältesten ortsansässigen Firmen. Das Geschäft wurde später im Komplex des Handelshofes in der Reichsstraße weitergeführt. Es war kein martialischer Waffenhandel, sondern man verkaufte Jagdbedarf, Angeln und Hundeleinen, höchstens ein paar Messer und ein Luftgewehr waren dort zu erstehen. Über 200 Jahre hat sich »Waffen-Moritz« behauptet, bis zum Ende der DDR eines der wenigen privaten Geschäfte im Zentrum. Erst die Marktwirtschaft des neuen Deutschland hat mit ihren hohen Mieten den »Waffen-Moritz« liquidiert.

Das Riquet-Haus sollte in den Sechzigern ebenfalls abgerissen werden. In der »Leipziger Volkszeitung« wurde schon gegen das Eckgebäude gehetzt. Jugendstil galt sowieso als bürgerlicher Zimt.

In der Katharinenstraße traf es die Nummer 12, das einzige erhaltene Gebäude auf der zerstörten Seite dieser ehemals barocken Prachtstraße. Seit 1802 hatte »Klassigs Kaffeehaus« dort zum Verweilen eingeladen, 1846 erweitert, hieß das Lokal nun »Europäische Börsenhalle«. Das klingt schon nach heutigem Europa. 102 Jahre später sah die Landkarte Europas allerdings ganz anders aus, und in diesem Jahr, 1948, wurde im Haus die erste HO-Gaststätte Leipzigs eröffnet. Seit 1957 hieß die Gastwirtschaft Sachsenhaus, obwohl das Land längst in drei Bezirke zergliedert war.

Erstaunlich ist ein Blick in die Speisekarte vom Anfang der sechziger Jahre: von der echten Schildkrötensuppe für 2,25 über das Rumpsteak »Westmoreland« für 4,20 bis zum französischen Courvoisier für 1,80 reicht das Angebot. Die Vielzahl der Speisen verblüfft, das hat die HO später nicht mehr leisten können.

Ein übriggebliebenes Jugendstil-Haus in der Thomasgasse mußte ebenfalls weichen. Der Architekt Johannes Schulze gab kurz vorher einem Arbeiter 5 Mark und sagte: »Hole mir wenigstens den Kopf dort vom Dach!« Nun ist der schöne Kopf einer Flora-Figur auf der Wiese hinterm Haus des Architekten zu besichtigen. Sogar das ausgebrannte Gewandhaus im Musikviertel, nach dem Krieg mit einem Notdach versehen, um es irgendwann wieder aufzubauen, wurde in den Sechzigern zerstört. Arnd Schultheiß erzählte mir, daß nach dem Krieg noch das ausgeglühte Fahrrad von Hermann Abendroth in der Ruine gestanden hat. Auf manchen Fotos wirkt das Konzerthaus äußerlich nahezu intakt, genau wie das ausgebrannte Bildermuseum am Augustusplatz, das 1962 abgerissen wurde. Schultheiß: »Nach dem Krieg hatte man im Foyer des Gewandhauses schon wieder mit Steinmetzarbeiten begonnen. Ein Notdach wurde errichtet, eine Stahlkonstruktion, die verbrettert wurde. Darauf kam Teerpappe. Das Holz faulte, es tropfte durch, die Hitze des Sommers sackte in den Keller, und dort hatte jemand eine Champignonzucht eingerichtet.«

Mein Freund Guido, ein Großstadtkind, ist mit seinen Kumpels in der Ruine herumgeklettert. Ein Gitter wurde zur Seite gehoben, und dann sprangen sie in den Keller. Den Pilzzüchtern gefiel das natürlich gar nicht; wenn die Truppe dort unten über die Champignons tobte, riefen sie die Polizei. »Wir sind dann immer höher gestiegen. Oben wurde es gefährlich, ein paar Treppen fehlten. Wir sind einen schmalen Sims entlang – da sind dann die Polizisten nicht mehr weitergegangen. Die haben uns nicht gekriegt.«

Schultheiß erzählte mir, daß sich selbst Johannes R. Becher für den Wiederaufbau des Leipziger Gewandhauses eingesetzt und daß es nach dem Krieg Benefizkonzerte dafür gegeben habe – zum Beispiel von Wilhelm Furtwängler und Bruno Walter. Was ist aus dem Geld geworden? Hat man damit den Abriß finanziert?

Das Messehaus Union am Halleschen Tor mußte jenen drei schrecklichen Wohnriegeln am Brühl weichen, deren östlicher nur knapp neben dem Messehaus errichtet wurde. Die berüchtigte Kugel hatte große Probleme mit dem stabilen Bau. Die Leipziger amüsierten sich: »Guggd euch das an – sie kriechn das Haus gaum gabudd!«

Das Messehaus Union war 1924 eingeweiht worden, die

Flügel umgaben einen geräumigen Lichthof. Das schmückende Beiwerk, aus Kunststein geformt, entstammte dem Atelier von Alfred Thiele. Die Figuren verkörperten die menschliche Schaffenskraft, die Tierkreiszeichen deuteten den Ablauf der Zeit. Im Erdgeschoß befanden sich u.a. eine viel genutzte Selbstbedienungsgaststätte und eine Schnellbesohlanstalt. Das stattliche Gebäude war im Krieg ausgebrannt, jedoch zur Herbstmesse 1948 bis zum 5. Stockwerk wieder uneingeschränkt nutzbar. Möbel und Leuchten wurden in diesem Messehaus ausgestellt.

Wie kam es hier in Leipzig, aber auch anderswo in der DDR, zu dieser Nichtachtung der Baukunst vergangener Jahrhunderte?

Viele Funktionäre wollten in ihrem Tun, in ihren Entscheidungen nicht an Vorheriges anknüpfen, sondern alles neu, besser, eben sozialistisch machen. Vieles wurde als bürgerlicher Mumpitz weggerissen, Gründerzeitbauten mißachtet, weil in jener Zeit Bismarck bekanntlich die Sozialistengesetze erlassen hatte ... Dafür wurden selbst Häuser »bestraft«.

Leute wie der hemdsärmelig grobe Fröhlich fanden prinzipiell jeden sozialistischen Plattenbau schöner als ein historisches Gebäude. Nur einmal murrte er über die neue Architektur. Das langgestreckte Wohnhaus an der Reichsstraße zierten schwarze und gelbe Platten, die ein besonderes Ornament in der Fassade ergaben. Zur Abnahme knurrte Fröhlich: »Schwarz ist keine optimistische Farbe für eine sozialistische Großstadt!« Gerüste wurden wieder aufgestellt und die dunklen Platten weiß zugespritzt. Fröhlichs Welt war wieder hell und heil.

Manchmal versuchten in jenen Jahren Mitarbeiter aus dem Büro des Chefarchitekten noch etwas zu retten. Professor Dr. Horst Siegel, ehemals Stadtarchitekt, sagt in dem Buch »Die Zerstörung«: »Ich kam in einer Zeit, als die Abbruchkugel die Leipziger Stadtplanung bestimmte. Bezogen auf diesen Plan habe ich es geschafft, daß man nur noch drei Häuser abgerissen hat. Nicht mehr halten konnte ich das Union-Messehaus, die Ruine vom Gewandhaus und – was ich sehr bedauere – Deutrichs Hof. Alles andere ist mir gelungen zu erhalten, vor allem den Bereich um die Nikolaistraße ...« Auch für die Nikolaistraße gab es Überlegungen zum Abriß. Die Gegner solcher Pläne argumentierten vor allem mit den dann fehlenden Gewerberäumen. Der Abbruchplan nennt selbst Gebäude wie Barthels Hof am Markt und das Fregehaus in der Katharinenstraße. Siegel: »Das heißt, in Leipzig war ein sehr großes Abbruchkonzept beschlossen, mit dem Hintergedanken: Es muß alles groß, weit, hell und luftig werden.

Man muß aber fairerweise sagen: In der Bundesrepublik sind in den fünfziger und sechziger Jahren noch mehr Flächen abgebrochen worden als in dieser Konzeption. Das heißt, auch international gab es den Trend: »Weg mit dem Alten, wir machen das Neue.«

Ein Segen für Leipzig, daß noch genügend Altes übrig blieb!

Im Vorwort zum ersten Stadtführer, der nach dem Krieg in Leipzig erschienen ist, hat Oberbürgermeister Dr. Erich Zeigner geschrieben: »... von dem aus, was wir gerettet haben, müssen wir die Neugestaltung unseres gesamten kulturellen Lebens vornehmen ... Sorgen wir dafür, daß wir diesen Besitz ganz erfassen und ihn uns und unserem Volk nutzbar gestalten.«

Zeigner starb 1949. Universitätskirche, Universität, historische Gebäude ... seine Nachfolger haben Unwiederbringliches in unserer Stadt im Frieden zerstört.

Die unerwünschte Anstalt

Neben der ehrwürdigen Universitätskirche mißfiel unserem Staatsratsvorsitzenden auf dem Karl-Marx-Platz eine weitere Einrichtung. Geradezu unwürdig fand er das: gegenüber der Post hatte die Stadt für die dringendsten Bedürfnisse der Bevölkerung eine unterirdische Toilette geschaffen. Darüber war eine Wartehalle mit Zeitungskiosk und Blumenladen entstanden. Diesen Raum schätzten die Leipziger, wenn sie bei Wind und Wetter auf die Straßenbahn warten mußten.

Der erste Mann des Staates wollte aber nicht, daß unter dem Platz, der nach dem Erfinder des Marxismus benannt worden war, die sozialistischen Bürger sich das Wasser abschlugen. Das war für sein Verständnis reine Blasphemie.

»Die Doilädde muß wägg, ja?!« So oder so ähnlich wird er sich wohl ausgedrückt haben; und ob man wollte oder nicht – sein Wille mußte geschehen.

Nun gab es von einigen Genossen tatsächlich Proteste gegen diese Aktion: »Woanders gibt es keine Toiletten, und hier wird ein geschaffener Wert vernichtet!«

Ein ehemaliger Journalistikstudent erzählte mir: »Wir hatten kein Problem damit, daß die Kirche gesprengt wurde, und waren gegen die Demonstranten. Zudem hatte man uns gesagt, daß die Kirche Bombenschäden hätte. Obwohl ich mir das im Verhältnis heute nicht mehr vorstellen kann – für die Erhaltung der unterirdischen Toilette schrieben wir tatsächlich an Ulbricht, Fröhlich und den LVZ-Chef Werner Kessel. Es gab Aussprachen in der SED-Kreisleitung. Studenten unserer Fakultät hatten seinerzeit am Karl-Marx-Platz mit ausgeschachtet und kämpften um die ›Bingklbuhde‹, aber es nützte alles nichts, eines Tages war das Ding wie ein Spuk verschwunden.«

Eine kleine Grünanlage überdeckte den Ort des Anstoßes. Allerdings blieb die unterirdische Anlage erhalten und wurde nach Ulbrichts Tod in aller Stille wieder zum Leben erweckt.

Als ich dem ehemaligen Journalistikstudenten sagte, daß ich in jenen Tagen gegen die Sprengung der Kirche demonstriert hatte, lächelte er verlegen, reichte mir dann, einer inneren Eingebung folgend, die Hand und meinte: »Na, vertragen wir uns wieder.«

Ich habe seine Hand angenommen. Er ist schließlich schon genug gestraft, muß er sich doch als ehemaliger Genosse bei der Springer-Presse sein Brot verdienen ...

Übermut

Ja, auch ich wurde von ihm erfaßt! Von jenem jugendlichen Übermut, der einen überfällt wie ein Dieb in der Nacht, der nur dem Gaudi in einer bestimmten Situation geschuldet ist, und während man ihm nachgibt, verschwendet man keinen Gedanken an irgendwelche Folgen.

Mit meinem Freund Pepe und – wie ich dem Kalender jenes Jahres entnahm – einem Eberhard kam ich nach dem Besuch von »Corso«, »Kalinin« und »Erdener Treppchen« auf die Idee, jetzt wäre doch die richtige Zeit, um noch in die Oper zu gehen! In das Berliner Gastspiel von »Don Giovanni«. Selbstverständlich so, wie wir gerade angezogen waren – mit Pullover und Jeans.

Und selbstverständlich ohne zu bezahlen!

Die Einlaßdamen, so meinten wir, müßten wir bloß in hochstaplerischer Weise beschwatzen. Meine beiden Trinkkumpane waren von der Idee sehr angetan. Wir steuerten also in heiterer Stimmung die Oper an und erzählten den Einlaßdamen im Berliner Dialekt – dachten wir doch, daß der sich für so ein Vorhaben besonders eigne, wir seien Studenten der Theaterhochschule und müßten theatersoziologische Studien betreiben.

Allet klar, wa!?

Nun, so berichteten wir den aufmerksam zuhörenden netten Mitarbeiterinnen, würden wir zwar die Inszenierung kennen, wie sie in Berlin auf die Bühne gestellt wurde, aber uns interessiere, wie das Ganze auf Leipziger Verhältnisse zugeschnitten, wie es »inszenatorisch« bei diesem Bühnenraum gelöst worden wäre. Und so weiter und so fort. Resümee: die Damen, die zunächst noch Spuren von Mißtrauen zeigten, waren mehr und mehr von uns beeindruckt. Da die Vorstellung schon begonnen hatte, so entschuldigten sie sich, könnten sie jetzt nicht die Türen ins Parkett öffnen, wären aber bereit, uns sogleich im Rang auf drei Plätze zu schleusen.

Als nach dem ersten Akt das Licht im festlichen Opernhaus erstrahlte, sahen uns die Besucher in unserem unfestlichen Aufzug mißbilligend an. Wenn man uns so reingelassen habe, war in den Gesichtern zu lesen, müßten wir ganz besondere Typen sein. Vermutlich Ausländer. Oder Leute vom Fernsehen.

Zur Pause liefen wir auf dem Gang auf und ab, ergingen uns lauthals in Bemerkungen über theatersoziologische Fragen und diskutierten die Inszenierung an sich.

»Schon Meyerhold sagte in seiner Rede im Jahre 1920 über die italienische Oper ...«

»Mozart und Wien – ich habe da bei Adorno einen Aufsatz gefunden, wo er ganz präzise darstellt ...«

»Die haben die Inszenierung auf die Leipziger Bühnenverhältnisse kongenial übertragen.«

»Aber der Leuchter im zweiten Akt stand wieder viel zu weit links!«

»Das haut ja das ganze Bild kaputt!«

Einige Leute schienen von unserem Wissen beeindruckt.

Das Dumme war, daß keiner von uns überhaupt das geringste Interesse an Oper hatte, und mit dem letzten Pausenklingeln verschwanden wir schnell wieder aus dem Opernhaus.

❖

Oder eine Geschichte, die ich mit meinem Freund Lutz Glaser in Budapest erlebte. Wir zechten in einem Weinlokal auf dem Gellertberg, aßen die wohlschmeckenden Fettbemmen mit Paprika und steckten uns jeder den folkloristisch bemalten Teller, auf dem wir sie serviert bekamen, unters Hemd (»Der war doch im Preis drin!«).

Beim Abstieg kletterten wir auf den Sockel des Bischofdenkmals, hielten uns an den bronzenen Falten seines Gewandes fest und umrundeten den heiligen Mann, uns bot sich ein toller Blick auf die nächtliche Stadt.

Aber damit war unser Pegel an Ausgelassenheit noch nicht erreicht. Auf der Elisabethbrücke fiel mir ein, daß ich in der Schule seinerzeit im Klettern an der Stange immer recht gut war. Also ran an die starren Metallseile und hoch, so weit die Kraft reichte. Als ich dann von oben auf die schwarze, aber da und dort silbrig glitzernde Donau sah, wurde mir doch etwas blümerant, und ich sorgte lieber wieder für festen Boden unter meinen Füßen.

Den Heimweg auf einer langen schnurgeraden Straße gestalteten wir dann recht effektiv, indem wir ein herumstehendes dreirädriges Gefährt kaperten. Der Besitzer nutzte es zum Transport von Sand, der sich in einem Holzkasten über den Hinterrädern befand. Ich mußte tüchtig in die Pedale treten, derweil sich mein Freund räkelte wie am Strand der Ostsee.

❖

Oder zur Herbstmesse 1968 auf dem Sachsenplatz. In ausgelassener Stimmung kamen wir aus einer Innenstadtkneipe. Wir waren eine Truppe von vier, fünf Leuten. Meine Freundin Stefanie und Siegfried Hillert waren dabei. Irgend jemand hatte ein kleines Transistorradio in der Hand, das hielten wir Vorbeikommenden wie ein Mikro hin. Wir imitierten einen bayrischen Tonfall und fragten die Leute Verschiedenes zu Leipzig. Kurioserweise erzählten fast alle Passanten munter drauflos. Als wir jedoch wissen wollten, was sie zur Sprengung der Unikirche sagten, war es mit der Redseligkeit vorbei, und sie gingen ihrer Wege.

An jenem Abend hatten wir großes Glück. Dieser jugendliche Übermut, von Alkohol und Heiterkeit inspiriert, hätte vor einem Stasi-Schreibtisch enden können.

Aber auch das gab es im Alltag einer Diktatur: daß jegliche Vernunft abgeschaltet war, ja, daß wir die Diktatur für eine Zeit einfach vergessen hatten ...

Zeit für Lyrik

Wenn in den sechziger Jahren eine sowjetische Vorliebe auch uns erfaßt hat, so war es die Begeisterung für Gedichte, zumal unter der studentischen Jugend. Ständig gab es irgendwo Lyrik-Lesungen. Jewgenij Jewtuschenko trug in Moskau vor Tausenden seine Gedichte vor, der kritische Liedermacher Wladimir Wyssotzki und der Dichter Bulat Okudshawa wurden genauso verehrt wie Anna Achmatowa oder Ossip Mandelstam. Die jungen Leute fanden in der Lyrik ihr Lebensgefühl widergespiegelt.

Auch die DDR wurde regelrecht von einer Lyrikwelle erfaßt. Die Resultate waren von unterschiedlicher Qualität, viel Plakatives, aber auch viel wirkliche Poesie. Im Verlag Neues Leben erschien monatlich ein Heft mit dem schönen Namen »Poesiealbum«, in dem moderne deutsche und ausländische Lyrik vorgestellt wurde. Herausgeber war Bernd Jentzsch, später Richard Pietraß.

Die Kulturpolitiker in der DDR versuchten allerdings, gar zuviel Initiative zu kanalisieren, und wandelten den spontan entstandenen »Hootenanny-Club« in Berlin, an dessen Namen Perry Friedman eine Aktie hatte, in den »Oktoberclub« um. Damit startete die von oben gelenkte FDJ-Singebewegung; bekannt geworden ist vor allem das unsägliche Lied vom Leipziger Journalistikstudenten Hartmut König.

»Sag mir, wo du stehst!«

Und das wollte die Partei möglichst genau wissen.

Eine Veranstaltung von Rang in jenen Tagen war »Jazz, Lyrik, Prosa« mit Manfred Krug, Eberhard Esche, Gerd E. Schäfer. Heute würde man so etwas »Kult« nennen. Krugs »Die Kuh im Propeller« kannte damals fast die ganze Republik, und Formulierungen aus dem Gedicht gehörten über

Jahre zum Sprachgebrauch von DDR-Bürgern. Genauso erfolgreich trug Esche »Der Hase im Rausch« vor. Ähnliche Veranstaltungen schossen nun überall wie Pilze aus dem Boden.

Im »club 80b« der Leipziger Gastronomie-Fachschule wirkte ich an so einem Abend mit. Ich besitze noch den Schnellhefter, auf den wir an jenem 14. Oktober 1966 die Programmfolge schrieben, ein paar Minuten, bevor wir anfingen: unsere Namen, und wenn von der Band gejazzt wurde, steht da noch das alte deutsche Wort »Kapelle«. Der Club wurde irgendwann geschlossen, aber es gab eine Alternative: das »studio g« im »Gutenberg-Keller«. Dort wurde ebenfalls gejazzt, heiß getanzt, und dort hörte ich zum ersten Mal die frechen Lieder von Kurt Demmler, einem Medizinstudenten aus Klingenthal, der zur Gitarre sang, zum Beispiel sein damals beliebtes Lied von der »Brunst in der Straßenbahn«. In den siebziger Jahren schrieb Demmler vor allem viele schöne Texte für Veronika Fischer.

Auch ich hatte mich in den Reigen »dichtender« junger Menschen eingereiht und gehörte in jener Zeit einem Lyrik-Zirkel an, der von Manfred K. geleitet wurde. K. war alles andere als ein Lyriker, zwei Bücher von ihm mit den spröden Titeln »Kautschuk« und »Gummi« waren im Land einigermaßen bekannt. Vom Versmaß verstand er wenig. Durch ihn hatte die Partei aber die jungen Dichter der Stadt im Visier, er verfaßte fleißig Berichte für die Staatssicherheit. K. gehörte zu jenen Schriftstellern, die mitunter mehr Manuskripte für die »Firma« als für ihren Ruhm schrieben.

Zum Zirkel kam einer, der heute zu den bedeutendsten und preisgekrönten deutschen Autoren zählt: Wolfgang Hilbig. Einer, der seinen Weg unbeirrt ging, er ließ sich weder korrumpieren noch irgendwie vereinnahmen. Ein stiller, sehr wortkarger Mensch damals, ernst, im besten Sinne wie ein Proletarier wirkend, und er arbeitete tatsächlich auch als Heizer. Ein Angehöriger der Arbeiterklasse; das hätte ihm normalerweise alle Türen in diesem Land öffnen müssen – wenn er mitgemacht hätte!

»Der traut sich was!« dachte ich damals, als er im Zirkel einen Text über Deutschland vorlas. Wir schrieben alle mehr oder weniger über das Leben in der DDR, die Natur und sonst was, und der Hilbig dachte über Deutschland nach ... das es ja schon seit zwanzig Jahren nicht mehr gab! Und das es auch so nie wieder geben würde ... dachten wir.

Wolfgang Hilbig war, wie es Fritz-Jochen Kopka formulierte, »das Sorgenkind des Zirkels, ein ausgesprochener Individualist, der völlig ungeschützt seine Gedichte schrieb und vorlas«.

ihr habt mir ein haus gebaut
laßt mich ein andres anfangen.
ihr habt mir sessel aufgestellt
setzt puppen in eure sessel.

ihr habt mir geld aufgespart
lieber stehl ich.
ihr habt mir einen weg gebahnt
ich schlag mich
durchs gestrüpp seitlich des wegs.

sagtet ihr man soll allein gehen
würd ich gehen
mit euch.

Was sollte die DDR mit so einem widerspenstigen schreibenden Arbeiter anfangen?

Ich habe mit Wolfgang Hilbig über jene Zeit gesprochen, habe ihn gefragt, ob er sich im Zirkel allein gelassen fühlte.

»Allein gelassen ...? Nein, nicht direkt. Ich kam aus einer Kleinstadt, aus einem Industrienest, und für mich war das eigentlich was Tolles, zu diesem Zirkel fahren zu können. Ich war wohl auch gar nicht so auf Anerkennung angewiesen. Außerdem hatte ich Bestätigung im Zirkel durch Leute wie Gert Neumann und Siegmar Faust. Vorher war ich in Altenburg im Zirkel schreibender Eisenbahner gewesen. Da gab es gar niemand, der schrieb, das waren nur Hausfrauen, die über Literatur quatschten. Ich war der einzige, der schrieb, und der einzige, der arbeitete. Von dort kam ich dann zum Zirkel nach Leipzig.«

»Du wurdest quasi delegiert ...«

»Na ja, das war eine Strafdelegierung. Es war ja in der DDR so, daß man eine Chance erhielt, und da kam man in einen Zirkel, wo die wußten, da wird besser auf mich aufgepaßt.«

»Wann hast du angefangen zu schreiben?«

»Als Kind schon. Ich hab richtige Serienhefte geschrieben mit einem Freund zusammen. Mit so einer Figur wie Billy Jenkins. Diese Geschichten gingen in der Schule reihum. Es gab andauernde Nachfrage. Mein Freund beschränkte sich aber bald auf die Zeichnung der Titelbilder, und ich habe die Abenteuer geschrieben. Diese Hefte lasen teilweise sogar die Lehrer.«

»Gedichte hast du damals noch nicht geschrieben ...«

»Nein, das kam viel später.«

»Dann warst du also irgendwann Heizer. Nun heizt man ja nicht unentwegt ...«

»Nein, die Hälfte der Arbeitszeit hast du eigentlich frei, nur eine Überwachungsfunktion. Ich konnte also lesen und schreiben. Außerdem durfte mein Kesselhaus niemand betreten, das war ein Taburaum ...«

»Die staubigste Nische der DDR.«

»Da drin war ich sicher.«

»Ich entsinne mich, daß du damals in den Sechzigern im Zirkel ein Gedicht vorgelesen hast, das uns alle verblüfft hat, wir waren sprachlos. In einer Zeit, in der die Bundesrepublik und die DDR existierten, hast du plötzlich ein provokantes Gedicht über Deutschland geschrieben ...«

»Ja, ich kann dir nicht mehr sagen, wie das damals gekommen ist ...«

Der Zirkelleiter K. bzw. IM Frank berichtete am 27. April 1968 einem Stasi-Mitarbeiter, wie der Zirkel am 23. April verlaufen war. Und der packte es dann in Prosa:

»Hilbig las vier Naturgedichte vor, die außerordentlich gut waren. Danach las er sein ›Deutschland‹-Gedicht vor. Frank sagte nach der Lesung des letzten Gedichtes: ›Ich schlage vor, über die vier Naturgedichte zu diskutieren – über das ›Deutschland‹-Gedicht aber nicht. Hilbig ist bei uns aufgewachsen, hat unsere Schule besucht, ist bei uns in der Republik erzogen worden. Er soll zu seinem ›Deutschland‹-Gedicht Stellung nehmen. Wir lehnen es ab, über dieses Gedicht zu diskutieren.‹ In seiner Stellungnahme zu dem ›Deutschland‹-Gedicht stammelte Hilbig, daß er ein Gedicht so verstünde, daß es provozieren soll.«

Einige im Zirkel, so erinnere ich mich, zumeist Mitglieder der SED, wandten sich gegen solcherlei Provokationen. Ich weiß nur, daß ich mich nicht an der anschließenden Diskussion beteiligte, als einige über Hilbig herfielen und von ihm »eine persönlich-konkrete Stellungnahme« forderten.

»H. war außerstande, dieser Forderung nachzukommen. Er zitterte am ganzen Leibe und sagte, daß er heute nicht zu seinem Gedicht und zu der hier geäußerten Position ›ein Gedicht müsse provozieren‹ Stellung nehmen kann.«

Nun forderten manche Zirkelteilnehmer das für den nächsten Abend, zwei Wochen darauf: »1. – über das Gedicht und 2. – warum er das Gedicht vorgelesen hat.«

So funktionierte der gewöhnliche Spätstalinismus in einem Leipziger Literaturzirkel. Ich selbst hätte mich nie getraut, systemkritische Texte in diesem Kreis vorzulesen, die zeigte ich nur Freunden. Nach Ende der Zirkelstunde sagte Wolfgang Hilbig zu K. laut Bericht: »... Ich bin nur froh darüber, daß ihr mich nicht rausschmeißt, ich bin überall rausgeflogen.«

Auch das war für jene Zeiten typisch, es stellte sich noch eine Art Dankbarkeit ein, wenn es nicht gleich zum Schlimmsten kam. Und wie sah der Dichter K. das Werk?

»Zum Gedicht gibt Frank folgende Einschätzung:
Grundhaltung: nihilistisch. Thema: ganz Deutschland [...] Die im Gedicht gezeigte Haltung ist nicht ausschließ-

lich ein Schlag gegen unsere Gesellschaft allein, sondern negiert grundsätzlich alles. Sowohl den Kommunismus als auch den Faschismus.«

Wolfgang Hilbig kommentiert diese Vorwürfe knapp vierzig Jahre später: »Die wollten eigentlich keine ›schreibenden‹, sondern ›lügende Arbeiter‹, denn die Arbeiter an der Basis, die sahen ja, was eigentlich in diesem Lande los war – an der Produktionsfront, die einem Chaos glich. Dies Land, und das haben Arbeiter schon lange vor 89 gesagt, war am Ende.«

Zum Zirkel gehörte auch Gerti Tetzner. Von ihr erschien später »Karen W.« – ein vielgelesenes und anerkanntes Buch.

Auch Fritz-Jochen Kopka hatte das Zeug zu einem echten Literaten, aber es genügte ihm, Texte für Barbara Thalheim zu schreiben. Ohne diese Texte hätte es meiner Meinung nach nie »die Thalheim« gegeben. 1968 entstand das folgende Gedicht von Kopka:

> der verwundete himmel
>
> die bäume haben ihr blattwerk satt:
> noch nie waren die straßen so gelb
> bedeckt
> wie im herbst
>
> »endlich frei«
> jubeln die bäume
> und glauben
> eine große musik in ihren ästen zu hören
>
> die aber sind
> wie wegweiser zum steinzeitalter
> und reisen starre wunden
> in den atmenden himmel

Ich tippte meine Gedichte auf einer uralten Continental-Schreibmaschine und entsinne mich noch der ewig blauen Finger beim Farbbandwechseln und Reinigen der Typen.

Es schmeichelte, als tatsächlich drei, vier Gedichte von mir in der NDL, der »Neuen Deutschen Literatur«, abgedruckt wurden. Das erste handelte vom »Stellvertreter«, jenem Stück von Hochhuth, das die Gemüter damals erhitzte. Welcher Schreiber möchte seine Arbeiten nicht gern schwarz auf weiß sehen? Es war für mich eine wichtige Bestätigung. Mancher der Texte zeigte besonders meine trotz aller Repressionen im Land grundlegend optimistische Lebenseinstellung, manchmal machte ich auch Nichtiges zum Thema. Vielfach spielten Impressionen aus Städten und die Natur eine Rolle.

bericht über die mittagsstunde
in einer großen stadt

ein falter
– verwandt mit dem regenbogen –
überfliegt eine kreuzung bei rot

Wir dichteten damals fast alle in modischer Kleinschreibung. Die Texte wurden bei mir zum Glück allmählich immer knapper, bis ich beim Aphorismus landete. Humoristisches, Satirisches lag mir mehr. Irgend jemand schenkte mir dann die »Unfrisierten Gedanken« des Polen Stanisław Jerzy Lec. Ich war fasziniert. Ein schmales Bändchen war in den Sechzigern, von Karl Dedecius übersetzt, im westdeutschen Hanser Verlag erschienen. Solch geistiger Sprengstoff hatte, obwohl der Autor in der befreundeten Volksrepublik Polen lebte, in der DDR keine Chance. Lec schrieb: »Sesam öffne dich – ich möchte hinaus.« Damit sprach er uns aus dem Herzen.

Oder: »Am Anfang war das Wort – am Ende die Phrase.« Die zelebrierte die Partei in unserem Land täglich.

»Den Blick in die Welt kann man mit einer Zeitung verstellen.« Lec teilte unsere Erfahrungen, er war uns ein Bruder im Geist. Es wurde in jenen Jahren in der DDR viel und in sehr unterschiedlicher Qualität gedichtet. Nicht alles hatte Bestand. In meiner Heimatstadt Leipzig spricht man heute neben anderen noch von Andreas Reimann, dem dritten dichtenden und zeichnenden Reimann nach Großvater Hans und Vater Peter. Drei Vertreter dreier Generationen mit starkem satirischem Einschlag. Scheinbar vererbt sich so etwas auch. 1968 schrieb Andreas Reimann das Gedicht

> Haussuchung
>
> Sie suchen und suchen: es.
> Sie suchen es über den türen,
> sie suchen es in den schränken,
> sie suchen es in den kartons.
>
> Sie suchen es hinter den büchern,
> sie suchen es zwischen den büchern,
> sie suchen es unter den laken,
> dem bett und im ofen gar.
>
> Im spülkasten suchen sie es,
> und suchens im klo.
>
> Ich würde es ihnen ja geben,
> wenn ich es hätte.
> Aber ich hab es nicht.
>
> Sie suchen wohl was, das sie brauchen,
> um zu beweisen, daß man sie braucht ...

Im 68er Jahr wurde der vom Aufbau-Verlag geplante Band »Saison für Lyrik« verboten. Es war keine gute »Saison« für so manches Gedicht.

Nach zwei Hausdurchsuchungen kam Andreas Reimann für zwei Jahre ins Gefängnis.

Die Motorboot-Lesung

Irgendwann im Sommer 1968 traf ich Siegmar Faust in der Stadt, den ich aus unserem Literaturzirkel kannte. Er zeigte sehr temperamentvoll seine Opposition gegenüber der DDR; für mich war er die Verkörperung des Anarchisten an sich, ohne daß ich damals so richtig gewußt hätte, was das war.

Faust, von der Universität und dem Institut für Literatur exmatrikuliert, arbeitete damals als Schiffsführer auf dem Stausee in Knauthain. Hieß die Schaluppe, die er steuerte nicht sogar »Weltfrieden«?

Es war nichts Außergewöhnliches, daß in der DDR schlichte Dinge große Namen erhielten.

Als Siegmar Faust mir von seiner neuen Arbeit erzählte, sagte ich spontan zu ihm: »Mensch, da könnten wir doch auf dem Boot mal eine Lesung machen.«

»Daran hab ich auch schon gedacht.«

Es ist mir heute ein Rätsel, wie er das organisiert hat. Kein Mensch von uns hatte ein Telefon. Vermutlich liefen alle Informationen mündlich über das »Corso«.

So trafen wir uns also in jenem politisch brisanten, heißen Sommer '68 am See. Ich kam mit meiner Freundin Stefanie, mit Christel Bärsch und Siegfried Hillert.

Kurze Zeit, nachdem wir abgelegt hatten, gab es vom Ufer Blinkzeichen mit Taschenlampen. Mich überkam ein eigenartiges Gefühl, weil ich annahm, Polizei oder Stasi forderten uns auf, zurückzukommen. Die anderen dachten ähnlich, und wir berieten kurz, was wir tun sollten, entschieden uns dann aber doch, das Ufer anzusteuern. Zum Glück handelte es sich bei den Blinkenden nur um Gleichgesinnte, die sich verspätet hatten.

Es versammelten sich etwa 30 Bürgerinnen und Bürger

der DDR ohne polizeiliche Genehmigung außerhalb der Fahrzeiten an Bord der »Weltfrieden«. Das war ein Verstoß gegen das Gesetz und eine hübsche Bestrafung wert. Erst recht, wenn man bedenkt, was wir auf diesem Schiff trieben.

Wolfgang Hilbig las wohl an diesem Abend erstmals unzensiert vor einem größeren Kreis. Hier forderte keiner eine »Stellungnahme«, wieso er als junger Mensch so kritisch über die DDR dachte und schrieb.

Siegmar Faust las aus dem Entwurf eines von ihm erarbeiteten Manifests, danach Passagen aus dem Programm der Kommunistischen Partei der ČSSR. Es ging darin vor allem um die neue Kulturpolitik. Sie war von jener Liberalisierung geprägt, die wir uns alle erhofften.

Andreas Reimann sah sich mit einer Freundin Bilder von der Sprengung der Universitätskirche an. Wenn diese junge Frau durch das »Corso« ging, folgten ihr die Blicke aller Männer. Sie hatte den kürzesten Rock, die schönsten Beine und den schwungvollsten Gang. Die Bilder machten die Runde, Bestellungen wurden vereinbart. Auch Gert Neumann, später ein geschätzter Schriftsteller, war mit auf dem Boot.

Ein guter Bekannter, von dem gesagt wurde, er wäre als IM Kretschmann geführt worden, beschwerte sich bei mir 1999, es würden böse Gerüchte über ihn verbreitet. Er wolle jetzt wegen solcher Verleumdungen an die Öffentlichkeit gehen. Es würde erzählt, er hätte zum Beispiel über jene Lesung auf dem Schiff einen Bericht geschrieben. Wie sollte er aber einen Bericht geschrieben haben, wo er doch an diesem Abend gar nicht dabeigewesen war!

Er war tatsächlich nicht an Bord der »Weltfrieden« gewesen, aber: »Am 26. Juni 1968 fand auf dem Stausee eine Riverboatlyriklesung statt ... Alles, was ich über die Veranstaltung sagen kann, bezieht sich auf Hörensagen, da ich ja selbst nicht teilnehmen konnte.« In dem Spitzelbericht heißt es weiter: »Zu Beginn der Veranstaltung hielt Faust eine Einleitungsansprache, die Auszüge aus tschechischen

Aktionsprogrammen enthielt. Faust wies weiter darauf hin, daß auf dem Schiff Bilder der eben abgerissenen Universitätskirche käuflich zu erwerben seien.«

Nun folgen ein paar Namen von Teilnehmern.

»Den größten Raum der Diskussion nahmen die Gedichte Wolfgang Hilbigs ein, die mir zum größten Teil bekannt sind. Die zahlreichen Gedichte Hilbigs haben fast durchgehend den gleichen Inhalt: das nicht Zurechtkommen in dieser Gesellschaft, das sich Ausgestoßenfühlen. Daraus resultieren dann verallgemeinerte Angriffe gegen diesen Staat, seine Gesellschaftsordnung und seine Menschen. Die Gedichte sind meist didaktisch nicht einwandfrei und entspringen rein persönlichen Stimmungen, die wiederum aus seiner täglichen Umwelt und seinem Charakter resultieren. Hilbig ist ein notorischer Nörgler. Er greift an, meckert, dann zieht er sich zurück, ihm geht jede Aktivität, von ihm als schlecht erkannte Zustände positiv zu verändern, ab.«

Der »notorische Nörgler« Hilbig, der dann in den siebziger Jahren in Untersuchungshaft kam, erhielt 2001 die höchste deutsche Literaturauszeichnung, den Georg-Büchner-Preis. Nach erfolglosen Versuchen, seine Texte zu veröffentlichen, schrieb er 1968 an die DDR-Literaturzeitschrift »Neue Deutsche Literatur« einen Brief, in dem es heißt: »Darf ich Sie bitten, in einer Ihrer nächsten Nummern folgende Annonce zu bringen:

Welcher deutschsprachige Verlag veröffentlicht meine Gedichte? Nur ernstgemeinte Zuschriften an W. Hilbig, 7404 Meuselwitz, Breitscheidstr. 19b.

Ich bitte, nach Abdruck der Anzeige mir die Rechnung zuzuschicken.«

Es war ein langer Weg bis zu seiner Anerkennung, zu den Preisen, ein langer Weg, bis Hilbig – im Feuilleton hochgelobt – der »apokalyptische Heizer von Meuselwitz« genannt wurde.

Siegmar Faust kannte IM Kretschmann seit 1966. Sie hatten damals beide an der Karl-Marx-Universität studiert.

Dort organisierte Faust eine Lesung unter dem Titel »Unzensierte Lyrik«. Zweifellos kein strategisch kluger Titel für eine Literatur-Veranstaltung in der DDR ... IM Kretschmann war damals dabei: »Faust ist ein ungemein begeisterungsfähiger Mensch, der die Ausmaße seines Tuns nicht immer überschaut oder überschauen will. Als er im Juni 66 die ›Unzensierte Lyrik‹ organisierte, hätte er wissen müssen, daß der Titel – so stehenbleibend – lexikologisch einwandfrei politischen Charakter trägt. Er ist auch mehrfach darauf hingewiesen worden, setzte aber seine Meinung durch, die dem Begriff ›unzensiert‹ den einfachen und banalen Charakter des ›ungelesenen, noch nicht vorgelegten‹ gab. Seine festgesetzte Idee und der Reiz des Wortes ›unzensiert‹ gaben ihm nicht die Möglichkeit, die Tragweite des Wortes ›unzensiert‹ umgangssprachlich in die Realität einzuschätzen.

Wenn Faust jetzt von tschechischen Ideen trächtig ist, ist das ebenfalls auf seine blinde Begeisterungsfähigkeit, sein Nicht-Überschauen der tatsächlichen Situation und deren politische Hintergründe und Folgen zurückzuführen ... Ihm fehlt die ehrliche Auseinandersetzung mit den Dingen, die in seiner politischen und menschlichen Umwelt geschehen, die Mißerfolge mit seiner Umwelt (u.a. zwei Exmatrikulationen) sind einerseits Zeichen für seine nicht ehrliche Auseinandersetzung, für seine Trugschlüsse, andererseits aber auch Grund dafür, daß er sich jetzt in ein Bohemien-Leben hineinarbeitet und eine Art L'art pour l'art Theorie aufstellt ...«

Am 23. Juli 1968 saß Manfred K. mit Siegmar Faust im Hotel Hochstein am Bayrischen Bahnhof. Das war natürlich auch längst volkseigen, hieß aber noch so, weil hier einmal Karl Marx übernachtet hatte. Zu Marxens Zeiten kamen tatsächlich noch Züge aus Bayern an. Und es fuhren vor allem auch welche dorthin!

K. saß wieder einmal zweifach am Tisch. Zum einen sprach er mit Faust als Manfred K., zum anderen merkte er sich faustsche Sätze als IM Frank und schrieb sie später auf:

»›... ich schreibe nicht, weil ich Geld verdienen will, mir

geht es darum, das auszusprechen, was viele junge Menschen bei uns unheimlich bedrückt, nämlich die ganze Unfreiheit, die hier herrscht und auch in der SU – keiner kann sagen, was er wirklich denkt – er wird sofort totgeredet oder unter Druck gesetzt, wenn er es dennoch tut. Ihr könnt mich ruhig anzeigen – das ist mir ganz egal!‹ (Das meinte er auch in Hinblick auf seine Gedichte) Seine Ausführungen zum Motorboot-Kreis: ›... Wir wollen junge Menschen ganz unter uns sein, uns soll nicht andauernd jemand hineinreden. Wir wollen provozieren!‹ (Der Begriff – provozieren – kann auch im Sinne des Gedichtsbandes von Volker Braun, ›Provokation für mich‹ gemeint sein. ›Provokation‹ ist dadurch ein neuer literarischer Begriff geworden. F. kann sich in dieser Sache bei der Befragung auf diese Begriffsbestimmung zurückziehen.)«

Also, Vorsicht, Genossen, laßt euch nicht in die Irre führen! Am 29. Juli 1968 traf sich IM Frank mit seinem Stasi-Genossen Reinhardt in der »KW Adria« zur Berichterstattung. Nun sage einer, die Stasi hätte nicht auch Sinn für Poesie gehabt! Wo wird diese konspirative Wohnung gewesen sein ...? Adria ... war irgendwo Wasser in der Nähe? Vielleicht in den Neubauten gegenüber dem Schwanenteich?

»Frank berichtete:

Faust, ein Zirkelmitglied des Zirkels von Frank und ehemaliger Student des Lit. Inst. (exmatrikuliert), las in Franks Zirkel provokatorische Gedichte vor. (Über den Ablauf des Zirkelabends liegt bereits ein Bericht vor.)

Mit Faust vereinbarte Frank, daß er ihm etwa zehn weitere Gedichte zusendet und daß einige Tage nach der Zusendung ein Gespräch über die eingereichten Gedichte zwischen Frank und Faust stattfindet.

Die von Faust eingesandten Gedichte übergab uns Frank zur Einsicht.«

Die Lyrikfreunde der Staatssicherheit hatten bestimmt ihre Freude an den Texten. IM Frank hatte Faust ein Gespräch unter vier Augen versprochen, lud aber ohne dessen

Wissen noch einen Lektor des List-Verlages und ein Mitglied des Zirkels, einen Griechen, dazu ein.

»Gegen 18.00 h. kam Faust und seine Ehefrau in die Gaststätte Hochstein. Faust war zunächst sehr unsicher. Die Frau sprach anfangs kein Wort ...

Das Gespräch, das die Tischrunde führte, drehte sich vorerst um Studienangelegenheiten. (Institut für Literatur und Universität) In diesem Zusammenhang ließ sich Faust auf Beschimpfungen gegen die DDR ein, indem er sagte, daß hier eine verantwortungslose Kulturpolitik geführt werde, die unsinnig sei. Des weiteren ließ er sich allgemein gegen die Politik der DDR aus. Er sprach in diesem Zusammenhang von ›bespitzelten Aussprachen‹, denen er ausgesetzt sei.«

Damit hatte er quasi den Nagel auf den Kopf getroffen ...

Faust wollte »... eine Gruppe von Autoren und interessierten Literaturkennern bilden, die sich regelmäßig treffen und auch ein Statut haben sollten. Er sei jetzt zur Zeit dabei, ein Manifest zu erarbeiten, das er veröffentlichen wolle. Das Manifest wolle er an alle möglichen Institutionen schicken und auch in der Öffentlichkeit bekanntmachen. Jeder könne an der Arbeit der Gruppe teilnehmen. Die Öffentlichkeit könne auch die Arbeit der Gruppe kontrollieren. Dabei wies er auch auf den Ausbau der Möglichkeiten hin, auf seinem Motorboot weitere Lesungen zu veranstalten.« Siegmar Faust beschreibt in seinem 1999 erschienenen Roman »Der Provokateur«, wie er nach der Bootsparty vom Staatssicherheitsdienst observiert wurde: »Jedes Einkaufen, jedes Händeschütteln, jedes Lichtein- und -ausschalten, jede Straßenbahnstrecke, jedes Bei-Rot-über-die-Ampel-Gehen, jedes betretene Schweigen, jedes tönerne Denken, fast alles wurde registriert und notiert und der Nachwelt erhalten.«

Siegmar Faust wurde 1971 verhaftet. Er kam für 17 Monate in Stasiuntersuchungshaft, dann noch 16 Monate in den Strafvollzug, ehe er in den Westen ausreisen durfte.

Als ich damals nach der Lesung auf der »Weltfrieden« wieder festen Boden unter den Füßen hatte, war ich doch sehr froh, daß uns nicht einige unauffällige Herren in Empfang nahmen. Etwas mulmig war mir bei dieser Veranstaltung schon geworden. Ich hatte gemerkt, daß ich in einen Kreis geraten war, den die DDR-Tschekisten wohl als politisch hochgefährlich einschätzten.

Mit »meinen« Leuten ging ich danach in eine Kneipe, um ein Bier zu trinken. Dort kamen wir – ausgerechnet – mit drei Studenten der marxistischen Philosophie ins Gespräch und ins Debattieren. Sie schleppten uns nach Kneipenschluß mit in ihre Studentenbude, und wir diskutierten über das Leben in der DDR, brüllten uns bis gegen halb zwei vor allem wegen der Sprengung der Unikirche wechselseitig an. Die Unkenntnis jener jungen Leute, die zwar im gleichen Land lebten, war einmal mehr verblüffend für mich.

Was wird aus ihnen geworden sein? Welcher Arbeit werden sie nachgehen? Keiner? Weil sie ihr zwar nachgehen, aber keine finden? Ich glaube nicht, daß sie zu den Arbeitslosen zählen. Ich denke, sie werden – wie viele ihresgleichen – inzwischen als Geldanlageberater oder Versicherungsvertreter untergekommen sein.

Denn die Leute mit Worten überrollen – das konnten sie schon damals gut.

Damals in Prag

Daß man sich auf den ersten Blick in eine Stadt genauso wie in eine Frau verlieben kann, ist bekannt. Mir ging es in Prag so. Und ich bin dieser Stadt treu geblieben ... also gut, unter uns, ich hab sie zu DDR-Zeiten zwei, drei Mal mit Budapest und Kraków betrogen ... aber sonst ...

Wir sagten übrigens immer Krakau und nicht »Krakuff«. Offiziell war das unerwünscht; auch Karlsbad sollte nicht mehr Karlsbad heißen, obwohl es in der DDR Karlsbader Becherbitter und Karlsbader Oblaten zu kaufen gab. Im Leipziger Ring-Café fand ich einmal während der Messe auf der Speisekarte »Toastschnitte à la Karlovy Vary«.

»Klops à la Kaliningrad« hab ich dagegen nie entdeckt.

Die Königsberger Fleischbällchen sind den staatlichen Gastronomen die ganzen Jahre über durchgerutscht. Und es schien sich auch nie ein sowjetischer Genosse beschwert zu haben.

Mit einem Lehrer diskutierte ich in meiner Berufsschulzeit, daß wir doch auch nicht nach Warszawa oder Praha fahren würden, warum können wir also nicht nach Danzig oder Karlsbad reisen. Keine Chance. Es war eben in den Augen der Funktionäre ein Politikum und damit tabu.

1963 fuhr ich das erste Mal nach Prag und auch das erste Mal in meinem Leben ins Ausland. Mit meinem Freund Rudi. Zwei Gärtnergesellen von 19 Jahren waren wir.

Mit dem Deutschen Reisebüro ging es drei Tage in die goldene Stadt. Busfahrt ab Zwickau, Essen, Unterkunft, Stadtrundfahrt, Show in der »Alhambra«. Für 150 Mark!!!

Und wissen Sie, wo wir wohnten?

Im Hotel Ambassador am Wenzelsplatz!

Das ist der Nobelschuppen, vor dem heutzutage die großen bunten Busse mit WC und Kaffeebar halten und einen

Schwapp gleichartig modischer Touristen auf den Boulevard schütten.

Damals waren wir eben noch wer im Osten! *Wir* besuchten vor allem die Stadt an der Moldau. Die westliche Mode, östliche Städte zu bereisen, kam später auf.

In einer Bar am Wenzelsplatz lernten wir einen Jugoslawen kennen, der uns sofort einlud, mit ihm seinen Geburtstag zu feiern. Seitdem habe ich nie wieder einen Slibowitz angerührt!

Rudi litt, als wir auf dem Wenzelsplatz wieder frische Luft atmeten, auch sichtlich unter der alkoholischen Attacke des Balkanbewohners. Als wir in der Früh die Halle unseres Hotels betraten, wollte der livrierte Hotelangestellte uns zwei junge Schnösel tatsächlich mit dem Lift nach oben fahren. Mein bleicher Freund Rudi ließ es zum Glück gar nicht erst so weit kommen und winkte ab. So liefen wir nach oben, wo er es dann kommen ließ. Als ich endlich in meinem weißen Rokokobett lag, drehte sich vor meinen Augen ein Kristallüster in allen Spektralfarben dieser Welt.

Vier Jahre später war ich wieder in Prag. Als Student. Alle Kommilitonen meines Studienjahres nebst Dozenten fuhren in die Moldaustadt.

Irgend etwas mit dem Geldumtausch klappte nicht. Wir besaßen zu wenig Kronen. Ich hatte inzwischen mutig angefangen, Gedichte zu schreiben, und eins – über den Wenzelsplatz – an die Redaktion der Zeitschrift »Im Herzen Europas« geschickt. Die druckten aber nur Texte tschechischer und slowakischer Autoren. Die Redakteurin Lenka Reinerová schrieb mir in einem netten Brief, daß sie den Text an die »Prager Volkszeitung« gegeben habe, deren Redaktion sich am Wenzelsplatz befinde, und das würde mir vielleicht Glück bringen. Hat es. Über dreißig Jahre später lernte ich Lenka Reinerová auf der Leipziger Buchmesse kennen und konnte mich bedanken, daß ich durch ihre Vermittlung meine ersten Kronen verdient hatte. Und das freute sie noch nachträglich.

Die »Prager Volkszeitung« druckte zwei weitere Gedichte

von mir, und ich war gut raus, denn ich konnte mir in der Redaktion meine selbstverdienten Devisen abholen und meine Mitstudenten Doris und Pepe in der »Koruna« zu Sandwich und Bier einladen.

Auf einem Stadtrundgang entdeckten wir das legendäre Hotel Europa, das noch komplett (Gott sei Dank bis heute) im Jugendstil erhalten war. Den Namen erhielt das Haus mit der Übernahme durch die Kommunisten im Jahre 1948. Zu k. u. k. Zeiten ging man ins Hotel Erzherzog Stephan. »Nach dem Umsturz im Jahre 1918«, so schreibt Hartmut Binder in seinem Buch »Wo Kafka und seine Freunde zu Gast waren«, »galt jedoch ein solcher Name als verhaßtes Symbol österreichischer Fremdherrschaft, und das Unternehmen firmierte nach seinem damaligen Besitzer als Grand Hotel Šroubek.«

Große, in dunklen Farben gehaltene Bilder an den Wänden, Intarsien in den Holzpaneelen, marmorverkleidete Säulen, an denen noch die Lampen der Jahrhundertwende Licht spendeten. Eine geschwungene Treppe mit einer Plastik auf einem Sockel führte zur Galerie in den ersten Stock, wo damals noch – bevor der Raum für bundesdeutsche Touristen als Frühstücksraum reserviert wurde – echte Prager Typen sich den Abend vertrieben. Man saß dort in einer Art Kupee, in Nischen, die hölzerne Wände trennten, deren oberer Teil mit Bleiglas verziert war. Von den Tischen an der Brüstung konnte man in den Saal im Erdgeschoß blicken. Ein Panoptikum von Originalen hatte an den Tischen Platz genommen. Eine stark geschminkte ältere Frau, die an eine ehemalige Kokotte der k. u. k. Zeit erinnerte, ein Herr, der garantiert bessere Tage gesehen hatte, die goldne Uhrenkette an seiner Weste war dafür der letzte Beleg. Ein langmähniger, schlaksiger Mann, der äußerlich das Künstlerklischee bediente, spielte mit einem Glatzkopf Schach, ein Hündchen quirlte unter den Tischen herum. Es bewegten sich auffällige Damen durch das Lokal, die sich bei näherem Betrachten als Herren entpuppten. Irgend jemand erzählte uns, hier verkehre auch der alte Weiss, bei dem man, so man habe, mehr oder weniger konspirativ Devisen tauschen könne. Überall wurde geplaudert, getrunken und geraucht, und die Besucher ahnten im Jahre 1967 nicht, daß sie ihre fröhliche Heimstatt bald zugunsten harter Devisen aufgeben mußten.

Noch einmal Hartmut Binder: »In dem im Mezzanin gelegenen Spiegelsaal des Hauses hat Kafka am 4. Dezember 1912 seine Erzählung ›Das Urteil‹ einem auserlesenen Publikum zu Gehör gebracht. Es war das erste und einzige Mal, daß er eigne Werke öffentlich in seiner Heimatstadt vorgetragen hat. Eingeleitet wurde der Abend durch Willy Haas, den Intimus Franz Werfels und späteren Herausgeber der Berliner Zeitschrift ›Die literarische Welt‹. Er stellte Gedichte von Werfel und Otto Pick vor, der seinen Lebensunterhalt zunächst als Bankbeamter verdiente, aber 1921 Feuilleton-Redakteur der ›Prager Presse‹ wurde. Danach waren Max Brod und der blinde, mit Kafka ebenfalls befreundete Oskar Baum an der Reihe, während die Lesung des ›Urteils‹ Schluß und Höhepunkt des Ganzen bildete.«

Mit meinem Freund Pepe entdeckte ich schließlich auch das legendäre Café Slavia, das zweite aus der großen Prager Kaffeehaustradition, das den Kommunismus, der nie einer war, überstanden hat. Das andere ist das berühmte Café im Repräsentantenhaus, »Obecní dům« – ein regelrechter Kaffeehauspalast am Pulverturm.

Im »Slavia« des sozialistischen Prags trafen sich vor allem die Schriftsteller. Auch das war noch ein Stück Tradition. Vor dem Krieg saßen Rilke, Werfel und Krauss bei einem Pragbesuch gelegentlich nach dem Theater in diesem Café; Kisch soll Stammgast gewesen sein. Hier war das gesamte Interieur aus den zwanziger Jahren erhalten, das Mobiliar, die Lampen, selbst die marmorverkleidete Garderobe, an der die Mäntel mit einem Kleiderlift in den Keller transportiert wurden. Die Atmosphäre dieses Künstlertreffs erinnerte mich sofort an mein geliebtes »Corso« in Leipzig, nur daß hier der Blick über die Moldau zum Hradschin den Genuß des Müßiggangs verdoppelte. Eine Oase. Irgendwann schrieb ich über das

Café Slavia

Mein Wohnzimmer in Prag.
Wortwolken hüllen mich ein.
Das Saxophon plaudert mit dem Piano.
Männer applaudieren einer Frau mit den Augen.
Die Moldau vorm Fenster fließt ohne Plan.
Ein Kellner serviert den neuesten Witz.
Das Lachen ist unbezahlbar.

Prag begeisterte mich: das quirlige Leben am Wenzelsplatz, die monumentalen Jugendstilbauten, das Gassengewirr der Altstadt ... der uralte Judenfriedhof ... der wunderschöne Weg über die Karlsbrücke auf die Kleinseite ... und schließlich sah ich auch den etwas verwunschenen

Waldsteingarten

Ein bronzenes Pferd bäumt sich auf.
Vielleicht ist eine Schlange im Garten.
Vögel streichen durchs Gesträuch. Wasser kreiselt.
Blätter atmen tief.
Eine satte Raupe wartet auf Hunger.
Liebespärchen sonnen ihre Gefühle.
Alte Bäume lugen über die Mauer.
Nymphen verharren im Tanz.
Erinnerungen knirschen im Kies.

Im Herzen Europas

Das Zeitschriftenangebot in der DDR war erbärmlich. Den »Guten Rat« oder das »Magazin« konnte man nicht einfach am Kiosk kaufen, nein, die Nummern waren so begehrt, daß schon einer seinen Fortsetzungsbezug kündigen mußte, ehe der nächste in den Genuß eines Abos kam.

Oft erbte man solche Zeitschriften – nach einem Todesfall in der Familie.

Die monatliche Ausgabe vom »Magazin« wurde besonders heiß ersehnt, nicht nur wegen des einen der Republik zugestandenen Aktbildes, sondern auch wegen interessanter Artikel und Fotos. Beliebt und sofort vergriffen waren »Wochenpost«, »Eulenspiegel« und die Modezeitschrift »Sibylle«. Irgendwann erfuhr ich von zwei Zeitschriften in deutscher Sprache, die in der DDR-Öffentlichkeit relativ unbekannt waren, weil man dafür nicht werben wollte. Die eine hieß »Revue«, es war eine jugoslawische Monatsschrift, die andere »Im Herzen Europas«, sie kam aus der ČSSR. Beide waren für den westlichen deutschsprachigen Markt konzipiert, aber auch in der DDR zu beziehen, und sie brachten mir viel Farbe in den Alltag.

Die »Tschechoslowakische Monatsschrift«, wie sie im Untertitel hieß, erschien in deutsch, englisch, französisch, italienisch und schwedisch, sie war bestimmt das interessanteste Magazin des Ostblocks. Lenka Reinerová verantwortete als stellvertretende Chefredakteurin die deutsche Ausgabe. Sie ist heute die letzte deutsch schreibende Schriftstellerin in Prag, die letzte in dieser langen deutsch-tschechisch-jüdischen Tradition, die mit großen Namen wie Kafka, Werfel, Brod und Kisch verbunden ist. Sie erlebte noch vor dem Krieg diese blühende Kultur. Mit Kisch und Weiskopf war sie befreundet. 1936, 20 Jahre jung, arbeitete sie schon als Journalistin für die »Arbeiter-Illustrierte-Zeitung«. Lenka Reinerová sagte mir: »Was man heute links nennt, war für mich damals einfach fortschrittlich.«

Sie konnte nicht lange in der Zeitung tätig sein, denn drei Jahre später, nach dem Einmarsch der Deutschen, mußte sie als Jüdin sofort fliehen. Zunächst nach Frankreich, dort wurde sie interniert, über Marokko entkam sie nach Mexiko. Im Exil freundete sie sich mit Anna Seghers an und mit Steffi Spira, der bekannten Schauspielerin.

Lenka Reinerová kehrte nach Kriegsende mit ihrem Mann Theodor Balk, dem Arzt und Schriftsteller, nach Europa zurück. Sie lebte mit ihm zunächst in Belgrad, ab 1948 wieder in Prag. Anfang der fünfziger Jahre wurde sie ein Opfer der stalinistischen Säuberungen und verbrachte 15 Monate in Einzelhaft. Aus Prag wurde sie verbannt, lebte in der Provinz und durfte erst nach ihrer Rehabilitation 1964 wieder in die Stadt zurück, in der sie 1916 geboren worden war.

Mit der Arbeit für »Im Herzen Europas« konnte sie nun endlich wieder ihr journalistisches und schriftstellerisches Können zeigen. Die Zeitschrift brachte hervorragende Beiträge über Politik, Wirtschaft, Kunst, Kultur, Philosophie. Die Grafiken, Cartoons und Fotos waren fern von jeglichem plumpen sozialistischen Realismus. Bei Lesungen im Osten Deutschlands wird Lenka Reinerová heute noch oft gebeten, ihren Namenszug in ein Heft aus jenen Jahren zu schreiben.

Mit ihrer Rückkehr in die Hauptstadt konnte sie endlich auch wieder das kulturelle Leben in der tschechischen Metropole genießen. »1964«, so erzählte mir Lenka Reinerová, »erlebte ich die Premiere eines interessanten Stückes. Es hieß ›Das Gartenfest‹, war sehr modern, vom absurden Theater beeinflußt. Ich übersetzte drei Szenen daraus und veröffentlichte sie in unserer Zeitschrift. Der Autor war damals 28 Jahre alt. Es meldete sich bei mir der Intendant Boleslaw Barlog aus Westberlin und fragte an: ›Wer ist dieser begabte Autor? Können Sie eine Verbindung herstellen?‹

Ja, schrieb ich ihm, der ist Kulissenschieber im Theater am Geländer. Von da an hatte Václav Havel Kontakt zu deutschen Bühnen und bald auch zu einem entsprechenden Verlag. Barlog war hocherfreut, er lud mich zum Dank ein: Jederzeit könne ich gratis seine Theatervorstellungen besuchen. Davon habe ich später reichlich Gebrauch gemacht.«

Einen besonderen Schub bekam die Zeitschrift »Im Herzen Europas« mit dem ZK-Plenum der Kommunistischen Partei im Januar 1968. Dort wurde Alexander Dubček zum 1. Sekretär des ZK der KPČ gewählt. Damit begann der umfassende Reformprozeß in unserem Nachbarland, und in der Zeitschrift las ich, was mit diesem neuen Sozialismus eigentlich gemeint war, denn in der DDR war darüber natürlich nichts zu erfahren. Die Artikel über den Aufbruch begeisterten mich. Hier fand ich schwarz auf weiß, was viele in meinem Bekanntenkreis dachten, aber in der Öffentlichkeit nicht zu sagen wagten.

In jenem Jahr blickten wir Ost-68er alle nach Prag. Dort keimte nicht nur, dort wuchs schon die Hoffnung.

Kein Thema, kein Widerspruch und kein Konflikt wurden in der Zeitschrift ausgespart. In den Beiträgen wurde die sozialistische Welt zurechtgerückt. Die Fehlentwicklungen unserer Wirtschaft waren ja für alle offensichtlich.

Jiří Kosta schreibt in seinem Buch »Nie aufgeben. Ein Leben zwischen Bangen und Hoffen«: »Das im Prager Frühling von 1968 weiterentwickelte ›ökonomische Modell‹ wies zwei Hauptmerkmale auf: erstens, eine Eigentumsordnung, die die Mitarbeiter in Großbetrieben und die unabhängigen Genossenschaften vor allem im landwirtschaftlichen und mittelständisch-gewerblichen Sektor an den Entscheidungen beteiligte und Privateigentum zuließ; zweitens, eine Organisationsform, in der marktwirtschaftliche Lenkung dominiert, ergänzt durch eine staatliche Wirtschaftspolitik und Volkswirtschaftsplanung in den sogenannten Schlüsselbereichen.«

Die ökonomischen Reformer um Ota Šik wollten Markt und Preis erstmals in einem sozialistischen Land in Übereinstimmung bringen. Die Wirtschaftsreform sollte ein System installieren, das sich auf die Synthese von Plan und Markt stützt.

Vizepremier Ota Šik war der führende Autor der Wirtschaftsreform. Er propagierte den dritten Weg, der bekanntlich von vielen Fachleuten beider Lager abgelehnt wurde. Es gäbe keinen dritten Weg, nur Sozialismus oder Kapitalismus. Ich selbst denke, es wäre für die Menschheit sehr beruhigend zu wissen, daß es einen dritten Weg geben kann.

Welch Geist wehte durch die Zeitschrift »Im Herzen Europas«! Ich verschlang jedes Heft in Windeseile.

Eine Diskussion im Jahr 1968 beschäftigte sich mit dem Thema: »Der manipulierte Mensch?«. Allein die Frage ließ »unseren Leuten« eine Gänsehaut über den Rücken laufen.

»Wird er zu Selbständigkeit oder Unselbständigkeit angeleitet, zu mutigem Auftreten oder zu Duckmäuserei, zu kritischer Betrachtung oder zu Kritiklosigkeit, zu Gehorsam oder Ungehorsam, zu größerer Freiheit oder zu größerer Unterordnung ...«

Ich ahnte allmählich, daß ich dieses Abonnement wohl nicht für alle Ewigkeit würde behalten können. Ich las Auszüge aus einem Buch von František Šamalik. Er schrieb über Bürokratie: »Ihrem Wesen nach ist die Bürokratie ein formaler Ausdruck des Staates, sie ist es somit auch ihrem Zweck nach. Der tatsächliche Zweck des Staates erscheint der Bürokratie daher als ein gegen den Staat gerichteter Zweck. Da sie ihre ›formalen‹ Zwecke zu ihrem Inhalt macht, gerät sie überall in Konflikt mit den ›realen Zwecken‹: sie ist gezwungen, das Formale für den Inhalt auszugeben und den Inhalt als etwas Formales. Staatszwecke werden zu Kanzleizwecken, beziehungsweise Kanzleizwecke zu Staatszwecken. Ihre Hierarchie ist die Hierarchie des Wissens: die Spitze verläßt sich darauf, daß die unteren Stellen sich in den Einzelheiten auskennen, während die unteren Stellen ihrerseits glauben, die Spitze verstehe die allgemeinen Zusammenhänge, und so täuschen sie einer den anderen.«

Als brandneue Erkenntnis sei ergänzt: Damit dies alles zutrifft, braucht es nicht einmal einen verkorksten Sozialismus ...

»Die Bürokratie ist ein imaginärer Staat neben dem realen Staat, und deshalb hat jedes Ding eine zweifache Bedeutung – eine reale und eine bürokratische ... Die sozialistische Alternative ist der Übergang von der Bürokratie zur Demokratie.« Dieser Übergang wäre nach wie vor sehr wünschenswert. Er vollzieht sich aber scheinbar in jedem System auf sehr langen Korridoren.

Die Tschechen hatten schon in der Vergangenheit zwei Antworten, zwei schonungslose literarische Analysen für die Zustände in der Gesellschaft. »In unserer Kultur sind zwei universale Modelle der Einstellung des Menschen zu einem solchen institutionellen System entstanden: das von Kafka und das von Hašek. Kafkas Gestalten und der Schwejk sind nicht bloß intellektuelle Ausgeburten ihrer Schöpfer.«

Bis heute.

Im Februar 1968 schrieb Jiří Sutr über ein »System kollektiver Sicherheit in Europa«. Darin ging es um die »Minderung der militärischen Spannung«, die »Schaffung atomwaffenfreier Zonen«, einen »Vertrag auf Gewaltverzicht«. Und er ging noch einen Schritt weiter: »Schließlich könnte es dann gleichzeitig zur Liquidierung der NATO und des Warschauer Paktes kommen, oder in der ersten Etappe zur Auflösung ihrer militärischen Organisationen.« Was wären uns für sinnlose Militärausgaben erspart geblieben! Wo stünden wir heute?

Ich las in einem Artikel von Jiří Hermach vom Philosophischen Institut der Tschechischen Akademie der Wissenschaften: »Die sozialistische Demokratie ist nämlich ihrem ganzen Wesen nach auch ein Appell zu durchgreifender, neuer politischer Tat, zu positiver Lösung des Widerspruchs zwischen Wahrheit und Macht.«

Jede Ausgabe von »Im Herzen Europas« zeigte, daß in diesem Land eine einmalige Bilanz der Situation des Sozialismus gezogen wurde.

Dr. G. Solar schrieb: »... Wenn es gelingt, was wir wollen, wird die sozialistische Demokratie attraktiver sein als die bürgerliche. Aber wird dann die ČSSR im Westen noch eine so gute Presse haben?«

Die Begeisterung hätte sich sehr in Grenzen gehalten.

Mir schwirrte der Kopf von so viel Neuem. Wer konnte sich vorstellen, daß eine Partei im sozialistischen Lager Sätze formulierte wie: »Die Politik der Partei darf nicht dazu führen, daß die nichtkommunistischen Bürger das Gefühl haben, sie seien in ihren Rechten und Freiheiten durch die Rolle der Partei beschränkt, sondern daß sie im Gegenteil in der Tätigkeit der Partei die Garantie ihrer Rechte, Freiheiten und Interessen erblicken.« Abschließend heißt es im Aktionsprogramm der Kommunistischen Partei der Tschechoslowakei, das in der Juli-Ausgabe von »Im Herzen Europas« kommentiert wurde: »In den nächsten Monaten und Jahren erwarten uns schwierige Zeiten, außerordentlich anspruchsvolle und verantwortliche Arbeit ... Vertrauen wird not tun, gegenseitiges Verständnis, einmütige Arbeit und Initiative aller, die ihre Kräfte wirklich dem großen menschlichen Experiment widmen wollen ...«

Die schwierigen Zeiten folgten bereits einen Monat später. Falls das August-Heft der Zeitschrift erschienen ist, war es in der DDR schon nicht mehr erhältlich ...

Für mich war dieses tschechische Konzept, dieses Reformprogramm die letzte große Chance des Sozialismus. Alle politischen Vertretungen sollten durch direkte, freie und geheime Wahlen legitimiert werden, ebenso die Vertreter verschiedener Gruppen wie Gewerkschaften etc. Die Gewaltenteilung zwischen Legislative, Exekutive und Judikative sollte ebenso garantiert werden wie die Unabhängigkeit der Medien. Jegliche individuellen Bürger- und Menschenrechte sollten festgeschrieben sein.

Prag war mit den tschechoslowakischen Reformern zu

einem Zentrum des modernen Marxismus geworden. Doch es kam alles anders. Lenka Reinerová beschreibt in einem ihrer Bücher, wie nach dem Einmarsch vor dem Redaktionsgebäude – Sinnbild der Gewalt – eine Kanone aufgestellt wurde. Und die sowjetischen Soldaten hingen nach der Wäsche ihre Unterhosen über das Rohr zum Trocknen. Weiße Hosenbeine, die aber alles andere als Parlamentarierfahnen waren.

Wie ging es weiter mit der stellvertretenden Chefredakteurin Lenka Reinerová?

»Es gab damals, ich war ja noch Parteimitglied, die sogenannten ›Gespräche‹, wo man sagen mußte, ob man dafür oder dagegen ist. Ich wurde aus der Partei ausgeschlossen, durfte nicht mehr in die Redaktion, bekam Hausverbot.«

Und nicht nur das, sie erhielt nach dem Scheitern des Prager Frühlings auch Publikations- und Übersetzungsverbot. Lenka Reinerová verlor ihre Arbeit in einem Verlag, schlug sich als Dolmetscherin durch.

»Ich übersetzte aber trotzdem sehr viel, spezialisierte mich auf bildende Kunst. Veröffentlichte unter dem Namen einer Kollegin. Mir war das ziemlich egal. Die haben dann mit einem westdeutschen Verlag zusammengearbeitet, und ich sagte ungefähr 1986, ich übersetze jetzt nur noch unter meinem Namen oder gar nicht mehr. Und auf einmal ging's!«

Zum Glück konnte sie nach der »samtenen Revolution« von 1989 ihre Bücher schreiben. Eins heißt: »Zu Hause in Prag – und manchmal auch anderswo«.

Ein Diesseitswunder

Als Eduard Goldstücker mit 85 Jahren den Lessing-Preis erhielt, konnte er es kaum fassen und kommentierte hintersinnig: »Wäre unser Prager Max Brod noch am Leben, würde er das als ein Diesseitswunder diagnostizieren.«

Sein Leben lang hat Eduard Goldstücker gekämpft, er war ein mutiger Mann. 1913 in einer jüdischen Familie in Podbiel in der Ostslowakei geboren, war er als Kommunist und Jude nach der Besetzung der Tschechoslowakei durch die Nazis doppelt gefährdet. Mit seiner Frau gelang ihm rechtzeitig die Flucht nach England. Mutter, Schwester, deren Mann und ihr 10jähriger Sohn wurden in Auschwitz umgebracht. Nach dem Krieg ging Goldstücker zurück nach Prag und engagierte sich für den jungen Staat. Von 1950 bis 1951 war er tschechoslowakischer Botschafter in Israel.

Am 6. Dezember 1951 tagte das Zentralkomitee der Partei. Klement Gottwald berichtete über die »Enthüllung einer imperialistischen Verschwörung unter der Führung von Rudolf Slánský«, dem Vorsitzenden der tschechoslowakischen Kommunisten.

Mit einem Freund hatte sich Goldstücker in jenen Tagen verabredet, sie wollten einen Film ansehen, »Fahrraddiebe« von Vittorio de Sica. Als jemand an die Tür klopfte, dachte er, sein Freund habe sich verfrüht. »Ich öffnete und sah mich drei Männern gegenüber, deren Erscheinung keinen Zweifel an ihrem Beruf aufkommen ließ.«

Bei den von Stalin inszenierten Slánský-Prozessen saß Eduard Goldstücker mit auf der Anklagebank. 14 Personen waren des Hochverrats, der Spionage und Untergrabung der Verfassung angeklagt. Elf von ihnen waren jüdischer Herkunft. Elf Mal wurde die Todesstrafe durch den Strang verhängt. Und die meisten der zum Tode Verurteilten – man schämte sich auch nicht, das öffentlich zu betonen – waren Juden. Sieben Jahre nach Auschwitz wurden auf Stalins Geheiß jüdische Kommunisten in der ČSR getötet. Ein Schauprozeß mit eindeutig antisemitischer Tendenz.

Einer der Angeklagten hieß Otto Katz: international bekannt unter dem Pseudonym André Simone, ein engagierter Verfechter der kommunistischen Bewegung, bereits seit 1922 Mitglied der Partei, von der Komintern geprägt, Redakteur von »Rudé Právo«, 1952 als angeblich britischer und zionistischer Agent zum Tode verurteilt und hingerichtet, 1963 vollständig rehabilitiert. Sein engster Weggefährte, den der Stalinismus mit seinem »neuen Kaderprofil« garantiert auch auf dem Gewissen hätte, Egon Erwin Kisch, ist – man muß schon sagen: zu seinem Glück – bereits 1948 gestorben ...

In seinen Memoiren »Prozesse« schreibt Eduard Goldstücker, unfaßbar für uns, daß die Asche der in den Slánský-Prozessen Hingerichteten auf einer böhmischen Landstraße bei Glatteis zwischen Prag und Příbram verstreut wurde ...

In einem Interview der »Leipziger Volkszeitung« sagte Goldstücker kurz vor seinem Tod: »Ich bekam lebenslänglich Zuchthaus. Hätte ich 1946 eine Funktion angenommen, die Slánský mir angeboten hatte, wäre ich auch gehängt worden.«

»Warum wurden diese Prozesse mit derartiger Menschenverachtung geführt?« fragte der Reporter.

»Die Tschechoslowakei war im Sowjet-Imperium das Land, das die tiefste bourgeois-demokratische Entwicklung durchgemacht hatte. Von Stalins Standpunkt aus lief sie am meisten Gefahr, nach Westen zu schauen. Die Prozesse waren seine persönliche Art der Disziplinierung.«

Goldstücker verbrachte 18 Monate in strengster Isolationshaft und insgesamt vier Jahre im Zuchthaus.

»Als ich im Gefängnis saß, wurde mir klar, daß dieses System nur auf eine Lüge gestellt ist. Ich sagte mir: Wenn ich je hier raus komme, werde ich mich für dessen Reform einsetzen.«

Am Ende seiner Haft mußte er Strafarbeit in den Uranbergwerken um Joachimsthal leisten.

»Stellen Sie sich vor, Sie werden eines Tages aus heiterem Himmel festgenommen und angeklagt der phantastischsten Verbrechen, von deren Existenz Sie überhaupt nichts wissen! Das ist doch schrecklich: Unschuldig verurteilt zu werden von der Partei, der Sie alles, Ihren Glauben, Ihre Hoffnung, gewidmet haben.«

Der Mut verließ ihn nicht, Goldstücker zog sich nicht ängstlich zurück, schon in den sechziger Jahren wagte er sich wieder in besonderer Weise hervor. 1963 wurde in der ČSSR auf seine Initiative die »Kafka-Konferenz« ins Leben gerufen. Anlaß war der 80. Geburtstag des Autors. Passend zu einem seiner Werke fand die internationale Tagung auf »Schloß« Liblice bei Prag statt. Eduard Goldstücker hat übrigens noch etliche von Kafkas Wegbegleitern persönlich gekannt, so Max Brod, Milena Jesenská ...

Goldstücker sagte im Zusammenhang mit der Konferenz von 1963: »Das war der Durchbruch und die erste Tat der Intellektuellen in Richtung Prager Frühling. 1968 wurde die Konferenz, an der auch Anna Seghers teilnahm, in der DDR-Propaganda als der Anfang der tschechischen Konterrevolution und ich als ihr intellektueller Vater bezeichnet.«

Wieder war ein Jude an allem schuld ...

Die Konferenz war für die Funktionäre in der DDR eine einzige Provokation: »die Konterrevolution im geistigen Bereich«. Denn hier deutete sich an, worüber später in Prag gestritten wurde: es gibt auch Absurditäten in der sozialistischen Welt! Entfremdung in »unserem« Sozialismus?! Ungeheuerlich für Hager und Genossen. Kurella schrieb, daß jene Konferenz keine Schwalbe eines neuen Frühlings wäre, sondern eine Fledermaus.

Dabei war, was Kafka im »Prozeß« beschrieben hatte, der Realität im stalinistischen Ostblock sehr nahe gekommen.

Denunziationen und Verdächtigungen waren Jahrzehnte an der Tagesordnung, und in den Schauprozessen bezichtigten sich Führer und Funktionäre der Partei nach permanentem psychischem Druck sogar solcher Taten, die sie nicht begangen hatten.

War das nicht absurd genug?

Goldstücker hat das alles erlebt.

Der »Prozeß« und das »Schloß« von Kafka handeln von einer höheren Macht, die unerreichbar ist. Von der gesichtslosen Maske der Bürokratie. Vielleicht fühlte sich mancher der Funktionäre ertappt, als er einen Blick in diese Romane riskiert hatte. Außerdem stellte der Autor zu viele Fragen, suchte zuviel. Er suchte Gott, den Sinn in einer absurden Welt und die Chance, sich als Individuum gegen die Macht der Bürokratie behaupten zu können. Das alles konnten Leute, die uniformiertes Denken wünschten, nur als geistiges Gift aus unseren Bücherschränken verbannen.

Dann kam 1968 und so viel Hoffnung. Professor Goldstücker wurde Vorsitzender des Schriftstellerverbandes.

»Der 1. Mai 1968. Da gab es in Prag ein wahres Volksfest nach all den angeordneten Märschen zuvor. Zum ersten Mal stand die politische Führung auf ebener Erde beim Volk.«

Ich seh noch die Bilder vor mir, kein Vorbeidefilieren an der Tribüne, die Regierung stand mit dem Volk in der ersten Reihe. Im DDR-Fernsehen war so etwas nicht zu sehen.

Doch währte diese Zeit der Hoffnung nicht lange.

»Ich mußte zweimal die Besetzung meines Landes durch fremde Armeen erleben: Am 15. März 1939 durch Hitlers und am 21. August 1968 durch Breschnews Armee. Die zweite Besetzung war eine traumatischere Erfahrung als die durch Hitler. Denn Hitler war unser Feind, von dem erwarteten wir nichts Gutes. Aber die Sowjets predigten 25 Jahre lang, daß sie unsere besten Freunde sind. Und die kamen mit einer halben Million Soldaten, um uns zu unterdrücken. Am Tag selbst war ich im Urlaub in der Hohen Tatra.

Kollegen warnten mich: ›Du kannst nicht bleiben.‹ Sie fanden ein Versteck, nicht größer als eine Gefängniszelle. Dort saß ich elf Tage mit einem winzigen Radio. Dann hat man mich nach Wien gebracht.«

Goldstücker mußte nach 1968 ein noch viel längeres Exil durchstehen als zu Nazizeiten. Er kehrte erst nach der »samtenen Revolution« von 1989, also über zwanzig Jahre später, in sein Prag zurück. Aber zu viel Wasser war inzwischen die Moldau hinabgeflossen. Die 68er waren in der neuen Zeit nicht mehr gefragt.

Was bringt uns die Auseinandersetzung um einen Sozialismus mit menschlichem Antlitz, wo es so viele aktuelle Probleme gibt? Oder gar: Wer den Kommunismus erneuern will, hat keinerlei Ehre verdient … Wie mir gegenüber ein tschechischer Diplomat im Gespräch ehrlich zugab, waren die Reformer nun den Anhängern des neuen Kapitalismus als Bremsen im Weg.

Wer früh mutig ist, wird früh vergessen. Gleiches haben auch einige Mutige vom Herbst '89 erfahren müssen. Vorüber und vorbei – die Parteien haben alles kassiert.

Goldstücker war ein bedeutender Literaturhistoriker und -kritiker und Germanist. Sein Hauptaugenmerk galt dem Schaffen der Prager deutschen Literatur, der Koexistenz von tschechischem, deutschem und jüdischem Schaffen. Er forschte über Kafka, Werfel, Rilke, Thomas Mann und Goethe.

Ich habe Eduard Goldstücker, den Jahrhundertzeugen, im Oktober 1997 in der »Alten Börse« mit einem Vortrag erlebt. Er sprach in der von der Freien Akademie Leipzig organisierten Reihe »Kulturort Mitte Europa«. Und er konnte aus seiner schwierigen Biographie, von vielfältigen Erfahrungen, Hoffnungen und Enttäuschungen im Herzen Europas berichten. Brillante, prägnante Gedanken – welcher Intellekt! Und welch perfektes, druckreifes Deutsch. Die Börse war nicht überfüllt, wie ich es erwartet hätte, es gab freie Plätze. Mit einem Bekannten applaudierte ich stehend. Wir waren die einzigen. Ich ließ mir, was ich noch nie gemacht habe, von einem Referenten auf die Eintrittskarte ein Autogramm geben, sprach dann noch kurz mit Goldstücker, fragte nach seiner Biographie, die in Deutschland nur eine Auflage erlebt hat und in keiner Buchhandlung zu kaufen ist. Er wirkte ein wenig müde, kein Wunder bei dem Alter, und ein wenig traurig, kein Wunder bei diesem Leben ...

Auf der Rückseite der Eintrittskarte zum Vortrag von Eduard Goldstücker stand gedruckt:

»Herzlich willkommen!

Auch bei uns erwartet Sie eine faszinierende Vorstellung – Sie sind herzlich eingeladen, Ihren Favoriten bei einer Probefahrt näher kennenzulernen. Wann soll die Vorstellung beginnen ...« Darunter die Adressen von zwei Autohäusern.

Goldstücker und FIAT.

Kafkaesk.

»Meine größte Leistung besteht darin, daß ich noch da bin, daß ich alle Hitler und Stalin und Breschnew, die darauf aus waren, mein Leben vorzeitig zu beenden, überlebt habe.«

Thomas Mayer schrieb in der »Leipziger Volkszeitung«: »Nicht ohne kafkaeske Einflüsse verläuft auch Goldstückers Leben. Obwohl er schon fünfmal seine Bibliothek verlor, obwohl er ›als letzte Leidenschaft‹ – da geht es ihm wie dem Jäger auf Anstand – permanent die Antiquariate nach Büchern durchwühlt und oft fündig wird, will er seine Sammlung deutschsprachiger Literatur mit den kostbaren Kafka-Erstausgaben verkaufen: ›Die Kinder sprechen nicht die deutsche Sprache, und da ich weiß, daß ich bald gehen werde, möchte ich erleben, daß die Bücher in guter Hand sind.‹« An jenem Tag in der Alten Börse ahnte ich noch nicht, daß ich eines Tages zu denen gehören würde, die Exemplare aus seiner wertvollen Bibliothek besitzen.

Durch Thomas Mayer erfuhr ich, daß das Wiener Antiquariat Fritsch »Die Sammlung Goldstücker« verkauft. Sofort rief ich an und erhielt einen Katalog. Zu meiner großen

Freude konnte ich zwei Bücher erwerben. Natürlich war eins von Kafka: »Erzählungen und Kleine Prosa«, Band 1 der Gesammelten Schriften, den sein Freund Max Brod 1935 im Schocken Verlag Berlin herausgegeben hatte und der – wie so viele Bücher seinerzeit – in meiner Heimatstadt Leipzig gedruckt worden war. Nach über 65 Jahren kehrte dieses Buch nun an den Ort seiner Produktion zurück.

Sein Leben lang hat Goldstücker gekämpft, gekämpft auch darum, daß der Platz vor dem Geburtshaus von Kafka nach dem Autor benannt werden möge. Jahrzehnte vergingen. Es tat sich nichts. Im Jahr 2000, so erzählte mir Lenka Reinerová, passierte ihrem Freund folgendes: »Eines Tages saß mein lieber Goldstücker zu Hause und bekam einen Anruf von einem britischen Journalisten, der ihm sagte ›Ich freu mich, Herr Professor, wir sehen uns ja heute.‹ Worauf der Goldstücker sagte, ›Ich weiß von nichts, wo seh ich Sie heute?‹ – ›Na, bei der Benennung des Kafka-Platzes.‹

Goldstücker sagte: ›Ich weiß von nichts.‹ Da wurde der britische Journalist erst mal wütend und dann aktiv. Und die Folge war, daß zwanzig Minuten später der Magistrat anrief und sagte ›Herr Professor Goldstücker, wir schicken Ihnen einen Wagen.‹ Goldstücker fragte: ›Wozu?‹

›Na, damit Sie da sind, wenn ...‹, kurz gesagt, er war dann natürlich vor Ort, aber es hätte passieren können, daß der Platz ohne Goldstücker eingeweiht worden wäre.«

Kafkaesk.

So hat sich wenigstens dieser Wunsch für den Germanisten und Kafka-Forscher noch erfüllt. Eduard Goldstücker starb im Oktober 2000 im Alter von 87 Jahren.

Prager Frühling

Eines Tages saß ich im »Corso« und lernte einen Studenten kennen, mit dem ich mich auf Anhieb gut verstand. Er hieß Lutz Glaser, aber seinen Vornamen hätte ich fast vergessen, weil wir uns, als Liebhaber von Backwerk, ständig mit den Namen von Kuchen und Tortenstücken ansprachen. Also: »Wie geht's, mein Florentiner?«

»Hör mal, du Sahnebaiser ...«

»Meine Streuselschnecke, was ich dir noch sagen wollte ...«

»Erdbeerschnittchen, kommst du mit ins Kino?«

Kurz nachdem wir uns im Kaffeehaus kennengelernt hatten, fragte ich ihn: »Was machst du in den Ferien?«

»Ich weiß noch nicht.«

»Was hältst du davon, wenn wir nach Prag und Budapest trampen?«

»Klar, bin ich dabei.«

So schnell kam ich mit Lutz, den ich nur Mokkatörtel nannte, zu einem gemeinsamen Urlaub.

Es waren Ferien, in denen wir Zeitzeugen einer historischen Etappe wurden. Mitten im Sommer 1968 lernten wir den Prager Frühling kennen.

An einem frühen Morgen standen wir frohgemut winkend am Straßenrand. Es fuhren diverse Trabanten, Wartburgs, Skodas, und was es sonst noch an spärlichen Fahrzeugtypen des Ostblocks gab, an uns vorüber, aber sie schienen an jenem Tag alle einen Bremsschaden zu haben, oder die Fahrer plagte die Angst, daß wir entflohene Sträflinge wären. Kein Schwein hielt an!

Zwar war das Trampen in der DDR lange nicht so üblich und beliebt wie in Polen, aber dies war ein besonders schlechter Tag, den wir uns für die Anhalterei ausgesucht hatten. Der Optimismus, Prag in einem Tag zu erreichen, schwand immer mehr, nach und nach halbierten wir die Entfernung zu unserem Tagesziel, und schließlich waren wir dankbar, wenn wir wenigstens noch Dresden erreichen würden. Das gelang uns jedoch nur dank eines hübschen schlanken Mädchens, das sich zu uns gesellt hatte und endlich einen Autofahrer zum Tritt auf die Bremse animierte.

Entnervt bestiegen wir nach Mitternacht einen Zug nach Prag. Als wir 5.00 Uhr dort ankamen, waren wir überrascht, welche Geschäftigkeit schon vor dem Bahnhof herrschte. Nachdem wir in einem internationalen Studentenhotel in einem Mehrbettzimmer untergekommen waren, erkundeten wir die tschechische Hauptstadt. Ein Volk im Aufbruch, Trubel, strahlende Menschen, frohe Gesichter.

Mokkatörtel und ich saßen am Wenzelsplatz vor dem »Ambassador« bei einem Bier, lasen den »Spiegel« und kamen uns wie Weltbürger vor. Hin und wieder fragte uns jemand von den Flaneuren, die über den Platz schlenderten: »Wo gibbsn dähn Schbiechel?«

Und wir wiesen ihnen den Weg zu dem internationalen Zeitungsladen in der Jungmannova.

Während wir eifrig nach bundesdeutschen Presseerzeugnissen fahndeten, verschlangen die Einheimischen ihre Zeitungen. Das hatte es noch nie gegeben! Reiner Kunze schrieb über die Zeitungsleser:

Verkehrt
  liest das volk die zeitung: von
  vorn

Das tor von Slavia gegen Sparta das
  dem leben einen sinn gab ist
  zweitrangig

HYPOTHEKEN GESUCHT FÜR
  FUNDAMENTE

Im Kino applaudierten die Besucher, sobald in der Wochenschau Alexander Dubček auftauchte. Am Graben standen die Menschen bis in den Morgen und diskutierten über die Zukunft der Tschechoslowakei. Hippies aus ganz Europa durchstreiften die Stadt, saßen abends auf der Karlsbrücke, sangen die Lieder der Beatles, von Joan Baez, Simon & Garfunkel, Ester und Abi Ofarim, Bob Dylans »... the answer is blowing in the wind«. Die Antwort, wie es in diesem Land, im Osten überhaupt weitergehen könnte, diese Antwort war nicht vom Wind verweht, war sehr konkret.

Wir fühlten uns auch ohne das gute tschechische Bier wie benebelt. Was für ein Leben, welch ein Gefühl von Freiheit!

Und nun spickten sich auch die jungen Ostdeutschen die Sticker jener Zeit in die Jeansjacke: »Make love, not war!« – jene Hippie-Losung gegen den Vietnamkrieg. Die Blumenkinder machten sanften Beat und versuchten sich alle zu lieben.

Mit Gänsehaut und Begeisterung sahen wir »Help« mit den Beatles. Wir waren fassungslos, daß wir tatsächlich in einem Spielfilm mit den leibhaftigen Pilzköpfen aus Liverpool sitzen konnten. Einem Farbfilm! Es war die Zeit, als im Kino noch viele Schwarzweiß-Streifen liefen.

Abends saßen wir im Studentenklub »Vltava« und diskutierten mit jungen Leuten von sonstwoher über Gott und die Welt. Ich traf dort Schubi, eine Bekannte aus Leipzig, eine absolute Individualistin. Sie war eine Königin des Trampens: ob durch die DDR oder durch das sozialistische Ausland, jährlich rollte sie Tausende Kilometer per Anhalter durch den Osten. Ich hatte sie schon einmal zufällig in Kraków getroffen.

Dieses Per-Anhalter-Fahren war für sie ein Synonym für Freiheit. Einfach auf der Straße stehen, irgendein fremder Mensch hält an und nimmt einen mit. Sie ließ beim Winken unterwegs auch mal die DDR-Autos aus, in der Hoffnung, mit einem schnittigen Westwagen ein Stück mehr der großen Freiheit zu erhaschen ... Zu Hause trampte sie allein zehn bis zwanzig Mal im Jahr nach Hiddensee. Ihr Zimmer dort kostete ganze zwei Mark die Nacht. Und im Besucherbuch hielt sie immer den Jahresrekord an Eintragungen. Wir stießen mit Schubi auf ein neues Leben an, ließen uns von ihrer Fröhlichkeit, ihrer Lebenslust anstecken, tanzten uns heiß. Auch Mokkatörtel und ich genossen das freie Leben in vollen Zügen. Seit Tagen wollten wir eigentlich nach Budapest trampen, aber wir verschoben die Abreise immer wieder. Prag nahm uns gefangen.

Keine Straße in Prag, wo nicht mit Kreide an die Hauswand geschrieben stand »Viva Dubček«. Dann kam Tito zu Besuch. Die Menschen strömten zur Kleinseite, um ihn auf der Burg zu empfangen. Junge Leute mit Transparenten, Sprechchören: »Tito ano, Ulbricht nje!«

Die Worte ließen sich leicht ins Deutsche übersetzen. Hier in Prag stimmten wir aus tiefstem Herzen in den Sprechchor ein: »Tito ano, Ulbricht nje!«

In Prag konnten wir lauthals gegen den Staatsratsvorsitzenden sein! Ein großartiges Gefühl, auch wenn wir in die DDR zurück mußten.

Vor dem Eingang zur Burg, dem Regierungssitz, hatten sich an diesem 9. August Tausende versammelt. Auf jedem Mauervorsprung standen Menschen, jedes Schmuckgitter an den Fenstern im Erdgeschoß wurde zum Festhalten benutzt, selbst auf Torbögen kletterten junge Leute. Die zauberhaften Miniröcke der jungen Mädchen erschienen von unten noch kürzer.

Durch die Menschenmassen hatten wir keinen Blick auf die Straße. »Wir müssen eine Erhöhung finden, sonst sehen wir gar nichts.«

»Los, wir klettern auf eine Laterne!«

Mokkatörtel und ich bestiegen jeweils einen schmiedeeisernen Laternenpfahl. Es ging uns so wie öfters in jenen Tagen in Prag, spontan traute man sich hier, was man in der DDR nicht gewagt hätte. Es war das erste Mal, daß wir ahnten, wie vielfältig Freiheit wirken konnte. Bei so einer Kletterei wäre in der DDR garantiert ein Vopo gekommen und hätte gefragt: »Na, Bürger, was wollen wir denn dort oben auf der Laterne!?«

Hier interessierte sich kein Polizist für uns.

Schließlich kamen die schwarzen Regierungslimousinen. Jubel brandete los. Wie in einem Stadion, wenn die Nationalelf das dritte Tor geschossen hat. Alle winkten, schrien, ruderten mit den Armen durch die Luft. Mir lief eine Gänsehaut über den Rücken. So viel echte Begeisterung, noch dazu für zwei Staatsmänner, hatte ich bisher nie erlebt. Mokkatörtel strahlte, und ich schüttelte ungläubig den Kopf.

»Sagenhaft!«

»Stell dir so etwas in Leipzig vor!«

Die Wagen rollten in das Burggelände. Der Jubel und die Sprechchöre ebbten nicht ab. In Prag wurde erzählt, daß Tito nur deshalb im geschlossenen Wagen fuhr, weil die Gefahr eines Attentates durch Ustascha-Faschisten bestand, daß sie die Chance nutzen könnten, aus einem westlichen Land in die ČSSR einzureisen.

Immer wieder brandeten Sprechchöre auf: »Viva Dubček!«

Nach einiger Zeit öffnete sich schließlich in der Burg ein Fenster, und Alexander Dubček winkte den Massen zu. Die Begeisterung muß bis zur Karlsbrücke zu hören gewesen sein!

Dubček wirkte etwas verlegen, als könne er kaum fassen, daß die Masse der Menschen tatsächlich ihn meinte. Er war 47 Jahre alt und damit im Verhältnis zu den Chefs der Kommunistischen Parteien in Osteuropa geradezu blutjung.

Spät in der Nacht bzw. früh am Morgen gingen wir, nachdem wir noch das »U fleků« besucht und die Musik im legendären Jazzclub »Reduta« genossen hatten, müde und übermütig in Richtung Wenzelsplatz. Den letzten Bus zu unserem Studentenhotel hatten wir längst verpaßt. Wir mußten laufen, denn ein Taxi konnten wir uns nicht leisten. Es war aber noch recht weit bis zu unserer Bleibe. Plötzlich kam ich auf eine Idee: »Na, dann müssen wir eben in unser Quartier trampen.«

Das nächste Fahrzeug, dem wir aus Spaß winkten, war ein Sprengwagen. Aber, o Wunder – er hielt tatsächlich an! Der junge Mann konnte Deutsch, studierte Germanistik und verdiente sich mit dieser Arbeit etwas Geld. »Ja, ich fahr euch. Aber erst ich muß noch den Wenzelsplatz duschen.«

Dagegen hatten wir überhaupt nichts. So kletterten wir in die Kabine, sahen den schönen Platz mit seinen Lichtern aus einer besonderen Perspektive. Nicht mehr lange hin, und es sollten ganz andere »Sprengwagen« über den »Wenzel« rollen. Aber daran dachte damals kein Mensch.

Als wir in der Früh im Hotel ankamen, bereiteten sich in unserem Zimmer gerade junge Leute aus der DDR auf ihre Rückreise vor. Sie blätterten die Westzeitungen durch, besonders interessante Artikel wurden herausgerissen und – damals sagten wir noch nicht T-Shirt – unter die Nicky-Hemden auf die blanke Haut gelegt. Sie wußten, daß das Gepäck garantiert nach westlichen »Druckerzeugnissen« durchsucht werden würde. Vor Gedrucktem hatten die DDR-Funktionäre eine besondere Angst. Das Gehörte oder Gesehene, so hoffte man vermutlich, würde wieder vergessen werden, aber was man schwarz auf weiß nach Hause tragen und mehrmals lesen konnte, das war die eigentliche Gefahr.

In jenen Tagen trafen sich Walter Ulbricht und Alexander Dubček in Karlsbad. Nicht zur gemeinsamen Kur, nicht, um das berühmte Wasser zu trinken oder einen Becherbitter zu genießen. Ulbricht wollte dem tschechischen Genossen eine letzte Warnung, eine spätstalinistische Massage verpassen, eine dogmatische Schlammpackung. Die einsetzende Meinungsfreiheit in der ČSSR, die Vielfalt der Medien war den DDR-Genossen ein besonderer Dorn im Auge. Auf einer Pressekonferenz resümierte Ulbricht: »Als wir aus der Presse erfuhren, daß Sie eine Pressezensur abgeschafft haben, waren wir bei uns erstaunt, weil wir so etwas nicht kannten. Wir haben nie eine Pressezensur gehabt, und Sie sehen, wir sind ganz gut vorwärtsgekommen auch ohne Pressezensur.«

Mokkatörtel und ich brachen schließlich doch nach Budapest auf. Schließlich hatten wir es uns einmal vorgenommen. Auch eine schöne Stadt, gewiß, doch architektonisch und – in jenem Jahr vor allem – politisch kein Vergleich, obwohl Ungarn ja immer als »die fröhlichste Baracke im sozialistischen Lager« bezeichnet wurde. Wir verlebten natürlich schöne Tage in der Donaustadt, aber Mokkatörtel und mir war klar, daß wir auf der Rückreise noch einmal in Prag Station machen würden. So war es dann auch: wir sahen »Help« aus lauter Begeisterung ein zweites Mal und genossen das neue Lebensgefühl in vollen Zügen.

Schließlich mußten wir doch wieder Richtung Heimat aufbrechen. Vermutlich war auch jegliches Geld verbraucht. Wir zwei jungen Burschen wurden natürlich von den DDR-Grenzbeamten besonders »gefilzt«, mußten unsere Taschen auspacken. Wir hatten noch den Freiheitsvirus im Blut und ärgerten den Zöllner auf unsere Art. Jedes Stück, das wir aus der Tasche nahmen, kommentierten wir: »Das ist ein Turnschuh ... das ist ... noch ein Turnschuh ... dies ist ein Hemd ...«

Der Beamte guckte finster. Er wurde bei uns nicht fündig, hatte keine Chance, an unser Schmuggelgut im Kopf heranzukommen.

So verließen wir am 19. August ein Land mit frischem Geist und einem neuen gesellschaftlichen Konzept, das, hätte man es gewähren lassen, Europa bestimmt schon in den sechziger Jahren verändert hätte.

Wir ratterten zurück in das Land der kalten Funktionäre: ich fuhr in meine Heimatstadt und ahnte nicht, was zwei Tage später geschehen würde.

Und Schubi war noch in Prag.

Schubis Odyssee

Schubi, die eigentlich Silvia Dzubas heißt, hatte Mokkatörtel und mir schon im Jugendklub »Vltava« in Prag gesagt: »Ich gehe nicht in die DDR zurück.« Zwei Freunde, die sie auf der Karlsbrücke getroffen hatte, wollten mit ihr über die grüne Grenze. Sie trampten zu dritt nach České Budějovice und hofften dort mit Hilfe eines Einheimischen nach Bayern zu gelangen. Der hatte es sich jedoch inzwischen anders überlegt, und so mußten sie per Anhalter nach Prag zurückkehren. Im zweiten Anlauf wollte sie, um in den Westen zu kommen, es mit einer Heirat versuchen. Ihren zukünftigen Ehemann hatte sie eine Woche vorher kennengelernt, aber als tschechische Staatsbürgerin ihre erträumte Freiheit zu erreichen – dies war ihr eine übereilte Heirat schon wert. Schubi erfuhr im Prager Rathaus, daß es allerdings bis zur Erlangung der Staatsbürgerschaft ein langer Weg wäre. Da sie kein Geld hatte, um zu probieren, ob sich der Weg vielleicht abkürzen ließ, mußten neue Überlegungen her. Treffpunkt vieler junger Menschen war immer wieder in jener Zeit die Karlsbrücke. Dort lernte sie auch junge Leute kennen, die ihr weiterhalfen. Silvia Dzubas erzählt von ihrer abenteuerlichen Reise:

»Meine Kompagnons von der Karlsbrücke vermittelten den Kontakt zu einem jüdischen amerikanischen Paar. Die beiden wirkten auf mich genau so, wie ich mir Juden in Amerika immer vorgestellt hatte: hilfsbereit, selbstbewußt, frei. Gemeinsam überlegten wir, wie sie mir helfen könnten, in den Westen zu gelangen. Wir heckten einen Plan aus für den nächsten Tag. Ich sollte meine Haare eindrehen mit Lockenwicklern und damit im Schlafwagenzug nach Wien fahren.

Mein ›amerikanischer Gatte‹ würde dem Schaffner die

Pässe zeigen. Ich sollte nur verschlafen blinzeln. Nach der Ankunft in Wien wollten wir die Ehefrau telegrafisch benachrichtigen. Den Verlust ihrer Papiere, ihrer Handtasche hätte sie dann bereits der amerikanischen Botschaft gemeldet. Der Plan gefiel mir gut.

Es war die Nacht zum 21. August 1968. Ich konnte nicht einschlafen, war müde und zugleich aufgeregt. Hörte furchtbares Gebrumme und Getöse, so nah, daß es geisterhaft klang. Es gelang mir nicht, diese Geräusche zu deuten. Letztlich dachte ich, daß es an meiner Aufregung liege. Ich kam nicht im Traum darauf, daß die Brüder aus dem Ostblock die Stadt besetzten.

Die Geräusche von Flugzeugen, wie sie meine Geschwister bestimmt vom Krieg her kannten, habe ich nie gehört. Ich bin Ende der Vierziger geboren, und dies war meine erste Berührung mit einer Kriegssituation. In jeder Minute landete auf dem Flughafen Ruzyně ein sowjetisches Flugzeug. Vollgestopft mit Panzern und Soldaten. Das war ungeheuerlich. Auch zu ungeheuerlich für meine Phantasie und politische Vorstellungsgabe. Am nächsten Morgen stand ich vor der Tür des Studentenhotels in der Opletalovastraße und hörte Schüsse vom Wenzelsplatz. Die Prager hielten sich Transistorgeräte ans Ohr, sprachen aufgeregt miteinander.

Ist Krieg?

Ausgerechnet an dem Tag, an dem ich fliehen will?

Ich verstand gar nichts. Wer gegen wen? Was würde nun aus meiner Flucht mit dem Nachtexpreß nach Wien? Ich mußte auf den Hradschin. Dort hatte ich mich mit meinem ›amerikanischen Ehemann‹ verabredet.

Am Wenzelsplatz steckten die Russen ihre Köpfe aus den Panzern, in heftige Diskussionen mit der Prager Bevölkerung verwickelt. Nicht alle Soldaten wußten, wo sie einmarschiert waren. Waren sie in Westdeutschland? Nein, ihr seid in der Tschechoslowakei, riefen ihnen die Prager zu. An den Schaufensterscheiben der Geschäfte klebten selbstgefertigte Plakate: Brüder, wir haben euch nicht um Hilfe gebeten, geht nach Hause! Alle Wegweiser der Stadt waren verdreht und die Straßennamen überklebt. Tschechischen Witz spürte man in der Geisterstadt Prag allerorten. Man hatte auch Weichen verstellt, sollten doch die Truppenzüge im Kreis fahren. Iwan go home, wir brauchen dich nicht.

Ich traf meine jüdischen Helfer zwar wie verabredet am Hradschin, aber sie trauten sich nicht mehr, mit mir die Flucht zu wagen. Die Kriegssituation beunruhigte sie, und sie fügten sich der offiziellen Weisung, das Land sofort zu verlassen. Ich wollte nun erst recht nicht in die DDR zurück. Vor allem deshalb nicht, weil ich wußte, daß auf jeder Universität, in jedem Betrieb gegen den Prager Frühling gehetzt werden würde. Nein, das wäre mir wie ein Verrat am Paradies vorgekommen. Verrat an meinen eigenen Träumen. Keine Lockenwickler und kein Nachtexpreß entführten mich also nach Wien. Wenige Tage später traf ich nahe der Karlsbrücke Freunde aus der DDR. Da wir einander vertrauten, erzählte ich ihnen, daß der Einmarsch der Warschauer-Pakt-Truppen meine Chance, nach Wien zu kommen, vereitelt hatte. Meine Vermutung bestätigte sich. Auch sie planten eine Flucht vom Drei-Länder-Zipfel aus. Hier treffen Österreich, Ungarn, die Slowakei, getrennt durch den Grenzfluß Morava, aufeinander. Sie hatten erfahren, daß von tschechischer Seite nicht nach Österreich geschossen würde, weil die österreichische Regierung gerade vehement gegen Schüsse an ihrer Grenze protestiert hatte.

Nachts wollten wir diesen Grenzfluß durchschwimmen: fünf Erwachsene und ein fünfjähriges Mädchen. Meine Freunde fuhren mit dem Zug nach Bratislava. Ich trampte, da ich kein Geld mehr für eine Zugfahrt hatte. Ein ungarischer LKW hielt. Ich erzählte dem Fahrer, daß ich eigentlich nach Österreich wollte, aber keinen entsprechenden Paß besaß. Er bot mir an, meinetwegen einen Umweg über Österreich zu fahren. Dazu würde er mich unter den Gemüsekisten verstecken. Ich entschied mich dafür und kroch unter die Kisten. Lag bewegungslos. Es dauerte eine Ewigkeit, dann hielt der Wagen wieder. Ich hörte Stimmen, konnte aber nichts verstehen. Ich wartete und wartete in großer Anspannung. Endlich öffnete sich die Tür.

War ich nun in Österreich?

Der Mann zeigte in eine Richtung, in die ich laufen sollte. Er hatte es sich anders überlegt. Ich hörte lautes Hundegebell. Dort war bestimmt die Grenze. Woran sollte ich mich mitten in der Nacht orientieren? In einem Gelände, das ich nicht kannte! Vor den Hunden hatte ich Angst. Nach einer Weile glaubte ich, Geräusche von der Straße zu hören. Ich fand im Dunkeln schließlich dorthin, und ein Auto nahm mich mit. Um Mitternacht traf ich in Bratislava ein. Ab 20.00 Uhr herrschten Ausgangssperre und Kriegsrecht im ganzen Land. Es war lebensgefährlich, sich auf der Straße aufzuhalten. Auf einem großen Platz standen Panzer. Einige Menschen gestikulierten vor russischen Soldaten. Es waren meine Freunde, sie versuchten als harmlose Touristen zu erscheinen, gaben vor, der Zug habe sich verspätet. Endlich ließen die Russen uns passieren. Da ich keine Krone mehr hatte, bezahlten meine Freunde für mich das Hotel. Wir genossen es, beisammen zu sein. Am nächsten Morgen erkundeten W. und H. die Fluchtroute. Sie fuhren ins Grenzdorf, inspizierten die Mauer. Wir Frauen versuchten noch einmal Quartier für eine Nacht zu finden. Die Besatzungsvorschriften erlaubten nur eine Übernachtung im Interhotel. Wo würden wir die kommende Nacht schlafen? Mein Blick fiel von der Straße aus in ein Café. Dort saß ein Bob-Dylan-Typ, mit dunkler Brille. Ich ging auf ihn zu, er lächelte mich an, und ich fragte ihn ohne Umschweife, ob ich bei ihm übernachten könne – und noch vier Erwachsene und ein Kind. Er musterte mich, sah auf die anderen, lachte und meinte, daß wir Glück hätten, auf ihn zu treffen. Kurz zuvor hatte er seine Frau mit dem Kind aufs Land gebracht. Der Aufenthalt dort für die Familie erschien ihm weniger gefährlich. Er war Architekt; wir besetzten seine nicht allzu große Wohnung für eine Nacht. Für die nächste war die Flucht geplant. Den folgenden Tag hatten wir Zeit, um uns vom Sozialismus freudig zu verabschieden. Wir initiierten ein euphorisches Happening: Ausweise der Gewerkschaft, der Gesellschaft für Deutsch-Sowjetische Freundschaft und der Freien Deutschen Jugend wurden zerrissen und in die Morava gestreut.

Wie oft fragten wir uns wohl, um unsere Stimmung zu heben: Wo werden wir in Wien frühstücken? Wir waren guter Laune. Abends fuhren wir mit dem Bus ins Grenzdorf. Es war bereits düster, als wir ausstiegen. Die Grenze war noch nicht beleuchtet. Ich hielt das für günstig und meinte, wir sollten die Flucht sofort wagen. H. sagte, das wäre gegen unseren Plan, der erst Mitternacht starten sollte. So liefen wir nach Plan in die Berge, um Mitternacht abzuwarten. Unzählige Mücken plagten uns. Wir mußten unheimlich vorsichtig sein, denn nun kontrollierten Scheinwerfer das gesamte Gebiet.

Endlich war Mitternacht.

Wir liefen die Berge im Trab hinunter, über uns die Lichtkegel der Scheinwerfer. Kurz vor dem Überklettern der Mauer sprang ein Hund auf die Schulter von D. Zwei Soldaten lagen bereits am Grenzzaun und erwarteten uns. Ein Jeep kam und lieferte uns auf der nächsten Wachstation ab. Der Offizier griff zum Telefonhörer, um die DDR-Botschaft zu benachrichtigen. Diese Information würde uns ins Gefängnis bringen. Mitten im Anwählen fragte ich ihn, ob er das verantworten könne, daß dieses kleine Mädchen, fünf Jahre alt, in ein Waisenhaus käme, solange die Eltern im Gefängnis sind? Ich sagte auch, daß wir uns schämen würden, weil die DDR mitgeholfen habe, sein Land zu besetzen. Wir hätten auf Dubček gehofft, nicht auf Ulbricht. Er hielt inne. Meine Vermutung bestätigte sich, daß es auch in der Armee Dubček-Anhänger gab. Von einer Minute zur anderen veränderte sich sein Verhalten. Wir bekamen Tee und Schmalzstullen. Wir mußten ihm das Versprechen geben, mit dem nächsten Zug in die DDR zurückzufahren.

Wieder stiegen wir in den Jeep, der uns zum Bahnhof

Bratislava brachte. Meine Freunde fuhren in die DDR zurück. Ich stieg in Prag aus.

Ohne einen Pfennig, ohne Quartier und gültige Papiere. Ich flehte gen Himmel: Hilfe! Die Flucht mußte klappen, irgendwie. Wo sollte ich schlafen?

Mitten im Zentrum, im Gedränge, fragte ich eine Passantin, die in meinem Alter war, ob ich bei ihr übernachten könne. Sie musterte mich und sagte: ›Ja, für eine Nacht.‹ Am nächsten Tag kam ich bei einem Schönling unter. In seiner großen Wohnung auf der Kleinseite verbrachte ich etwa 10 Tage.

Ich suchte die westdeutsche Handelsvertretung auf; sie befand sich damals noch am Wenzelsplatz. Dort berichtete ich von meiner verfahrenen Situation, daß mir sowohl bei Rückkehr in die DDR Bestrafung drohte als auch bei weiterem Verbleiben hier in Prag. Der Beamte deutete mir an, daß wir abgehört würden. Ich sollte nicht weiterreden. Er könne mir leider nicht helfen. Dasselbe in der chinesischen Botschaft auf der Kleinseite. Etwas anders verlief der Besuch in der schwedischen Botschaft. Sie gaben mir konkrete Hilfestellung. Da mein Bruder in Stockholm lebte, schlug man vor, daß er in meiner Angelegenheit in der israelischen Botschaft vorsprechen solle. Mit einem Laissez-passer wäre es möglich, von Prag via Wien nach Israel auszureisen. Beide Botschaften würden mir dabei helfen.

Mein Bruder machte sich auf den Weg zur Botschaft. Wegen der Feiertage in Israel war sie aber gerade geschlossen. Einen weiteren Versuch unternahm er nicht. Er wußte, daß ich mich in großer Gefahr befand und daß jeder Tag zählte. Das schien ihn jedoch wenig zu kümmern.

Im Hotel Alcron arbeiteten Journalisten der großen westlichen Zeitungen. Hier lärmte und summte es ununterbrochen. Einige Journalisten versprachen mir, mit einem Paß zu helfen. Ich saß wie auf Kohlen, wartete, hörte zu.

Wer würde kommen und mir einen Paß bringen? In welches Land? Wer würde mich aufnehmen?

Plötzlich sprach mich der Hotelmanager an, er fragte nach meinem Paß. Als ich ihm den DDR-Personalausweis zeigte, wurde er zornig. Was ich hier wollte? Ob ich nicht wüßte, was das ›Neue Deutschland‹ über dieses Hotel schreibe? Das ›Alcron‹ würde als konterrevolutionäres Nest beschimpft. Er wollte die DDR-Botschaft anrufen. Ich sagte ihm, daß ich nicht in die DDR zurückkehren wolle. Ich mußte ihm versprechen, das Hotel nicht wieder zu betreten, und durfte mich von niemandem verabschieden.

Nur wenige Schritte vom Hotel entfernt traf ich Karl, den ich flüchtig kannte. Er bot mir sofort an, daß ich bei ihm wohnen könne. Ich bezog das schönste Zimmer mit Musikanlage, erhielt Taschengeld. Liebenswürdige Menschen waren um mich: Karl und seine Schwester Maria. Mittlerweile war es Mitte September geworden. In Leipzig würde man schon die Polizei eingeschaltet haben. Schaute mich jemand etwas länger an, so stieg ich aus der Straßenbahn aus. Im Café Slavia wurde ich einmal durch die Kaffeehausscheiben von der Straße aus fotografiert. Was steckte dahinter? Ich verschwand sofort.

Ab September gab es wieder westdeutsche Touristen in Prag. Mit einem Verlagsangestellten und einem Buchhändler schloß ich Bekanntschaft. Sie wollten mir helfen. Ich gab zwar nicht viel darauf, schrieb ihnen aber meine Telefonnummer auf. Nach zirka drei Wochen erhielt ich einen Anruf. Ich sollte unbedingt zu einem Fest nach Bratislava kommen. Ich würde vom Bahnhof abgeholt. Lebt wohl, Karl und Maria, ihr wunderbaren Menschen. Ich stieg in den Zug.

Abends traf ich in Bratislava ein. Zwei Jugoslawen und eine Frau mit einem Kind auf dem Arm sprachen mich am Bahnhof an. In ihrem Auto sollte ich am späten Abend nach Wien fahren. Ich würde den Platz der Frau einnehmen. Die Frau schien zehn Jahre älter als ich, verhärmt und dünn. Ich zögerte. Mit so wenig Aussicht auf Erfolg hatte ich noch nie eine Flucht angetreten. Andererseits war ich schon so lange untätig. Da wuchsen Resignation und Verzweiflung. Doch eine andere Chance war nicht in Sicht. Schließlich gingen die jugoslawischen Helfer ebenfalls ein Risiko ein, und wenn sie dazu bereit waren – warum sollte nicht auch ich es sein!

Ich mußte meinen neuen Namen lernen. Ich wiederholte ihn alle fünf Minuten, und in der siebenten war er wie ausgelöscht. Unser Unternehmen startete gegen neun Uhr. Auf dem Rücksitz mit tief ins Gesicht gezogenem Kopftuch saß ich, das Kind auf dem Schoß. Vorne saßen mein fiktiver Gatte und sein Bruder Kemal. An der Grenze reichte mein ›Ehemann‹ unsere beiden Pässe hin. Der Soldat schaute mich an und schüttelte den Kopf. In diesem Moment übergab Kemal auch seinen Paß. Es wurden Worte gewechselt, Fragen gestellt, die ich nicht verstand. Der Grenzer winkte, wir durften weiterfahren.

Ich fragte, was Kemal mit dem Grenzer besprochen habe, und erfuhr, daß der Beamte wissen wollte, ob er jener Kemal wäre, der die verwundeten Slowaken ins Krankenhaus gefahren habe. Jahre später erfuhr ich, daß diese Jugoslawen während der Besatzung todesmutig mitten im Gewehrhagel Slowaken geholfen hatten. Hatte der Grenzer über seine Freude, Kemal zu treffen, mich vergessen? Oder wollte er mich nicht sehen?

Kemal rettete auch mich. Ohne irgendeine Entschädigung.

Am 23. Oktober 1968 war ich 22.20 Uhr in Wien und frei!«

Irgendwann erhielt ich von Schubi eine Postkarte aus Schweden. Sie schrieb mir, daß sie demnächst in Westberlin ein Kunststudium aufnehmen würde.

Silvia Dzubas lebt heute als Malerin in Berlin. Ihr Vater, Jude und Kommunist, er überlebte das KZ, bekam nach Schubis Flucht die Rache des Apparates zu spüren. Die staatliche Behörde kürzte seine Zusatzrente, die er als Verfolgter des Naziregimes erhielt, und er mußte auf Parteiversammlungen scharfe Kritik wegen seiner verfehlten Erziehung erdulden.

Auf besondere Weise kehrte Schubi 1998, genau dreißig Jahre nach ihrer Odyssee, für eine Zeit nach Prag zurück. In einer Prager Gedenkstätte wurden ihre Bilder ausgestellt.

Guido

Wer in der DDR irgend etwas tat, was in den Augen der Machthaber von einer feindlichen Position aus geschah, der bekam die Willkür dieses Staates schmerzhaft zu spüren. Die folgende Geschichte zeigt das sehr eindringlich.

An einem Wochenende im August 1968 stand mein Freund Guido – er lernte zu der Zeit beim VEB Stahlbau in der Zinkerei – wieder einmal mit seiner Meute an der Ecke bei Foto-Seyboth in der Karl-Liebknecht-Straße. »Es war schweinewarm.« Die Jungs hatten aber keine Lust, baden zu gehen. »Los, mir gehn in die Stadt!« Sie hofften, daß sie dort vielleicht ein paar Mädchen kennenlernen würden. Die ganze Truppe trug vietnamesische Badelatschen. Das waren jene Dinger, bei denen ein Gummi zwischen den Zehen die Pantolette am Fuß verankerte. »Man glitschte bei der Hitze tüchtig in den Latschen rum.« Irgend jemand kam auf die Idee, die »Scheiß-Schuhe« auszuziehen und barfuß zu gehen. Also schmiß die Meute die Pantoletten in eine Ecke jenes Hauses, in dem sich die Bierkneipe mit dem schönen Namen »Stehfest« befand, und machte sich auf nackten Sohlen davon. Ein Kofferradio war natürlich immer dabei. Ziel war die Milchbar neben dem Filmtheater Capitol. Erdbeershake hieß damals das Mode-Getränk.

Dann bummelten die jungen Leute noch ein wenig durch die Stadt, mit Mädchen war an diesem Tag nichts los. Die zogen bei der Hitze wohl das Freibad vor. Gelangweilt schlenderte Guidos Truppe zurück, sie holten ihre Kunststoff-Latschen und gingen einzeln nach Hause. Das alles passierte an einem Sonntag. Am Montag stieg Guido wieder in den A-Bus und fuhr in die Spinnereistraße zu seiner Lehrstelle. »Vor dem Frühstück hieß es, ich soll zum Obermeister kommen. Da mußtest du eine Stahltreppe hoch. In seinem Büro sah ich noch zwei andere Typen mit drin stehen. Der Obermeister sagte: ›Na, Brüssow, was hast du denn ausgefressen?!‹ Ich antwortete: ›Nischt, was soll ich denn gemacht haben, gar nischt.‹ Plötzlich forderten mich die zwei Typen auf, ich sollte mitkommen, und dabei haben sie etwas von Rumgammeln gesagt. Dann führten die mich ab, und draußen stiegen sie mit mir in einen Barkas-Bus. In dem Moment ging mir der Frack, ich wußte ja überhaupt nicht, was los war. Ich bekam Angst. Meine Arme waren auf den Rücken gedreht und mit einer Kette gefesselt. Da saß ich nun in dem Auto mit meinen dreckigen Arbeitsklamotten. Sie fuhren mich irgendwohin. Als ich ausstieg, hatte ich keine Ahnung, wo ich mich befand. Von meiner Hose mußte ich den Gürtel abmachen. Ich mußte alles zeigen, was ich einstecken hatte. Meine ›Juwel‹ oder ›Jubilar‹ nahmen sie mir weg. Dann führten sie mich in eine Zelle. Die sah ganz gruselig aus. Ein enger Raum, ein Brett, das mit einem Schloß an der Wand befestigt war. Die Pritsche wurde abends runtergeklappt. Ich habe den ganzen Tag gestanden. Ein Fenster war ziemlich weit oben, da wäre ich nie rangekommen. Wenn ich auf die Toilette wollte, mußte ich klopfen. An eine Stahltür. Ich habe gedacht, ich spinne, was sollte denn das alles?

Irgendwann holte mich jemand ab: ›Komm mal mit!‹ Da saß einer in Uniform in einem komischen dunklen Zimmer. Heute würde man sagen: Ich dachte, ich bin im falschen Film! Und der forderte mich auf, besser gleich die Wahrheit zu sagen, die anderen seien auch alle hier, und wir wären doch wegen dem Dubček in der Stadt gewesen und hätten protestiert, ›Dubček‹ gebläkt. Das hatten wir damals wahrscheinlich so aus Geigel gerufen, bei der Begrüßung: Dubček!

Das war ja für uns im Osten so eine Art Che Guevara. Wir hatten zwar keine Ahnung von Politik, oder was Dubček wirklich wollte, aber wir fanden ihn irgendwie gut. Wir hatten das Gefühl, in der Tschechei, da tat sich was. Der war für uns ein Held.

›Warum seid ihr barfuß gelaufen?!‹

Die wollten selbst aus unseren nackten Füßen noch eine politische Aktion machen! Dann haben sie mir mal die Pritsche runtergeklappt und wieder hochgeklappt. Ich hatte überhaupt kein Zeitgefühl. Wenn ich zum Verhörzimmer geführt wurde, haben die sich einen Gag gemacht und mir beim Gehen mit ihren Stiefeln unter die Füße gehauen. Dann stolperte ich, und sie wiesen mich zurecht: ›Loof langsam, Bürger!‹

Meine Mutter sagte mir später, daß ich drei Tage da drin gewesen bin. Am Mittwoch also mußte ich unterschreiben, daß ich gut behandelt worden wäre. Ich hatte aber ab und zu ein paar gepflastert gekriegt, dabei war mir sogar die Lippe aufgesprungen. Doch wir sollten unterschreiben – zwei von meinen Kumpels saßen auch in dem Zimmer. Und da habe ich gesagt: ›Das unterschreibe ich nicht, ich bin geschlagen worden.‹ Da bekam ich gleich noch eine gedonnert; mir taten oben die Zähne weh, und meine Nase hat geblutet. Der zweite Mann im Zimmer hat mir noch eins von hinten auf die Birne gegeben. Auch meine Kumpels, der Lehmann und der Jürgi, wurden ins Gesicht geschlagen. Und dann hat einer von denen gesagt: ›So, jetzt könnt ihr es euch überlegen: entweder ihr unterschreibt oder ihr bleibt hier drinne.‹ Mir kamen die Tränen, mein Mund war wie betäubt. Wie beim Zahnarzt. Da hab ich mir gesagt, du kommst hier für lange nicht raus, wenn du die Unterschrift verweigerst. Und dann hab ich eben unter Schmerzen unterschrieben, daß ich gut behandelt worden bin. Als ich das Gebäude verließ, sah ich, daß ich in der Fockestraße war, im Polizeirevier Süd. Wahrscheinlich lagen die Zellen im Keller.

Wir liefen gemeinsam nach Hause, an der Rennbahn entlang, ich in meinen Schlosserklamotten, und wir schworen, das lassen wir uns nicht gefallen, die spinnen ja. Meine Mutter erschrak, als sie mich sah. ›Was hast du denn gemacht?‹ Ich sagte: ›Gar nichts, ich hab gar nichts gemacht. Das waren die. Das laß ich mir nicht gefallen.‹ Am selben

Tag ist sie noch in die Fockestraße gelaufen und hat dort im Revier losgepoltert: ›Was war denn hier los?!‹ – ›Was soll los gewesen sein‹, meinten die, ›Ihr Sohn ist vielleicht hingefallen.‹ Und dann haben sie ihr meine Unterschrift gezeigt und gesagt: ›Ihr Sohn hat sich vielleicht mit seinen Kumpels geprügelt.‹

Meine Mutter fing an zu zweifeln. Mir kamen die Tränen, ich habe geheult und gesagt, klar, haben die mich geschlagen. Und ich war hilflos in meiner Wut auf diese Typen und daß mir meine Mutter nicht glaubte.«

Wer hatte die Meute angezeigt?

Wer wird den 17jährigen Guido mit seinen Kumpels verpfiffen haben?

»Am Fenster hingen doch immer welche rum, die hatten sich sogar Kissen reingelegt, damit ihnen die Arme nicht weh taten. Irgend jemand von denen wird wohl angerufen haben. Vielleicht, weil er den Namen Dubček aufgeschnappt hat.«

Aufklärung

Peter Seidel, Sie kennen ihn bereits als Mitglied des verbotenen Kabaretts »Rat der Spötter«, erzählte mir, was ihm an seinem Arbeitsplatz im Sommer 1968 widerfahren ist. »Schnafte«, so sein schöner Spitzname, war vom Urlaub aus der ČSSR zurückgekehrt, ein Kollege in seinem Zimmer bei der DEWAG ebenfalls. An ihrem ersten Arbeitstag wurden beide zum Direktor bestellt. »Kollegen, ihr wart in der ČSSR im Urlaub?«

»Ja.«

»Habt ihr gemerkt, daß in der Tschechoslowakei übers Wochenende der Faschismus die Macht übernommen hat?«

Die beiden sahen sich erstaunt an, und Schnafte meinte: »Nein, davon haben wir nichts gemerkt.«

»Dann habt ihr wieder mal nicht aufgepaßt! Kollege Seidel, haben Sie einen Fernseher?«

»Nein, ich habe keinen Fernseher.«

»Kollege Weißbrot, haben Sie einen Fernseher?«

»Ja.«

»Gut. Ihr beide geht jetzt zum Kollegen Weißbrot und seht euch die Wiederholung vom ›Schwarzen Kanal‹ an. Dort wird euch gezeigt, was in der Tschechoslowakei passiert ist!«

Beiden Kollegen wurde quasi akuter politischer Bildungsurlaub verpaßt. Aus gutem Grund: Man wollte sich auf die Wahrnehmung des DDR-Bürgers nicht verlassen. Dort, wo er im Gras einen Hasen entdeckte, mußte er lernen, einen Wolf zu sehen.

Die Aktion

Ich war gerade von der Grimmaischen Straße abgebogen und ging den Neumarkt entlang. Hinter dem Messehof klaffte noch immer eine der vielen kriegsbedingten Baulücken. Seit Jahrzehnten befand sich dort in einer Art Baracke die Aufbau-Tombola. Eine Tombola existierte also, es haperte nur mit dem Aufbau.

Auf dem Platz vor dem Lotterie-Bungalow stand auf einem Podest über Jahre ein Trabant. Der Hauptgewinn! Ich vermute, das Los dafür ist nie gedruckt worden. Er stand ewig da, wohl gar bis zum Ende der DDR.

An jener Stelle war auch ein Lautsprecher des unsäglichen Stadtfunks installiert, der vor allem an zentralen Haltestellen nachmittags die Wartenden mit Erfolgsmeldungen nervte. Beim Näherkommen hörte ich den Sprecher sagen: »... Persönlichkeiten der Partei und des Staates der ČSSR wandten sich an die Sowjetunion und die anderen verbündeten Staaten mit der Bitte, dem tschechoslowakischen Brudervolk dringend Hilfe, einschließlich der Hilfe durch bewaffnete Kräfte, zu gewähren ... Am heutigen 21. August 1968 haben sowjetische Militäreinheiten gemeinsam mit Militäreinheiten der verbündeten Länder das Territorium der ČSSR betreten.«

Ich stand da und war wie vor den Kopf geschlagen. Ich fühlte wieder diese Mischung von Zorn und Ohnmacht, wie sie mich zum letzten Gottesdienst in der Universitätskirche erfüllt hatte. Diese Welle, dieser Druck im Bauch. Ein Bekannter kam den Neumarkt entlanggeschlendert. Kein Gruß, wir sahen uns an, und ich fragte ihn sofort: »Hast du das gehört?«

»Ja.«

Wir standen da, schwiegen hilflos, schüttelten den Kopf.

Uns fehlten die Worte, wir gaben einander die Hand und gingen unserer Wege. Ich kaufte mir für 10 Pfennig an diesem Mittwoch eine »AZET«. Die dicke schwarze Titelschlagzeile sprach der Wirklichkeit hohn:

»Bruderhilfe für die ČSSR zum Schutz des Sozialismus« Zynischer ging es wirklich nicht.

Wer waren denn diese Persönlichkeiten der Partei und des Staates? Ich suchte im Text: kein Name, kein Foto, nichts. Was waren das für bewaffnete Kräfte? Ich wußte noch nicht, daß schon Panzer über den Wenzelsplatz rollten.

Stefanie hatte mit ihrer Freundin von Budapest noch nach Prag reisen wollen, weil ich so von dem neuen Leben in der Tschechoslowakei geschwärmt hatte. War sie im Land? Wie kam sie raus? Denn vermutlich waren alle Grenzen geschlossen ... Einige Tage später erzählte sie mir von ihrer Odyssee. Von der DDR-Botschaft in Budapest hatten sie Geld und Quartier für drei Nächte erhalten. Von dort erfuhren sie auch, wann ein Zug bereitgestellt würde. Eine Fahrt durch die ČSSR war nicht mehr möglich. Von Budapest brachte sie ein überfüllter Zug an die sowjetisch-ungarische Grenze. Ihr Proviant bestand aus einem Weißbrot, einer Flasche Ketchup und einer mit Mineralwasser. Nachts erreichten sie die russische Grenzstation und stiegen in Waggons um, in die man Bänke, ähnlich denen aus Turnhallen, gestellt hatte. Männer rollten Luftmatratzen und Schlafsäcke auf dem Boden aus, damit sich Kinder und ältere Fahrgäste hinlegen konnten. Toiletten gab es nicht. Die Männer pinkelten aus dem fahrenden Zug. Warten auf Bahnhöfen, keinerlei Versorgung. Auf dem Bahnsteig konnten sich Stefanie und ihre Freundin lediglich die Flaschen am Wasserhahn füllen. Hinter der polnischen Grenze standen wieder normale Reisezüge bereit, schließlich endete die abenteuerliche Fahrt nach 56 Stunden in der Heimatstadt ... Ein Leipziger würde sagen: Ä ganz scheener Umbohchen!

In der »AZET« las ich aus einem Appell des ZK der SED

an die Bürgerinnen und Bürger der DDR: »Im Interesse ihrer Sicherheit, im Interesse der Völker und des Weltfriedens konnten und durften die sozialistischen Bruderländer nicht zulassen, daß die ČSSR aus der Gemeinschaft der sozialistischen Staaten herausgebrochen wird ... Die dem Sozialismus treuen Kräfte, die das schändliche Komplott der rechten und der antisozialistischen Elemente durchschauten, haben die Mahnung Julius Fučiks beachtet: ›Menschen, seid wachsam!‹«

Welch eine Verdrehung der Tatsachen! Ich hatte doch die begeisterten Massen gesehen, die Dubček zujubelten! Die ganze Welt hatte es doch gesehen. Wie konnte man bloß im Angesicht der Wahrheit so lügen?!

Der Aufruf endete mit den Worten: »Es lebe die unverbrüchliche Solidarität und das Bündnis zwischen der DDR und der ČSSR!« Welche ČSSR meinten die denn?!

Im Anschluß wurden die bestellten Zustimmungserklärungen abgedruckt und die Vergleiche zum 13. August 1961 gezogen. Damals war der Frieden gerettet worden, und in diesen Tagen wurde er schon wieder gerettet. Gerhard Köhler, Kirow-Werk Leipzig, Betriebsteil Hauptmechanik, schreibt: »Die KPČ hatte teilweise die Macht an rechtsextremistische Kräfte abgeben müssen. Deshalb mußten wir gemeinsam verhindern, daß der Klassenfeind sich in einem Land des sozialistischen Lagers breit macht.«

Dubček war also neuerdings ein Rechtsextremist! Der Mann hatte in Moskau studiert.

Ich blätterte in der Zeitung ... Es gab eine Rubrik, die hieß die »7-Uhr-Frage« und wurde immer am nächsten Tag beantwortet. Am 21. August war sie von Ronald Petri aus Halle gestellt worden: »Mir ist bekannt, daß jetzt alle Getreidearten bis auf Hafer mit dem Mähdrescher geerntet werden. Warum kann man bei Hafer nur den Mähbinder einsetzen?« – Dazu morgen »AZET« besorgen. Hoffentlich hat sich Herr Petri am nächsten Tag die »AZET« gekauft, damit er wieder ruhig schlafen konnte.

Was bot die »AZET« noch an diesem Tag. Eine der größten Anzeigen galt dem KONSUM-BROT an sich, und der Obst- und Gemüsehandel des Bezirkes Leipzig warb unter der Überschrift:

»Erntefrisch auf den Tisch!
Vitamine im Winter – nie genug,
wer jetzt einkocht – handelt klug!
Deshalb jetzt Birnen kaufen!«

Der Satz vom Einkochen bekam im August 1968 eine ganz andere Bedeutung, denn nun ging es politisch ans »Eingemachte«. Die mächtigen Ostblock-Funktionäre in Moskau und Ostberlin wußten ganz genau, daß ihre Tage gezählt waren, wenn Dubčeks Reformen glückten. Deshalb schickten sie Panzer nach Prag!

Unter den Ketten dieser Panzer wurden die Blumen des Prager Frühlings zermalmt.

Freunde erzählten mir, wie sich tschechische Urlauber am Balaton weinend um die Kofferradios scharten.

Deutsche Panzer wieder in der Tschechoslowakei – das wagte man doch nicht! Die DDR beteiligte sich zwar in logistischer Hinsicht an dem Überfall, aber die NVA-Truppen blieben an der Grenze stehen.

Am ersten Tag der Besetzung starben 30 Menschen, insgesamt gab es 150 Tote. Unvergeßlich das Foto eines Mannes, der sich voller Verzweiflung in seiner gestreiften KZ-Häftlingskleidung vor einen Panzer stellte. Die Jacke aufgerissen, dem Panzerrohr seine nackte Brust bietend.

Die Wut wuchs. Wie konnte man im Politbüro annehmen, daß wir diese in Funktionärsdeutsch abgefaßten Lügen glauben würden? Das durfte man sich doch nicht alles gefallen lassen! Man mußte etwas tun. Aber was?

Ein paar Tage darauf saß ich mit einem Bekannten in »Lüttichs Weinstuben«. Ich weiß noch, daß ich an jenem Abend ein gerahmtes Foto von der Universitätskirche, das an der Wand neben unserem Tisch hing, betrachtete. Ich war mir nicht sicher, ob es schon immer dort gehangen hatte, oder ob es Herr Lüttich erst nach der Sprengung dort anbringen ließ. Damals habe ich gar nicht daran gedacht, daß die Stasi ja nur wenige Schritte entfernt residierte und auch jene Herren, so sie vor dem Auge Herrn Lüttichs bestanden, zu den Gästen zählen könnten. Beim Bier sprachen wir über das ungeheuerliche Geschehen in der ČSSR.

»Wir können uns das doch nicht alles so gefallen lassen! Man müßte was machen.«

»Aber was?«

Ich hatte in Prag an den Hauswänden oft Losungen gesehen, die mit Kreide geschrieben waren. Am meisten hatte ich gelesen »Viva Dubček!«

»Einfach mit Kreide ›Dubček‹ an die Wand schreiben. Nichts weiter. Nur damit alle sehen, wir denken an ihn. Auch hier in Leipzig gibt es Leute, die mit ihm solidarisch sind.«

»Gut, das machen wir.«

»Wann?«

»Nächsten Mittwoch. Nach dem Lyrikzirkel.«

In der Nacht vom Dienstag zu jenem Mittwoch träumte ich, daß wir bei unserer Aktion verhaftet würden. Ich verscheuchte diesen Traum und sagte nichts davon, als wir uns wieder in »Lüttichs Weinstuben« trafen und dort in einer besonderen Anspannung bis zum Ausschankschluß saßen.

»Hast du die Kreide?«

»Ja.«

»Wo schreiben wir es ran?«

»Als erstes an die ›Pfeffermühle‹. Innen. Da wird es nicht gleich entdeckt, und die Besucher sehen es.«

Es war uns klar, daß diese Schriften nach der Entdeckung sofort von der Polizei abgewischt würden.

»Von da gehen wir rüber in die Messehofpassage. Da sehen es viele. Dort sehen wir uns nach weiteren Stellen um.«

Wir verabschiedeten uns von Herrn Lüttich und zogen los. Die Tür zum Bosehaus war offen. Kein Mensch zu sehen. Erregung packte mich. Ich nahm die Kreide, und schon stand »Dubček« auf dem Holz.

Im Volkspolizeikreisamt Leipzig erstattete der Haupt-

mann der Volkspolizei Horst Kinitz 05.50 Uhr Anzeige: »... daß am Mi. 28. 08. 1968 gegen 00.20 Uhr, in 701 Leipzig, Thomaskirchhof Nr. 16, am Eingang zum Kabarett Leipziger Pfeffermühle, mit weißer Kreide Dubcek geschmiert wurde.
Verdächtigt: Unbekannt
Delikt/Rechtsgrundlage: Staatsverleumdung § 220 StGB
Geschädigt: DDR
Begehungsweise: Täter schmiert mit weißer Kreide an Hauswand«.

Es war zwar die Tür, aber das ist jetzt mal sekundär. Davon erfuhr ich natürlich erst viel später. Genau 31 Jahre danach. 1968 hätte ich mir nicht träumen lassen, daß ich mit dem Schreiben des Wortes »Dubček« eine Staatsverleumdung beging! Schließlich stand dieser Name sogar im »Neuen Deutschland«! Aber zu unpassender Zeit und an unpassendem Ort, so stellte sich heraus, kann man auch mit dem Schreiben eines Namens die DDR schädigen.

Doch zurück zu jener Nacht im August. Wir liefen zur Petersstraße, betraten die Passage ... so war es mir in Erinnerung, aber es gab jemanden auf dieser Welt, der es besser wußte: der Utln.d.VP Rudolf Berger. Im Vernehmungsprotokoll dieses Zeugen las ich:

»Am Mittwoch, dem 28. 08. 1968 versah ich meinen Dienst in der Innenstadt von Leipzig. Gegen 00.10 Uhr bemerkte ich in 701 Leipzig, Preußergasse, 2 männliche Personen, die sich in Richtung Neumarkt bewegten. Diese Personen führten jeder eine Aktentasche mit sich. Auf Grund der Vorkommnisse mit Hetzzetteln in den letzten Tagen, hielt ich es für möglich, daß diese solche Schriften mit sich führen. Mein Verdacht wurde durch das Verhalten der einen Person, der in seine Aktentasche etwas nachschaute ...« – Hier unterbreche ich kurz das Zitat von Utln.d.VP Rudolf Berger, um Ihnen zu sagen, daß es sich nicht um einen Druckfehler, sondern um einen Originalsatz handelt!

»… Deshalb habe ich die Personen verfolgt. Sie gingen erst in den Eingang zur Gaststätte ›Erdener Tröpfchen‹ …«

Hier muß ich noch einmal unterbrechen: die Gaststätte hieß nach einer Weinmarke »Erdener Treppchen«, da aber aus beiden Wörtern im Sächsischen »Drebbchen« wird, hat der Utln. natürlich bei einem Lokal sofort an die »Tröpfchen« gedacht, die man dort zu sich nimmt.

»… wo sie ca. 2 Minuten verweilten. Dann schauten sie sich die Fenster des Städtischen Kaufhauses an und bewegten sich dann weiter zur Messehof-Passage, die sie durchliefen. In der Passage befindet sich der Wirtschaftseingang vom Messehaus Messehof. Die Tür des Wirtschaftseinganges ist ca. 1 m nach innen versetzt, so daß sie vom Eingang der Passage nicht eingesehen werden konnte. Einer der betreffenden Personen ging in diesen Eingang, während die andere Person stehen blieb und sich auffällig umsah.«

Ich schrieb wieder, und mein Bekannter paßte auf. Plötzlich bemerkte er am Eingang vom Neumarkt einen Mann, der zu uns herübersah und schnell verschwand.

Er warnte mich: »Da hat einer geguckt.«

»Dann verschwinden wir lieber von hier.«

»Die Person, welche in den Eingang gegangen ist, kam nach ca. 1 Minute wieder und beide entfernten sich in Richtung Petersstr. Auf Grund meines Verdachts lief ich sofort zum bezeichneten Eingang und überprüfte diesen. Dabei stellte ich fest, daß am rechten Pfeiler ein Kasten angebracht ist. Auf der Tür des Kastens stand mit weißer Kreide ›Dubcek‹ geschrieben.«

Ich vermute, jetzt war der Genosse Berger genauso aufgeregt, wie ich es beim Schreiben gewesen war.

»Da ich der Annahme war, daß dieses Wort durch die von mir verfolgten Personen geschrieben worden war, versuchte ich die Selben zu stellen. Ich habe sie aber nicht mehr gesehen. Deshalb suchte ich die nächste Telefonzelle auf und verständigte das VPKA über das Vorkommnis. Man sagte mir, daß sofort ein Funkwagen kommen würde.

Als der Wagen kam bin ich eingestiegen und wir suchten die umliegenden Straßen nach Personen ab.«

Wir liefen durch die Königshauspassage, passierten die Arkaden am Alten Rathaus, dann die ziemlich dunkle Katharinenstraße und bogen beim Brühl links um die Ecke.

»Im Brühl sah ich die gesuchten Personen in Richtung Friedrich-Engels-Platz laufen.«

Nach einigen Schritten quietschten hinter uns Bremsen. Zwei Polizisten stürmten auf uns zu. Ich weiß nicht mehr, was sie sagten, aber sie schoben uns ziemlich unsanft in das Streifenauto, und mir war schnell klar, daß mein Traum sich erfüllt hatte.

»Beide Personen leisteten bei der Zuführung keinen Widerstand und kamen den Aufforderungen unsererseits nach. Ich konnte bei ihnen keine Alkoholbeeinflussung feststellen.«

Über Funk hörte ich im Wagen die Anfrage, ob die beiden Verstärkung brauchten. Da drehte sich der eine grinsend zu uns um und meinte: »Äh wo, die fress morr alleene.«

In mir wuchs die Angst, während ich wahrnahm, daß die Fahrt zur Dimitroffstraße ging. Ich dachte das erste Mal an meine Mutter. O weh, wenn die wüßte, was jetzt mit ihrem Sohn passiert! Stahltüren gingen auf, und wir rollten ins Volkspolizei-Kreisamt Leipzig. Waren abgeschnitten von dieser Welt.

Wir wurden in einen Vorraum geführt und mußten uns in einigem Abstand an eine Wand stellen. Dann wurde ich in ein Zimmer gebracht.

»Alle Taschen leeren. Alles auf den Tisch.«

Danach lautete der Befehl: »Ausziehen!«

Als ich in der Unterhose vor dem Polizisten stand, schaute ich ihn fragend an, er reagierte mit einem Anflug von Milde: »Gut, wieder anziehen.«

Kein feindliches Flugblatt klebte mir auf der Haut. Da lagen nun meine mitgeführten Habseligkeiten. Ich weiß nur noch, daß ich vermutlich meinen Ausweis, Zigaretten und etwas Geld bei mir hatte, aber zum Glück gibt es ein »Leibesvisitationsprotokoll« über den »Zugeführten«. Genau 17 Gegenstände hatte ich in meinen Taschen bzw. in meiner Aktentasche.

Meine Geldbörse enthielt immerhin 32,01 MDN. Für die damaligen Zeiten beachtlich. Ein Taschenbuch hatte ich dabei, »Die Ungeliebte«. Das hätte eine Provokation sein können, wenn das die Genossen auf die DDR bezogen hätten. Meine Mitgliedsbuchverlängerung für die FDJ führte ich auch mit! Das mußte doch eigentlich einen guten Eindruck hinterlassen. Kurioserweise hatte ich die Hausbrand-Grundkarte I bei mir. Unter diesem Begriff werden sich westdeutsche und jüngere Leser kaum etwas vorstellen können. Die Karte war nicht etwa ein Grund, um ein Haus anzuzünden, sondern die Kohlenkarte für die entsprechende Zuteilung von Brennstoffen. Zwei Stück Zigaretten Marke F 6 besaß ich noch und eine »angerissene Schachtel Streichhölzer«.

Inzwischen hatten die Genossen hart gearbeitet. Zum einen in der Passage. Aus dem Protokoll vom »Aufsuchen des Ereignisortes von Oltn.d.K. Weigelt: »… Der Personenverkehr durch diese Passage, welcher auch zu dieser Zeit, z.B. durch heimgehende Besucher umliegender Nachtgaststätten usw., zu verzeichnen ist, war durch die Tatortsicherung (FStW) unterbunden … An der rechten Seite befindet sich eine Metalltür eines Verteilerkastens, welcher in die Wand eingelassen ist. Auf diese Tür ist mittels Wandtafelkreide das Wort ›Dubček‹ in Großbuchstaben (Druckschrift) angeschmiert. Die Höhe der Buchstaben beträgt am Wortanfang 14 cm und wird zum Wortende hin kleiner, bis 8 cm. Höhe über dem Boden rund 155 cm.

Durch Ltn.d.K. Gürtler wurde der Text fotografisch gesichert und eine Übersichtsaufnahme angefertigt … Anschließend wurde die Schmiererei entfernt.«

Die Genossen um Ltn.d.K. Riemann, die den Tatort am Thomaskirchhof untersuchten, gingen noch einen Schritt weiter: »Farbteilchen weißer Schulkreide von o. a. Tatschrift mittels Kunststoffschabers gesichert.

Verpackung: Aluminiumschachtel.«

In einer »Verfügung« stellt inzwischen Obltn.d.K. Löffler folgende zwei Fragen:

»1. Ist die fotografisch gesicherte Tatschrift für eine vergleichende Untersuchung geeignet?

2. Reicht die Menge der gesicherten Kreideteilchen von der Tatschrift für eine Vergleichsarbeit aus?«

Wir wurden erneut ins Auto verfrachtet. Wohin ging es denn nun? Ich glaube nicht, daß wir uns trauten, miteinander zu reden. Vermutlich hatte man es uns auch verboten. Über den Bayrischen Platz fuhren wir in die Philipp-Rosenthal-Straße und hielten vor einem Gebäude der Universitätsklinik, dem sogenannten Roten Haus. In einem Raum wurde uns Blut abgenommen. »Was haben Sie denn gemacht?« Ich traute mich nicht, dem Arzt zu antworten, weil zwei Polizisten im Raum standen, die vermutlich gleich wieder gemeldet hätten: Er hat dem Arzt gesagt, daß er ›Dubček‹ an die Wand geschrieben hat. Deshalb antwortete ich: »Da fragen Sie am besten die Polizisten.« Darauf verzichtete er.

Dann mußten mein Bekannter und ich, den Blick zu Boden gerichtet, auf einer Linie balancieren. Allmählich begriff ich in meiner Aufregung, daß wir auf den Grad eventuellen Alkoholgenusses geprüft wurden. Ich hatte keine Probleme mit dieser Linie, aber von der Linie, die jene Genossen vertraten, waren wir beide ganz entschieden abgewichen.

Wir waren nicht mehr linientreu.

Der Arzt mußte zwar gemerkt haben, daß wir völlig nüchtern waren. Trotzdem schrieb er auf den Zettel: »Gegen die Ausnüchterung des Obengenannten auf dem zuständigen VP-Revier bestehen ärztlicherseits keine Bedenken.«

Wir wurden zurück in die Dimitroffstraße gebracht. Dort übergaben uns die Volkspolizisten an die Kollegen der Staatssicherheit. Nach endlosem Marsch treppauf, treppab empfingen uns zwei Männer in Uniform. Einer der Offiziere, ich habe nur noch seine dunklen Haare und seine harte Stimme in Erinnerung, zeigte auf eine Metalltür am Gangende, die offensichtlich zum benachbarten Gefängnistrakt führte.

»Guckt euch diese Eisentür gut an! Dahinter verschwindet ihr bald!«

Die Angst in meinem Bauch war nun manifest geworden.

Der Mann mit den schwarzen Haaren führte meinen Bekannten in einen Raum, der andere mich in den benachbarten. 2.30 Uhr begann das Verhör.

Nun ging es los: Fragen, Fragen, Fragen. Der Tonfall wechselte. Mal leiser, mal lauter. Eine rhetorische Berg-und-Tal-Fahrt. Ich saß in dem kargen Raum, mir gegenüber ein Mann, den ich mit blonden Haaren in Erinnerung habe. Und jeder Frage folgte eine Nachfrage. Während ich redete, dachte ich immer wieder: Du mußt hier raus. Wenn sie eine Hausdurchsuchung machen, bist du verloren. Mein Gedicht gegen die Sprengung der Unikirche ... Bücher wie Wolfgang Leonhards »Die Revolution entläßt ihre Kinder«, Robert Havemanns »Dialektik ohne Dogma?«, Wolf Biermanns »Die Drahtharfe«, Materialien über die Reformbewegung in der ČSSR, Westzeitungen ... würden das Strafmaß automatisch erhöhen. Nach Stunden permanenten Fragens kam der Stasi-Mann von nebenan herein, flüsterte mit meinem Vernehmer. Ich glaube das Wort Zwickau zu verstehen. Vermutlich hatten sie Kontakt mit der dortigen Stasi hergestellt. Ehe er den Raum wieder verlassen hat, blieb er neben meinem Stuhl stehen, nickte und sagte verächtlich und böse: »Ihr geht drei Jahre ab!«

Ich glaube das auf der Stelle.

Ich dachte sofort an meine Mutter, an ihre Herzbeschwerden, und zu meiner Angst gesellte sich nun die Angst um meine Mutter. Wenn sie erfahren würde, daß ich drei Jahre ins Gefängnis komme ... Meine Gefühle gingen mit mir durch. Ich mußte weinen. Der Mann mir gegenüber, der keine Miene verzog, fragte mich dennoch, warum ich heule. Ich sagte ihm: »Wegen meiner Mutter. Wenn sie erfährt, daß ich ins Gefängnis muß ... das verkraftet sie nicht.«

Kühl und nüchtern kam seine Reaktion. »Das hätten Sie sich eher überlegen müssen.«

Dann ging er für einige Zeit aus dem Raum. In meinem Kopf wirbelte alles durcheinander. Wenn sie jetzt in meinem Zimmer eine Hausdurchsuchung machen! Und immer wieder der eine Gedanke: Du mußt hier raus. In deine Bude. Alles Belastende verstecken, vernichten. Wie viele Stunden waren schon vergangen? Vielleicht würde er gleich wieder hereinkommen und das gefundene belastende Material vor mir auf den Tisch legen?

Als er zurückkam, legte er mir im Vorbeigehen eine Zigarette auf den Tisch. Eine völlig unerwartete Geste. Ob Berechnung oder nicht, ich nahm dankbar die für mich in diesen Stunden menschlich wirkende Regung zur Kenntnis.

Und neue Fragen und Nachfragen. Immer wieder ging es um die Ereignisse in der ČSSR und meine Meinung dazu und um meine Haltung zur DDR. Ich rechnete damit, daß es Unterlagen geben würde, daß mich die Staatssicherheit bei den Protesten an der Unikirche registriert hatte. Doch das erwähnte er nicht. Eine Frage ist mir allerdings im Gedächtnis haftengeblieben: »Wo waren Sie am 20. Juni 1968?!«

Mir war sofort klar, was gemeint war. Die »Provokation« zum III. Internationalen Bach-Wettbewerb. Während der Preisverleihung in der Kongreßhalle entrollte sich im Bühnenhintergrund eine Stoffbahn, auf der die Silhouette der Kirche mit den beiden Jahreszahlen 1240 und 1968 zu sehen war. Hinter der zweiten Jahreszahl ein Kreuz. Daneben stand der Satz »Wir fordern Wiederaufbau«. Die Zuschauer hielten einen Moment inne, um das Unfaßbare zu realisieren, und klatschten anschließend frenetisch Beifall.

An der Frage merkte ich, daß man die mutigen Leute noch nicht gefaßt hatte.

8.45 Uhr gab es zu meiner Überraschung eine Pause. So etwas hätte ich in diesen vergitterten Räumlichkeiten gar nicht zu hoffen gewagt. Aber vielleicht stand dem Vernehmer diese Unterbrechung gewerkschaftlich zu, und ich profitierte davon. Meine Verwunderung wurde noch größer, als jemand mit einem Tablett ins Zimmer kam. Darauf befanden sich ein Kännchen Malzkaffee und ein Marmeladenbrot.

Nun war ich in der Dimitroffstraße Frühstücksgast der Staatssicherheit.

Ich hatte vor lauter Aufregung weder Hunger noch Durst gespürt, genoß aber den Kaffee als etwas ganz Besonderes. 9.30 Uhr ging es weiter. Für kurze Zeit saß ein älterer hoher Offizier der Staatssicherheit hinter dem Schreibtisch: »Sie haben doch studiert! Sie müssen doch wissen, was Klassenkampf ist, wo die Feinde stehen!« Dann ging die Berg-und-Tal-Fahrt des Verhörs weiter. Und immer stärker manifestierte sich in meinem Kopf: Ich muß hier raus. Irgendwann war dann von »Wiedergutmachung« die Rede, vom »Kampf gegen die Feinde des Sozialismus«.

Ich wußte, was damit gemeint war, und sagte mir: Du spielst jetzt das Spiel mit, und wenn du draußen bist, schaffst du sofort alles Belastende weg und sagst dann nein.

Ich würde keine »Feinde des Sozialismus« kennen.

Irgendwann begann der Offizier das Vernehmungsprotokoll zu schreiben, in akkurater Schrift, immer fast bis in die Mitte eingerückt, unterstrichen die beiden Worte »Frage:« und »Antwort:«. Als er fertig war, mußte ich Seite für Seite lesen und unterschreiben. Ich wagte natürlich nicht, ihn auf die etwas verschrobene Wiedergabe meiner Sätze hinzuweisen oder gar Korrekturen zu verlangen.

Als ich 1999 das Protokoll las, freute ich mich im nachhinein, daß ich in jenem Verhör bei meiner Überzeugung geblieben war »... daß ich mit den Maßnahmen der Warschauer Vertragsstaaten, der ›Besetzung‹ der ČSSR, nicht einverstanden bin, weil es meiner Auffassung nach eine innere Angelegenheit der ČSSR ist, den nationalen Weg zum Sozialismus zu finden.«

Mit meiner »Tatwaffe« wurde ich auch konfrontiert.

»Frage: Ihnen wird ein Stück weiße Kreide in der Größe von ca. 5 cm vorgelegt – Ist Ihnen diese Kreide bekannt?

Antwort: Das mir vorgelegte Stück weiße Kreide ist mir bekannt. Ich benutzte es, um die genannten Losungen an die Wände zu schreiben.«

Mein Bekannter hatte mir die Kreide in der Messehof-Passage aus der Hand genommen, um selbst etwas an die Wand zu schreiben. Dazu kam es jedoch nicht mehr, weil wir jenen Mann am Ausgang zum Neumarkt entdeckt hatten und sofort wegliefen.

Im Nachbarraum wurde inzwischen auch ein Protokoll angefertigt.

»Frage: Sie wurden am 28.8.68 gegen 0.15 Uhr wegen des dringenden Verdachts der Anbringung von Losungen von der Deutschen Volkspolizei vorläufig festgenommen. Was haben Sie dazu zu sagen?

Antwort: Es stimmt, daß ich am 28.8.1968 gegen 0.15 Uhr festgenommen wurde wegen des Verdachts des Anschmierens von Losungen. Ich möchte dazu jedoch sagen, daß ich keine Losungen öffentlich in der Stadt Leipzig geschrieben habe, jedoch zugegen war, als der mir seit 1966 bekannte

Lange, Bernd-Lutz

wh. Leipzig, Hans-Driesch-Str. 44

zwei mir nicht bekannte Losungen an zwei verschiedenen Orten im Zentrum der Stadt Leipzig anschrieb und ich ihm dann am weiteren Anbringen von Losungen hinderte ... Nachdem Lange die beiden mir inhaltlich nicht bekannten Losungen angeschrieben hatte nahm ich diesem die Kreide weg, um weitere Losungen zu verhindern. Die bei mir sichergestellte weise Kreide ist die von Lange beim Anbringen der Losungen verwendete. Obwohl ich Lange gewarnt habe, derartige Losungen anzuschreiben und er nicht auf mich hörte, entschloß ich mich deshalb die Kreide wegzunehmen, was ich auch tat.«

Das alles erfuhr ich 1999. Auch daß mein Bekannter, der mit mir diese Aktion plante, schon 1967 eine Verpflichtung als IM Kretschmann unterschrieben hatte. Sie kennen ihn aus dem Bericht über die Motorbootlesung.

Ich traf ihn nach meiner Entlassung zufällig auf dem Weg zu meiner Wohnung, sagte ihm, daß ich für die Stasi arbeiten soll, ich würde das aber nicht machen. 1999 las ich, daß er diesen Satz gleich weitergegeben hatte. Damit hatte ich mich schon dekonspiriert.

Ich fuhr mit der Bahn in meine Studentenbude. Sie hatten keine Hausdurchsuchung gemacht. Ein Wunder! Hing es damit zusammen, daß ich nicht allein das Zimmer bewohnte? Daß ich zur Untermiete wohnte, hätte sie wohl nicht abgehalten. Reichte meine »Tat« gar nicht für eine Hausdurchsuchung?

Wie auch immer – ich war erst einmal ein Glückskind. Ich schaffte alle belastenden Manuskripte, Bücher und Zeitschriften aus dem Haus. Manches warf ich weg, manches brachte ich zu einer guten Bekannten nach Zwickau; dort entsorgte ich ebenfalls alles, was irgendeinen Verdacht hätte erregen können. Meiner Mutter erzählte ich von der ganzen Sache natürlich nichts. Bald darauf, im September, begann meine Arbeit im LKG, im Leipziger Kommissions- und Großbuchhandel. Monate vergingen. Ich lebte immer in der Angst: irgendwann werden jene Leute sich melden, und hoffte gleichzeitig, daß sie mich vielleicht doch in Ruhe ließen. Es war mir aber klar, daß dort niemand vergessen würde. Immerhin – das Jahr verging, ohne daß ich etwas hörte. Im Januar erhielt ich einen Anruf, ich wurde zu einem Treffen bestellt. Um eine bestimmte Zeit sollte ich mich Dimitroff-, Ecke Harkortstraße aufhalten. Der Anrufer käme auf mich zu, würde mir unmerklich zunikken, und ich sollte ihm dann hinterhergehen. Diesem schrecklichen Termin, das war mir klar, konnte ich erst einmal nicht ausweichen.

Mit einem fürchterlichen Gefühl im ganzen Körper stand ich an der besagten Ecke. Pünktlich näherte sich ein Mann mit unbewegtem Gesicht, nickte mir flüchtig zu, und ich stapfte hinter ihm her. Kurioserweise verkörperte er das Klischee eines Stasimannes. Im Justizgebäude lief er die Treppen hoch, einen Gang entlang, irgendwo machte er vor einer Tür halt, schloß sie auf, und wir befanden uns in einem nüchternen, karg möblierten Raum. Als er die Tür hinter sich schloß, sagte er zu mir: »Ich werde Sie Horst nennen.«

Ich wußte überhaupt nicht, was er meinte. Warum wollte er mich »Horst« nennen?

Ich hatte ja keine Ahnung, daß alle Stasi-Spitzel einen Tarnnamen bekamen. Nun sagte ich ihm, daß ich mir die ganze Sache seit meiner Verhaftung noch einmal gründlich überlegt hätte und daß ich aus Gewissensgründen als Mitarbeiter nicht in Frage käme. Es wäre mir unmöglich, Spitzeldienste zu leisten. Dabei berief ich mich vor allem auf meine christliche Lebenseinstellung.

Der Mann erklärte mir, daß dies kein Hinderungsgrund wäre. Es würden doch eine ganze Reihe von Pfarrern mit dem MfS zusammenarbeiten.

»Der Mann lügt«, ging es mir durch den Kopf. Ich dachte an meinen Bruder und an andere Pfarrer, die ich kannte und schätzte. Nie im Leben würden die mit der Stasi gemeinsame Sache machen. Ich habe ihm diese Aussage einfach nicht geglaubt. Ich blieb aber bei meiner Meinung: Seit dem Verhör wäre mir klargeworden, daß ich solche Dienste mit meiner Lebenseinstellung nicht vereinbaren könnte. Er versuchte mich wieder unter Druck zu setzen und machte mich auf meine strafbaren Handlungen aufmerksam. Ich blieb dabei. Schließlich sollte ich mir die Sache noch einmal überlegen. Ich würde doch als Buchhändler bestimmt auf die Buchmesse gehen. Ich sollte ihm sagen, ob ich Bekannte an den Ständen der West-Verlage getroffen hätte. Sofort beschloß ich, daß ich natürlich niemanden treffen würde. Während der Messe bekam ich neuerlich einen Anruf. Dieses Mal verabredete er sich mit mir auf dem Dimitroff-Platz. In einem Auto. Neben ihm saß ein weiterer Mitarbeiter der Staatssicherheit. Ich sagte, daß ich an den Messeständen niemanden getroffen hätte, den ich kenne. Nach einer kurzen Pause fragte er mich, ob mir sonst irgend etwas aufgefallen wäre. Mir war nichts aufgefallen. Dann sagte er, ich sollte bis zum nächsten Treffen eine Liste mit den Namen von allen Leuten anfertigen, die ich aus dem Café Corso kennen würde.

Daraufhin sagte ich gleich zu ihm: »Da kenne ich keine Feinde des Sozialismus.«

Ich merkte, wie ihn diese Antwort verblüffte. Dabei hatte ich mich lediglich an eine Formulierung meines Vernehmers gehalten: Es gehe um »den Kampf gegen die Feinde des Sozialismus«. Er schwieg und nannte mir einen neuen Termin. Den verschob er später und sagte, daß ich von ihm hören würde. Wochen und Monate lebte ich in Angst, daß man mich wieder verhaften würde. Durch die ständige Aufregung stellten sich Magenbeschwerden ein und Sodbrennen, das mich bis dahin noch nie gequält hatte. Es kam aber nie wieder ein Anruf. Nur in meinen Träumen tauchte über die Jahre die Staatssicherheit immer wieder auf. Der Traum war stets nahezu derselbe. Sie kamen in meine Wohnung, oder ich hörte sie einfach meine Tür aufschließen. Sie kamen bekanntlich überall rein. Und sie drohten, und ich wachte mit Angst auf.

Durch dieses Erlebnis kann ich mir annähernd vorstellen, was Menschen in meinem Freundeskreis psychisch zu verkraften hatten, wenn sie nach unendlichen Verhören schließlich wie Erich Loest Jahre in Gefängnissen der DDR zubrachten.

Die größte Überraschung war für mich, daß die Stasi in ihrem krankhaften Dokumentationswillen nicht nur Fotos von meiner – im Stasijargon sogenannten – »Schmiererei« angefertigt hatte, sondern sich in meinen Akten fein säuberlich abgeheftet auch eine Tüte mit der »Tatwaffe« befand: das beschlagnahmte Stück Kreide! Etwas Kurioses fand ich beim Aktenstudium heraus: »Mein« Stasimann hatte vermutlich einen IM-Berichte-Plan und erfand dann, wie ich bei meiner Einsicht in die Unterlagen feststellte, zu den zwei Treffs, die ich mit ihm hatte, weitere hinzu. Da war ich angeblich einfach mal nicht am Treffpunkt erschienen oder krank ... aber am Schluß schreibt er endlich die Wahrheit: »Er war jedoch nicht bereit, dem MfS Namen über Personen bzw. Sachverhalte zu berichten.«

PS. Im Sächsischen Staatsarchiv Leipzig sah ich 2002 Akten der Bezirksbehörde der Deutschen Volkspolizei ein: »Erinnern wir uns nochmals der ersten Stunden und Tage nach der Brudertat zum Schutz der ČSSR und damit des Friedens und des Sozialismus: Auch bei uns im Bezirk krochen einige Ratten aus den Löchern hervor, schmierten, verbreiteten Hetzblätter ... 130 Fälle standen im Zusammenhang mit den Ereignissen in der ČSSR.

So gab es in
30 Fällen Hetzzettelverbreitung
44 Fällen Schmierereien
86 Fällen mündlich begangene Straftaten
15 Fälle andere Begehungsweisen.«

Bei der Lektüre stieß ich noch einmal auf einen Bekannten aus meinen Akten:
»In der Nacht von 27. zum 28.8.1968 gelang es den Ultn.d.VP Berger, ABV im VPKA Leipzig, Revier Mitte, durch taktisches richtiges Verhalten und in guten Zusammenwirken mit dem ODH des VPKA und dem FStW, Lina 64, zwei Täter zu stellen, die an den Haustüren Schmierereien anbrachten. Der Genosse Ultn. wurde vom Leiter des VPKA Leipzig ausgezeichnet.«

Und so habe ich durch meine Tat dem Genossen Berger vielleicht noch zu einem Präsentkorb verholfen!

Schluß

Im »Geteilten Himmel« erzählt Christa Wolf von der Liebe zwischen Manfred und Rita im geteilten Deutschland. Nachdem der junge Mann aus der DDR geflohen ist, schreibt er der Geliebten: »Die sechziger Jahre ... Glaubst Du immer noch, sie werden als das große Aufatmen der Menschheit in die Geschichte eingehen? Ich weiß natürlich, daß man sich lange Zeit über vieles betrügen kann (und muß, wenn man leben will). Aber das ist doch wohl nicht denkbar, daß Ihr alle nicht wenigstens jetzt, angesichts der neuesten Moskauer Parteitagsenthüllungen, einen Schauder vor der menschlichen Natur bekommt? Was heißt hier Gesellschaftsordnung, wenn der Bodensatz der Geschichte überall das Unglück und die Angst des einzelnen ist?«

Es gab kein Aufatmen in den Sechzigern; als das Dezennium zu Ende ging, war die Idee von einem menschlichen Sozialismus plattgewalzt.

Die Proteste des Westens gegen den Einmarsch hielten sich in Grenzen. So gesehen respektierten letztlich auch die Westmächte die Breschnew-Doktrin von der begrenzten Souveränität der sozialistischen Staaten. Einige dort waren vielleicht sogar froh, daß auf diese Weise der Versuch zur Formung eines neuen Gesellschaftsmodells beendet wurde. Ich glaube, es klatschten nicht nur orthodoxe Funktionäre des Ostblocks Beifall, denn möglicherweise wäre diese Art Sozialismus auch in westlichen Ländern nicht ohne Einfluß geblieben. Viele Menschen in Frankreich und Italien hingen in jenen Tagen der Idee des Eurokommunismus an, so hätten diese tschechischen Erfahrungen, diese Mischung von Marktwirtschaft und Sozialismus am Ende wohl gar einen Kapitalismus mit menschlichem Antlitz entstehen lassen können?

Nun gut, das sind eben die Träume eines Ost-68ers.

Die reale Perspektive für eine menschliche Gesellschaft wurde in Prag jedenfalls zerstört, der Traum von Gerechtigkeit war schnell ausgeträumt. Die Reaktion auf die West- und die Ost-68er zeigte, daß die Herrschenden beider Systeme keine tiefgreifenden Veränderungen zulassen würden.

Nach den Ereignissen im August 1968 breitete sich im Osten schlagartig Lähmung aus. Die Bücher von Kafka wurden in der Tschechoslowakei ein zweites Mal verboten, in der DDR waren sie noch gar nicht verlegt worden.

Von einem Tag auf den anderen regierten nicht mehr Gesichter, sondern wieder Masken. Es begannen bleierne Jahre. Die Hoffnung blieb, aber wir wußten, daß wir einen langen Atem brauchen würden.

Jan Palach, ein Philosophiestudent, verbrannte sich auf dem Wenzelsplatz. Er opferte sein Leben dem Protest.

Eduard Goldstücker, befragt, warum die Reformbestrebungen im Jahre 1968 scheiterten, sagte: »Im Innern gab es alle Voraussetzungen, um die Demokratisierung siegreich zu Ende zu führen. Wir waren auch überzeugt, daß unsere Politik im innersten Interesse des gesamten Sozialismus liegen muß. Aber wir hatten vergessen, daß die Sowjetführung nicht an Sozialismus, sondern an Imperialismus interessiert war.«

Parteibürokraten haben eine verheißungsvolle Alternative verhindert und in den Jahren danach viele Menschen, die sich für deren Verwirklichung engagiert hätten, jeglichen Einflusses beraubt oder außer Landes gejagt.

Brecht konnte nicht ahnen, daß die Tschechoslowakei, daß Prag einmal so eine besondere Rolle im Abschütteln von verbohrter Ideologie spielen würde. Nach all dem, was 1968 geschah, liest sich sein Text wie eine Weissagung:

Am Grunde der Moldau wandern die Steine.
Es liegen drei Kaiser begraben in Prag.
Das Große bleibt groß nicht und klein nicht das Kleine.
Die Nacht hat zwölf Stunden, dann kommt schon der
                                                        Tag.

Und so war es auch. Nur daß die Nacht eben nach jenem August 1968 noch 21 Jahre dauerte, genau so viele Jahre, wie früher ein Mensch brauchte, um volljährig zu werden.

Vom Prager Frühling zum Leipziger Herbst.

Aber, ganz ehrlich: Nacht hin und her – es waren auch eine ganze Menge sehr schöner Tage dabei!

Quellen- und Rechtsnachweis

Verlag und Autor bedanken sich bei allen Leihgebern für die Bereitstellung der Reproduktionsvorlagen.

Archiv des Kabaretts »Pfeffermühle« (Jürgen Müller) 14
Archiv Peter Sodann 13
Archiv der Universität Leipzig 35, 36, 37, 38
BStU 46
Reiner Heim 13, 28
Sylvia-Marita Plath 41, 42, 43, 44, 45
Sigrid Schmidt 10, 19
Stadtgeschichtliches Museum Leipzig 18, 20, 21, 22, 25, 26
Barbara Stroff 24
Joachim Rittmeister (Archiv Lutz Herrmann) 31, 32
Renate und Roger Rössing 1, 5, 17, 23
Gudrun Vogel 27, 29, 33, 34
Archiv Karin Wieckhorst 30

Alle hier nicht nachgewiesenen Fotografien entnahmen wir dem Privatarchiv des Autors.

Dank

Meine Frau Stefanie habe ich in den vergangenen Monaten reichlich mit Fragen behelligt: »Sag mal, weißt du noch ...?« Sie hat mir mit großer Geduld geantwortet. Dafür sei ihr ebenso Dank gesagt wie allen Bekannten und Freunden, die mit mir in Gesprächen die Erinnerungen an die sechziger Jahre aufgefrischt haben. Ein Dank auch an Gabriele Steinbach, die bei der Bundesbeauftragten für die Unterlagen des Staatssicherheitsdienstes in der »Runden Ecke« so manches interessante Dokument für mein Buchprojekt fand, weiterhin an Frau Enderlein vom Sächsischen Staatsarchiv und Uwe Schwabe vom Zeitgeschichtlichen Forum.

Cornelia Junge von der Kustodie der Universität Leipzig und Herrn Kaufmann vom Stadtgeschichtlichen Museum sei für die Bereitstellung von Fotos gedankt.

Besonderen Dank an Nortrud Lippold für die Überlassung der Texte von Lutz Lippold und an Silvia Dzubas für ihre Aufzeichnungen über ihre aufregende Zeit in Prag nach dem Einmarsch der Warschauer-Pakt-Staaten.

Inhalt

Vorwort 7
Die Mauer 9
Wurzelsepp 15
Volksbuchhandlung Gutenberg 26
Britt 30
Die Ostsee 32
Meine Bands 36
Jeans 41
Musik an der Ecke 45
West-Antennen 47
Das Abitur 51
Tanzen 57
Der »King of Jazz« 64
Berlin 67
Student 71
Das »Corso« 82
Der letzte Bohemien 114
Bansin 117
Der Beat-Aufstand 119
Das 11. Plenum 126
Mao 135
Das »Casino« 140
Kabarett 144
Kneipen, Bars und Restaurants 156
Nachtfee 186
Ein bißchen Westen, zweimal im Jahr 190
Alte Antiquariate 198
Polen war ganz anders 208
Kraków 216
Auschwitz 221
Ein sinnloser Versuch 225

Die Unikirche	227
Die Presse	240
Kleiner Nachtrag zur Unikirche oder Warum ich kein CDU-Mitglied wurde	244
Die alte Universität	246
Die Trümmerkugel	252
Die unerwünschte Anstalt	258
Übermut	260
Zeit für Lyrik	263
Die Motorboot-Lesung	271
Damals in Prag	278
Im Herzen Europas	283
Ein Diesseitswunder	290
Prager Frühling	297
Schubis Odyssee	304
Guido	313
Aufklärung	317
Die Aktion	318
Schluß	336
Quellen- und Rechtsnachweis	339
Dank	340

Leseprobe aus

Bernd-Lutz Lange

Das Leben ist ein Purzelbaum

Mit Illustrationen von Egbert Herfurth
384 Seiten, Geb./Schutzumschlag
ISBN 3-351-02737-7

Vorwort

Dass das Leben einem Purzelbaum ähnelt, merkt man erst, wenn man sich im letzten Drittel befindet. Die Welt dreht sich, so kommt es einem vor, immer schneller. Die Jahreszeiten rauschen vorbei. Eben hatte ich die Weihnachtssachen in den Keller gepackt und nun steht schon wieder ein Baum im Zimmer zum Anputzen bereit …!

Beim Purzelbaum scheint sich die Welt um einen zu drehen, und man sitzt anschließend etwas benommen auf der Wiese. Was war da gleich?

Dieses Buch schlägt einen Purzelbaum von der Reformation bis in die Gegenwart. Ich habe dafür meine Anekdotenmappe geplündert.

Das Lexikon hat mich belehrt, dass »anekdota« aus dem Griechischen kommt und »nicht herausgegeben« bedeutet. Es geht um eine »knappe Erzählungsform für seltsame oder heitere Erlebnisse, oft in einer Pointe gipfelnd«.

Sie werden also Episoden aus dem Leben von bekannten und unbekannten Menschen und Begebenheiten aus historischen Epochen finden. Die Lektüre soll Sie möglichst zum Schmunzeln bringen. Wenn sich diese Absicht nicht erfüllt, hätte der Band seinen Zweck leider verfehlt.

Henri Bergson hat 1914 bei Eugen Diederichs in Jena ein Buch mit dem Titel »Das Lachen« veröffentlicht. 134 Seiten nur über das Lachen, aber leider überhaupt nicht lustig! Das schafft eben nur ein Philosoph.

Ein großer Geist, dessen Werk ich besonders schätze, war der Wiener Egon Friedell: Schauspieler und Kabarettist, Theaterkritiker und Kulturphilosoph, Dramatiker und Regisseur, Satiriker und Aphoristiker. Mehr geht nicht. Ich glaube, diese Vielzahl von Talenten – in einem Menschen vereint – gibt es heute nicht mehr. Die Schnelligkeit unseres Lebens lässt universelle Bildung kaum mehr zu.

Friedell war auch Berufskollege, er wurde 1908 künstlerischer Leiter des Kabaretts »Die Fledermaus«. Das Wiener Multitalent hatte eine besondere Neigung zur Anekdote, zu dieser kleinen literarischen Form, in der er Meister war, und er sagte darüber: »Oft wird ein ganzer Mensch durch eine einzige Handbewegung, ein ganzes Ereignis durch ein einziges Detail schärfer, einprägsamer, wesentlicher charakterisiert als durch die ausführlichste Schilderung. Kurz: die Anekdote in jederlei Sinn erscheint mir als die einzig berechtigte Kunstform der Kulturgeschichtsschreibung.«

In unserer schnelllebigen Zeit ist die Anekdote bei den meisten Autoren auf der Strecke geblieben. Vielleicht hängt es auch damit zusammen, dass die Kultur des Kaffeehauses fehlt. Denn dort, in der Gesellschaft diverser Spötter, war die Geburtsstätte so manch heiterer Miniatur. Nicht umsonst stammen die besten Anekdoten aus dem Wien der K.u.k.-Zeit.

Der überragende Friedrich Torberg hat jener untergegangenen Welt in seiner »Tante Jolesch« ein faszinierendes Denkmal gesetzt.

Noch einen weiteren Zeugen für diese kurze literarische Form will ich aufrufen. Walter Kiaulehn war in den zwanziger Jahren in Deutschland ein sehr geschätzter und bekannter Feuilletonist. Er schrieb in seinem Buch »Mein Freund der Verleger« (damit ist Ernst Rowohlt gemeint) im Jahr 1967 folgendes: »Die schiefen Urteile über den Feuilletonismus kommen entweder aus böser Absicht oder sie beruhen auf dem Missverständnis, die Anekdote mit Tratsch zu verwechseln. Der Tratsch entsteht aus Schlüssellochguckerei, doch die Anekdote ist der Ganzblick auf eine Persönlichkeit oder einen Zustand. So wie die Erde aus den Kratern die Diamanten hochschleudert …, so hinterlässt das Menschenleben und das, was man die Geschichte nennt, die Anekdoten.«

Dass ich Diamanten zusammengetragen hätte, nehme ich für mich natürlich nicht in Anspruch – die wurden von den Meistern der Sprache vor hundert Jahren geschliffen.

Ich gebe mich damit zufrieden, wenn diese Texte von Ihnen als farbige Glassplitter empfunden werden. Aber ein wenig funkeln sollten sie schon …

Erich Loest hat ein »Revolutionsstück« geschrieben: »Ratzel speist im Falco«. Darin geht es um die Friedliche Revolution und um heute. Loest ist ja der Meinung, »dass der Aufruf der Sechs, am Abend des 9. Oktober verkündet, nichts anderes zum Ziel hatte, als die Stabilität der DDR und den Sozialismus zu sichern«.

Ich muss schon sehr lange suchen, um irgendwo etwas annähernd Unsinniges zu finden.

Loests Meinung steht diametral zur Wertung von Historikern in Deutschland. So urteilt beispielsweise Ilko-Sascha Kowalczuk in seinem Buch »Endspiel – Die Revolution von 1989 in der DDR«: »In Leipzig herrschte den ganzen Tag über in den Amtsstuben von Staat und Kirchen Hektik. Es wurde verhandelt und geredet. Mehrfach fragten Leipziger Funktionäre in Ost-Berlin nach, was zu tun sei. Das ZK schwieg, Egon Krenz als zuständiger ZK-Sekretär ebenfalls ... Von hoher symbolischer Wirkung war ein Aufruf von drei SED-Funktionären der SED-Bezirksleitung (Kurt Meyer, Jochen Pommert, Roland Wötzel) und drei Leipziger Prominenten (Dirigent Kurt Masur, Theologe Peter Zimmermann und Kabarettist Bernd-Lutz Lange), die sich auf einen gemeinsamen Text verständigten.«

Loest sagte vorher schon einmal in einem Interview, das er dem MDR gab: »Der Aufruf hat nicht die geringste Bedeutung gehabt.«

Ich habe ihm daraufhin geschrieben. Er äußerte Verständnis für meinen vehementen Einspruch, entschuldigte sich gar, aber er hält weiter an seiner selbstgebastelten »Geschichtslüge« – um einen Begriff von ihm zu verwenden – fest.

Erich Loest saß bekanntlich am 9. Oktober 1989 Rheinwein trinkend in Bad Godesberg; im Gegensatz zu ihm habe ich authentische Erinnerungen an diesen Tag.

In dem Aufruf vom 9. Oktober 1989 ging es nicht um »die Stabilität der DDR« oder darum, »den Sozialismus zu sichern«, sondern der Text entstand aus tiefer Sorge, dass sich die Lage zuspitzen könnte. Es war ein Versuch, Opfer zu vermeiden. Es ging darum, in dieser hochexplosiven Situation einen Beitrag zur Entspannung zu leisten. Drei Tage vorher hatte bekanntlich ein Kampfgruppenkommandant in der LVZ gedroht, notfalls »mit der Waffe in der Hand« die Konterrevolution zu vertreiben.

Am 9. Oktober herrschte eine unbeschreibliche Stimmung in Leipzig. Auf der einen Seite Friedhofsruhe, andererseits viele Uniformierte und unentwegt in die Stadt strömende Menschen. Man hatte das Gefühl, ein schweres Gewitter mit Blitz und Donner könnte sogleich niedergehen.

Unser Aufruf wurde über den Sender Leipzig und den Stadtfunk verlesen, außerdem in allen Kirchen. Die Menschen waren in großer Sorge, als er angekündigt wurde. Sie hatten Angst, es würde der Ausnahmezustand ausgerufen. Danach klatschten Tausende erleichtert Beifall.

In den Jahren seit 1989 haben mir immer wieder ehemalige Demonstranten berichtet, wie viel Anspannung ihnen das Verlesen dieses Aufrufes genommen habe. Und jene Uniformierten auf der anderen Seite waren sichtlich beeindruckt, dass drei Funktionäre der Partei zu dessen Verfassern zählten.

Am 7. Oktober hatte sich die DDR gefeiert und in Leipzig wurde auf die »Konterrevolution« geknüppelt; zwei Tage später sprangen endlich drei SED-Funktionäre über ihren Schatten und gaben (ohne Abstimmung mit »OBEN«) erstmals öffentlich bekannt, dass tatsächlich das Volk auf der Straße ist, nicht die Konterrevolution. Und sie gestanden ein, dass es in diesem Land große Probleme gebe.

Keiner weiß, wie die Sache für die drei ausgegangen wäre, wenn in Berlin die Vertreter einer harten Linie gesiegt hätten.

Als wir den Aufruf in der Wohnung von Masur formulierten, habe ich von den drei Funktionären den Rückzug der bewaffneten Kräfte gefordert. Masur und Zimmermann schlossen sich sofort an. Die Funktionäre sagten dies zu und informierten später SED-Bezirkschef Hackenberg darüber, der dann mit den Einsatzleitern von Armee, Polizei und Staatssicherheit darüber gesprochen hat.

Erich Loest ist in seiner eigensinnigen Interpretation des Aufrufs durch nichts zu erschüttern. Sein Hass auf alles, was mit »Partei« zu tun hat, macht ihn blind für die Realität dieses Tages. Er traut den drei Funktionären keine Wandlung zu. Obwohl er doch aus eigener Erfahrung weiß, wie der Mensch zu anderen Einsichten kommen kann.

Loest war, wie er selbst bekennt, überzeugter Jungnazi, dann noch Mitglied in der NSDAP gewesen, nach zwei-, dreijähriger Denkpause wurde er Mitglied der SED, auch da lange überzeugt – bis er für Reformen eintrat, verhaftet wurde und für sieben schreckliche Jahre ins Gefängnis kam. Den Schlusspunkt seiner Parteien-Biografie bildet schließlich seine Mitgliedschaft in der SPD.

Loest hat sich gewandelt. Warum gesteht er das anderen nicht zu?!

Es gibt einen wunderbaren Text, den Christoph Dieckmann für »Die Zeit« schrieb. Er zog dort unter dem Titel »Die Würde des Ostens« eine Bilanz nach zwanzig Jahren deutscher Einheit und resümierte: »Dass kein Blut floss, war Gnade. Auch denen, die nicht schossen, sei ein Knopf vom Mantel der Geschichte zugestanden.«